从零开始学
KDJ指标

短线操盘、盘口分析与A股买卖点实战

第 2 版

李洪宇◎著

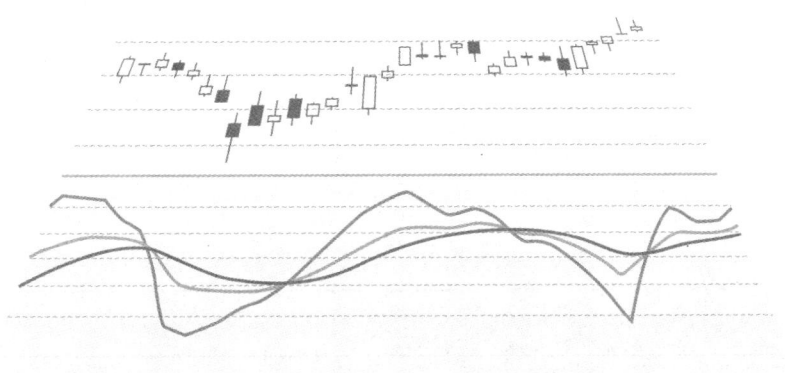

人民邮电出版社

北京

图书在版编目（CIP）数据

从零开始学KDJ指标：短线操盘、盘口分析与A股买卖点实战 / 李洪宇著. -- 2版. -- 北京：人民邮电出版社，2020.9
ISBN 978-7-115-53902-1

Ⅰ. ①从… Ⅱ. ①李… Ⅲ. ①股票交易－基本知识 Ⅳ. ①F830.91

中国版本图书馆CIP数据核字(2020)第074729号

内 容 提 要

为了帮助广大投资者了解市场风险，丰富投资理论和掌握投资工具的使用方法，本书借助股票市场、期货市场的大量图表和实例，全面解读KDJ指标的构建原理，详细阐述KDJ指标的使用技巧，披露KDJ指标的独有功能，并通过图解的方式还原KDJ指标的实战属性。本书力求帮助普通投资者跨越基础门槛，提高独立投资水平。

本书共10章，第1~3章概述了KDJ指标的基础信息，并对其进行应用与形态的讲解；第4~9章结合K线、MACD指标、均线、成交量、波浪理论和时间周期，针对每种技术形态，给出了详细的分析方法；第10章对选股与实战做了案例解读。

本书实用性强，内容涵盖股票市场、期货市场两大领域，多角度揭示了KDJ指标在不同市场的独特应用。本书可以满足不同市场、不同层次的投资者的需求，也可作为培训教材，供证券、期货行业的新人使用。

◆ 著　　李洪宇
  责任编辑　刘　姿
  责任印制　周昇亮

◆ 人民邮电出版社出版发行　北京市丰台区成寿寺路 11 号
  邮编　100164　电子邮件　315@ptpress.com.cn
  网址　https://www.ptpress.com.cn
  天津翔远印刷有限公司印刷

◆ 开本：700×1000　1/16
  印张：15　　　　　　　　　　2020 年 9 月第 2 版
  字数：276 千字　　　　　　　2020 年 9 月天津第 1 次印刷

定价：55.00 元

读者服务热线：(010)81055296　印装质量热线：(010)81055316
反盗版热线：(010)81055315
广告经营许可证：京东市监广登字 20170147 号

本书成书时,中国的资本市场已经快走过 2019 年。但 2019 年留给我们的记忆却是永恒的。

2019 年年初,一波小牛行情启动,科创板如期上市。"漂亮 50"行情持续演绎多头传奇,以贵州茅台、格力电器为代表的一批绩优蓝筹股超越了历史的巅峰,引导市场投资者的理念逐步向注重企业基本面的价值投资方向转变。另外,以科创、金融为引导的科技蓝筹股,在 2019 年下半年股指宽幅震荡的时期也走出了波澜壮阔的上涨行情。

2019 年期货市场扩容,不锈钢、20 号胶、尿素、苯乙烯、红枣等品种相继上市,12 月一批期权品种也陆续上市。

2019 年的中国资本市场加速与国际接轨,无论是外部表现还是内部环境都愈加成熟、规范,而这种改变最终会影响我们的投资活动。临渊羡鱼,不如退而结网。作为一名普通的投资者,只有提前适应这种变化,顺势改变我们的投资策略,不断丰富我们的投资手段,才能适应这个快速变化的时代,从一个懵懂的新手逐渐成长为一名专业的投资者。

国外金融市场百年的风云变幻如大浪淘沙一般,将一切不适应市场的东西清除,唯有 KDJ 指标等少数技术分析工具始终屹立潮头,成为市场的经典。在国内资本市场,我们有必要重温这些经典,让我们的投资生涯更顺利。正是怀着这样的期许,笔者精心编撰了本书,旨在通过深度剖析 KDJ 指标,让经典再现,帮助投资者提高自己的投资能力和操作水平。

本书注重指标背后的原理及逻辑关系,让读者对 KDJ 指标的认识更加清晰。

本书内容除了包括股票市场中的实例,同时还兼顾了期货市场,二者相辅相成,使读者学会更广泛地应用 KDJ 指标。

本书撷取不同技术体系中的精华,让内容更具实战性和可操作性,便于被不同群体掌握。

本书用图解的方式对实战案例进行了深入而细致的剖析,真实地还原笔者彼时所思、所想及市场环境的变化,将相关内容有效串联,以提高读者的实战综合应用能力。有些经典是不可复制的,但有些经典是可以传承的,KDJ 指标从诞生到后来成为经典,其间经历了无数投资者的心血倾注,才变得更加成熟并与其他技术分析工具融合得更加紧密。作为一名想要在资本市场有所成就的投资者,我们应该重新审视 KDJ 指标,对其进行系统的学习和钻研。相信这样会带给你不一样的收获与感受。倘若你能从本书中有所借鉴和收获,那么本书就有价值。

第1章 KDJ 指标概述

1.1 KDJ 指标的基本构成 / 2
1.2 KDJ 指标参数设置 / 3
1.3 KDJ 指标的计算方法 / 5
1.3.1 RSV 值计算与技术意义 / 5
1.3.2 K 值计算与技术意义 / 6
1.3.3 D 值计算与技术意义 / 8
1.3.4 J 值计算与技术意义 / 9
1.4 KDJ 指标的空间划分 / 11
1.4.1 空间划分 / 11
1.4.2 50 线作用及交易含义 / 12
1.4.3 20 线作用及交易含义 / 16
1.4.4 80 线作用及交易含义 / 18
1.4.5 0 线和 100 线的作用 / 20

第2章 KDJ 指标应用

2.1 KDJ 指标的交叉 / 26
2.1.1 KDJ 指标变化的机理 / 26
2.1.2 指标金叉及应用 / 27
2.1.3 指标死叉及应用 / 31
2.2 KDJ 指标的超买与超卖 / 34
2.2.1 指标超买超卖原理 / 34
2.2.2 指标超买实战应用 / 35
2.2.3 指标超卖实战应用 / 36
2.3 KDJ 指标的钝化 / 38
2.3.1 指标钝化原理 / 38
2.3.2 指标钝化公式 / 39

2.3.3 高位钝化实战应用 / 40
2.3.4 低位钝化实战应用 / 42

2.4 KDJ 指标的背离 / 43
2.4.1 指标背离原理 / 44
2.4.2 顶背离实战应用 / 45
2.4.3 底背离实战应用 / 47

第 3 章 KDJ 指标形态

3.1 形态的种类 / 51

3.2 形态的心理映射 / 52

3.3 KDJ 指标形态之趋势线 / 53
3.3.1 指标上升趋势线及应用 / 54
3.3.2 指标下降趋势线及应用 / 58

3.4 KDJ 指标形态之底部反转 / 59
3.4.1 指标双底形态 / 60
3.4.2 指标头肩底形态 / 61
3.4.3 指标复合底形态 / 61

3.5 KDJ 指标形态之顶部反转 / 63
3.5.1 指标双头形态 / 63
3.5.2 指标头肩顶形态 / 65
3.5.3 指标复合顶形态 / 66

3.6 KDJ 指标形态之中继形态 / 68

第 4 章 KDJ 指标与 K 线

4.1 K 线利弊 / 72

4.2 K 线理论 / 74

4.3 反转 K 线组合 / 75

4.4 KDJ 指标与 K 线组合 / 79

4.4.1 KDJ 指标与启明星 K 线组合 / 79

4.4.2 KDJ 指标与吞没线 K 线组合 / 83

4.4.3 KDJ 指标与黄昏星 K 线组合 / 87

4.4.4 KDJ 指标与覆盖线 K 线组合 / 90

第 5 章 KDJ 指标与 MACD 指标

5.1 MACD 指标概述 / 95

5.2 MACD 指标常规用法 / 96

5.2.1 MACD 指标的交叉 / 96

5.2.2 MACD 指标的背离 / 100

5.3 双指标交易系统 / 104

5.3.1 交易系统概述 / 104

5.3.2 双指标系统 / 106

5.3.3 双指标系统的买点 / 107

5.3.4 双指标系统的卖点 / 111

5.4 双指标错位纠正 / 115

第 6 章 KDJ 指标与均线

6.1 均线指标种类 / 118

6.2 均线指标特性 / 119

6.2.1 趋势的特性 / 120

6.2.2 稳定的特性 / 121

6.2.3 助涨的特性 / 121

6.2.4 助跌的特性 / 123

6.3 葛兰碧八大法则 / 125

6.4 均线设置 / 127

6.5 KDJ 指标与均线的买点 / 128

6.5.1 跌破均线买点 / 129

6.5.2 不破均线买点 / 131

6.5.3 均线助涨买点 / 132

6.6 KDJ 指标与均线的卖点 / 134

6.6.1 涨破均线卖点 / 134

6.6.2 不破均线卖点 / 136

6.6.3 均线助跌卖点 / 137

第 7 章 KDJ 指标与成交量

7.1 成交量指标概述 / 141

7.2 量价基本法则 / 142

7.3 成交量验证指标买点 / 144

7.3.1 量增价涨原理 / 144

7.3.2 量增价涨标准 / 145

7.3.3 KDJ 指标低位买点验证 / 146

7.3.4 KDJ 指标中位买点验证 / 148

7.4 成交量验证指标卖点 / 151

7.4.1 量增价跌原理 / 151

7.4.2 量平价跌原理 / 152

7.4.3 量缩价跌原理 / 153

7.4.4 量缩价跌标准 / 154

7.4.5 KDJ 指标高位卖点验证 / 156

7.4.6 KDJ 指标中位卖点验证 / 160

第 8 章 KDJ 指标与波浪理论

8.1 波浪理论概述 / 165

8.2 波浪细分拆解 / 166

8.2.1 推动浪细分拆解 / 168

8.2.2 调整浪细分拆解 / 170

8.3 波浪定律与原则 / 173

8.3.1 波浪定律 / 173

8.3.2 交替原则 / 174

8.4 用 KDJ 指标捕捉波浪买点 / 175

8.4.1 向下的调整浪结束后买进 / 175

8.4.2 向下的推动浪结束后买进 / 179

8.5 用 KDJ 指标捕捉波浪卖点 / 181

8.5.1 向上的推动浪结束后卖出 / 181

8.5.2 向上的反弹浪结束后卖出 / 183

第 9 章 KDJ 指标与时间周期

9.1 时间周期 / 187

9.2 指标共振 / 189

9.2.1 周线与月线的共振 / 189

9.2.2 日线与周线的共振 / 192

9.2.3 30 分钟与 60 分钟的共振 / 194

9.3 指标错位 / 197

9.3.1 错位买点 / 197

9.3.2 错位放空 / 200

第 10 章 选股与实战

10.1 KDJ 指标选股 / 205

10.1.1 网络选股 / 205

10.1.2 系统选股 / 208

10.2 实战操作 / 211

10.2.1 实战案例一　老凤祥 / 211

10.2.2 实战案例二　三一重工 / 218

10.3 KDJ 指标的内在逻辑 / 224

第1章

KDJ 指标概述

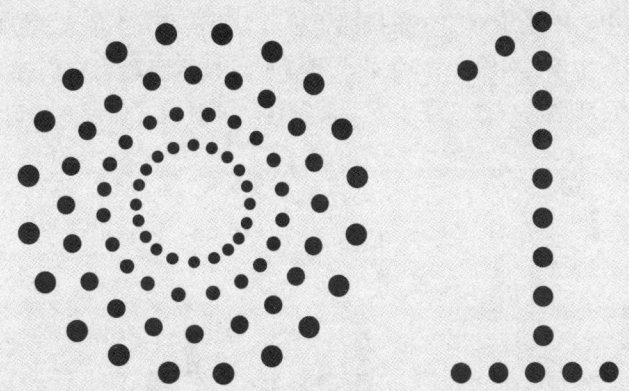

KDJ指标又叫随机指标，是由美国乔治·莱恩博士发明的，其主要特点就是利用特定区间走势内的收盘价、最高价和最低价之间的关系，反映价格走势的强弱程度和超买超卖现象。在最初设计KDJ指标的时候，乔治·莱恩博士综合了动量指标（MTM指标）的观念，并且借鉴了强弱指标（RSI）和移动平均线（MA，简称均线）的一些优点。这就使得KDJ指标在短线波动分析以及中短期趋势分析上较均线敏感、准确，对极端行情的警示作用也优于强弱指标。正是由于这些优点，该指标才受到市场投资者的普遍欢迎。

1.1 KDJ指标的基本构成

KDJ指标现在已经是期货市场、股票市场中最常用的技术指标之一。之所以叫KDJ指标，是因为其指标线在使用时分别用K、D、J这3个字母来代替。现在，我们就来看看KDJ指标的基本构成。

我们先来看一幅图，直观地了解一下KDJ指标。图1-1所示是光洋股份（002708）2019年9月至11月的日线图。主图（上部分）中我们只保留了K线图，副图所示（下部分）就是KDJ指标线。

KDJ指标由3条指标线和3条水平空间轴线构成。在投资者日常使用的证券分析软件中，KDJ指标的3条指标线显示得很清楚，3条水平空间轴线则很模糊，但它们在指标中的作用很大。此处，笔者通过技术手段将它们较为清晰地展现出来，便于读者直观地看到这3条水平空间轴线，同时也方便读者学习后续章节的内容。

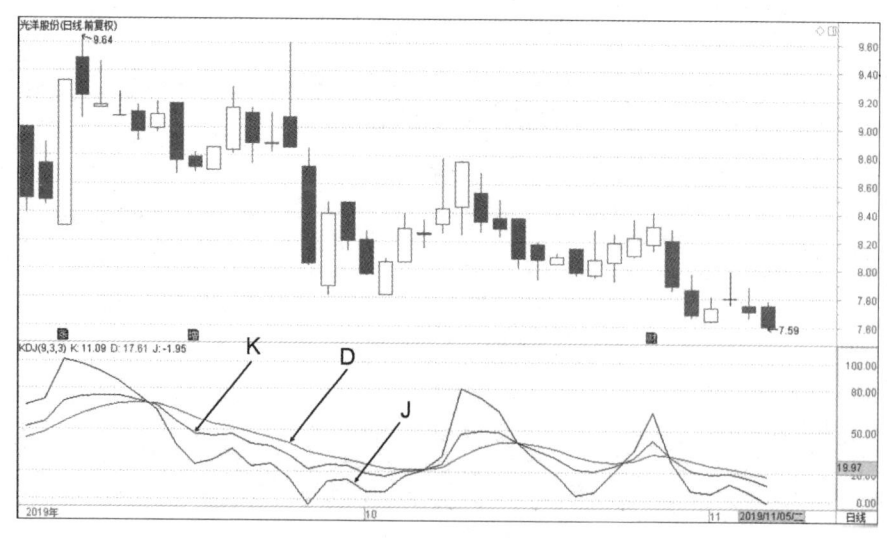

图1-1 光洋股份日线图

3 条水平空间轴线由上到下分别是 80 线、50 线和 20 线。指标线处在不同的空间轴线上时，是股价在不同阶段的强弱反映。

TIPS（提示）：KDJ 指标有一个特点，就是由于空间的限制，指标线会发生钝化的现象，有时甚至会连续钝化；当然，不只是 KDJ 指标，只要是围绕中轴线摆动的超买超卖指标，都会发生这种现象。

指标的钝化在技术上有很深的含义，但在普通证券投资软件的图形上却不能够直观地反映出来。所以，笔者利用自己十余年的投资经验，通过证券分析软件中的函数功能对这一问题进行了解决，使得指标可以更好地为投资者服务。

1.2 KDJ 指标参数设置

与大多数技术指标一样，KDJ 指标也有时间周期参数选择的问题。在国内股市，绝大部分证券分析软件对 KDJ 指标参数的设置都采用了系统的默认值，即（9，3，3）的设置。之所以如此，主要还是与我国当时实行的交易制度有关。

乔治·莱恩博士发明 KDJ 指标时，最初选择的周期参数是 5，即美国股市一周的交易时间。但 KDJ 指标被引入国内时，我们的交易制度却是一周交易 6 日。于是引进者为了兼顾国内市场的特点，将周期参数定为 9，即一周半的交易周期；至于（9，3，3）的后面两个数字 3，前一个是代表 3 个交易日，后一个则代表前一个平滑后的 3 日均线。

KDJ 指标的时间周期参数是可以调整的。券商在为投资者提供的证券分析软件中都保留了参数的调整项，投资者可以根据自己的需求对参数进行调整，具体方法如下。

第一步，用鼠标单击 KDJ 指标的任意一条曲线，此时指标上会显示很多小方块，这表示曲线已被选定。

第二步，单击鼠标右键或者直接按下"Alt+T"组合键，此时会出现一个对话框，我们选择"调整指标参数"的选项。

第三步，在弹出的对话框中根据自己的需求调整指标参数。

图 1-2 所示是进行到第三步时需设置的对话框，大家只需在左侧的调整框内选择对应的时间周期参数即可。

图 1-2 KDJ 指标参数调整图

这种调整有一点需要说明,大家可看到图 1-2 所显示的是日线的指标参数,即当前时间周期的应用仅限于日线图。如果大家想要对周线图的指标参数进行调整,首先要做的是将日线图切换为周线图,这样参数调整针对的就是周线图。月线图则以此类推。

在人们的印象中,KDJ 指标好像就是一个可以帮助我们进行短线投资的技术指标,其实这是一个误区。

TIPS:实际上,KDJ 指标的发明者乔治·莱恩博士最初的意愿就是希望大家在周线图上应用这个指标,以此来辅助确认市场的主要趋势。

现在,已经有不少的投资者认识到了这一点,并且开始将指标参数调整得较大。更有一些对 KDJ 指标有独特研究的人开始应用两个不同的 KDJ 指标,一个用来研判中长期趋势,一个用来指导具体的短线操作。在中长期趋势研判中,首选的周期参数就是(89,13,13)。请注意,89 和 13 这两个数值都是斐波那契序列里面的数值,有时候,它们具有神奇的作用。

图 1-3 所示是海尔智家(600690)2018 年 10 月至 2019 年 5 月的日线图,也是两个 KDJ 指标一起应用的图。副图中,上半部分是保留原始参数的 KDJ 指标线,下半部分的 KDJ 指标线则选择了(89,13,13)这个特殊的时间周期参数。

从图 1-3 中可以看到,海尔智家的股价从 11.61 元起步,半年时间涨到了 18.83 元,上涨幅度达到 62.19%。

在图 1-3 的下部,即选择(89,13,13)作为时间周期参数的 KDJ 指标,由圈出的位置可知,新设置的 KDJ 指标比较准确地发出了中长期趋势向好的买入信号,并且一直持续到 2019 年 4 月股价见到第一个头部,KDJ 指标才逐渐走弱。在这个过程中,位于中间的常规 KDJ 指标至少给出了 5 次买入信号。如果投资者能够熟练使用 KDJ 指标,那么很有可能获取较高的投资收益。

图 1-3 海尔智家日线图

指标参数的调整利弊难辨，我们这里只是提出指标参数的调整方法，并不是建议投资者一定要改变自己的投资习惯。一个指标之所以成为经典，就在于大多数投资者已经接受并且习惯使用它了。

1.3 KDJ 指标的计算方法

KDJ 指标依附于价格而存在，如果没有价格的变化，KDJ 指标就成了无源之水。现在，我们就来学习一下 KDJ 指标的计算方法。

1.3.1 RSV 值计算与技术意义

我们首先看 RSV 值的计算。图 1-4 显示了 KDJ 指标的函数构成，也可以叫 KDJ 指标的计算方法。

目前，市场上有很多证券分析软件，如"同花顺""东方财富""通达信"等，但无论哪一款软件，关于 KDJ 指标的计算方法都是一样的。图 1-4 中的函数及其文字说明本来放在最下方，我们把它移上来，这样便于读者对照着阅读。

"RSV：=(CLOSE − LLV(LOW, N)) /(HHV(HIGH, N)−LLV(LOW, N))*100；"，这段函数是 KDJ 指标的第一行，也是 KDJ 指标的计算基础，这当中的 RSV 是英文 Raw Stochastic Value 的缩写，意思是未成熟随机值。

CLOSE 是证券分析软件中的函数语言，是指收盘价。以此类推，LLV 是最低值；

LOW 是最低价；N 可以是任意天数，公式中选择了 9；HHV 是最高值；HIGH 是返回该周期的最高价。我们把这些函数语言连接起来，就是函数文字说明的第一行："RSV 赋值：(收盘价 –9 日内最低价的最低值)/(9 日内最高价的最高值 –9 日内最低价的最低值)*100"。

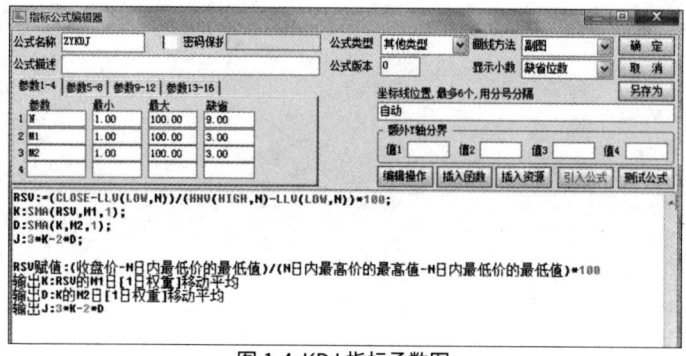

图 1-4 KDJ 指标函数图

举个例子，一只股票的价格运行了 9 个交易日，在这段行情中 9 个交易日内的最低价的最低值为 9 元，最高价的最高值为 10 元，而第九日的收盘价为 9.8 元，则第九日的 RSV 值的计算式子如下：（9.8 – 9）÷（10 – 9）×100 = 80。

计算结果告诉我们，如果指标中有一条 RSV 曲线，那么当日该条曲线的数值就是 80。

计算出的 RSV 数值有什么技术上的含义吗？简单点说，由于时间周期参数，我们选取了 9，RSV 数值就代表当天的收盘价在这 9 日中价格上的强弱程度，数值越高，买盘越强，多头气势越盛；反之，数值越小，卖盘越强，空头气势越盛。但实际上，没有只涨不跌的股市，也没有只跌不涨的股市，当 RSV 数值超过 80 并接近 100 的时候，就意味着市场上的多头几乎全部入市了，买盘一旦枯竭，股价随时会反转。反之，当 RSV 数值低于 20 时，意味着空头几乎全部入市了，卖盘即将枯竭，这就是 KDJ 指标既叫超买指标又叫超卖指标的原因。

TIPS：RSV 值是 KDJ 指标得以存在的核心，也是指标的基础。

1.3.2 K 值计算与技术意义

RSV 值的变化速度实在是太快了，我们就算能将它计算出来，可能也无法在实战中应用它。

图 1-5 所示是富奥股份（000030）2016 年 12 月至 2019 年 11 月的周线图，副图中的指标就是我们选择"9"这个时间周期参数所计算出的 RSV 数值。

图 1-5 富奥股份周线图

相比较而言，在稳定性上，周线图比日线图表现得更加优异，节奏也更慢一点。尽管如此，我们观察图 1-5 的副图上的 RSV 数值，还是觉得它变化得过于频繁，对判断股价高低点和买卖信号没有明显的指导作用。如果不加以改进，可以说这只是一个思路很好但实用性较弱的技术指标。

乔治·莱恩博士认识到了这一点，他对变化过快的 RSV 数值进行了平滑处理，这就是 K 曲线的由来。

我们来看指标公式的第二行函数，"K:SMA(RSV, M1, 1);"。这里的 SMA 也是证券分析软件中的函数语言，即移动平均。函数括号里面的参数 M1 选用数字 3，代表对 RSV 数值进行 3 日的平滑处理，取 RSV 数值的 3 日移动平均；数字 1 则代表 1 日的权重。既然是在 3 日中取 1 日的权重，那么剩余的 2/3 则是其他的 K 值，所以 K 值的计算公式如下。

$$K = 2/3 \times 昨日 K 值 + 1/3 \times RSV$$

同 RSV 数值相比，平滑处理后得到的 K 曲线稳定了不少，但这仅仅是针对 RSV 数值而言的。相比其他技术指标曲线的变化程度，K 曲线对股价波动的反应仍然最为敏感。

K 曲线是平滑处理 RSV 数值后得到的，因此它的技术特征与 RSV 数值相似，都能揭示 9 日中股票价格的强弱程度。除此之外，K 曲线还能反映股价在 9 个交易日内的超买、超卖程度。最后，K 曲线的方向变化可以反映股价短期的趋势状态：当 K 曲线向上运行时，说明股价短期内处于上升趋势；当 K 曲线向下运行时，则说明股价短期内处于下降趋势。

1.3.3 D 值计算与技术意义

了解了 RSV 数值和 K 曲线的计算方法后,我们再看指标中 D 曲线的计算方法。

"D:SMA(K, M2, 1);"

公式中的参数 M2 选用 3。如果对 K 曲线的计算方法有了真正的认识,读者就会发现,D 曲线的计算其实与 K 曲线大同小异。通俗一点讲,D 曲线其实就是 K 曲线的平滑线,也可以理解成对 RSV 数值再次进行了平滑处理。由此,我们可以得出 D 值的计算公式如下:

D = 2/3 × 昨日 D 值 + 1/3 × K

二次平滑处理的结果,就是 D 曲线相较于 K 曲线对微小价格波动的过滤效果更好,曲线自身波动也更加平缓,可以说 D 曲线是更接近于 K 曲线的一条均线。

D 曲线出现后,它已经与 K 曲线构成了一个"双均线"组合,这在技术上具有很重要的意义,主要表现在 3 个方面。

(1) 组合完全具备了均线的使用条件,从而使得 KDJ 指标开始具备均线的功能,所有与均线有关的分析法则都可以运用到 KDJ 指标上。

(2) 对股价的超买、超卖现象进行了客观定性,投资者可以通过两条曲线在低位和高位的交叉情况,对股价是否存在超买、超卖现象进行明确的判断。

(3) D 曲线对 K 曲线有了初步的支撑或阻力作用,为观察股价的变化提供了一个参考依据。

TIPS:需要指出的是,尽管有了 D 曲线,但 KDJ 指标的整体变化仍然是高度灵敏的,所以在实战中,我们不能完全依靠 D 曲线对 K 曲线的支撑或阻力作用。

图 1-6 所示是中国银河(601881)2019 年 5 月至 7 月的日线图。图 1-6 中我们只保留了 K、D 两条曲线,这是为了更好地说明 K、D 两条曲线之间的变化关系。

我们看到在 2019 年 6 月末的时候,K 曲线在相对高位看起来摇摇欲坠,但 D 曲线随后对 K 曲线产生了明显的支撑作用,使股价在后面继续走高。至于 K、D 两条曲线在低位形成的黄金交叉和在高位形成的死亡交叉(简称死叉),其实就是均线交叉功能在此处的复制,其作用就是让低位超卖和高位超买现象表现得更加客观。

TIPS:可以这样讲,在 D 曲线出现后,KDJ 指标已经具备了实战的功能,并且已经可以为我们的投资提供良好的帮助。

K、D 两条曲线的缺陷也十分明显——它们被牢牢地限制在 0 ~ 100 的数值范围内。于是,乔治·莱恩博士又发明了 J 曲线,终于让 KDJ 指标变得更加实用。

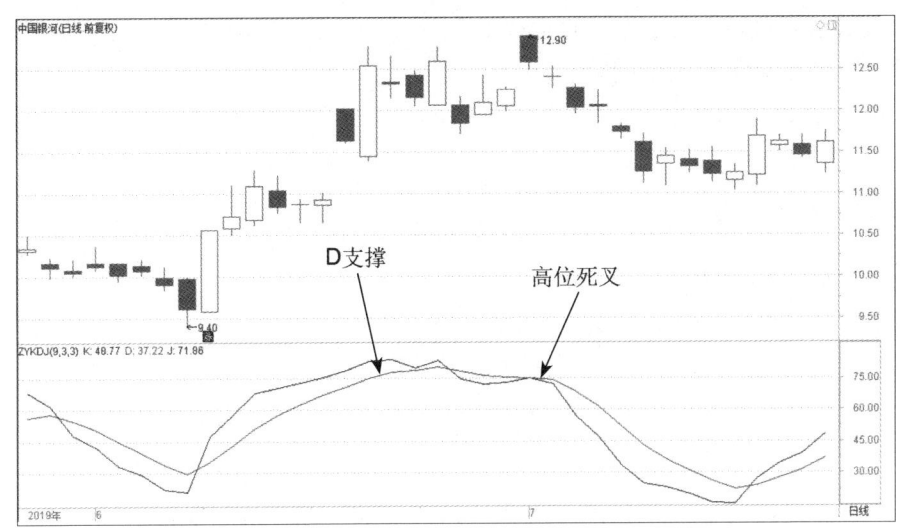

图 1-6 中国银河日线图

1.3.4 J 值计算与技术意义

J 值的计算由于不涉及较为复杂的函数,所以已经非常简单了。

"J:3*K−2*D"

J 曲线的函数公式表述出来就是 3 个当日 K 值减去 2 个当日 D 值。

如果还不清楚,我们可以对计算公式"J:3*K−2*D"做变形处理,像数学运算那样提取一下公因式,则可以得出 J 值 的计算公式。

J=2*(当日 K 值 − 当日 D 值)+ 当日 K 值

这次大家应该清楚了,所谓的 J 曲线不是单独存在的,它其实就是先把 K 值与 D 值之间的差值放大到 2 倍,再加上当日 K 值的结果。把 K 值与 D 值之间的差值放大到 2 倍的目的,就是让投资者更容易看清 K 曲线、D 曲线之间的差距。

通俗一点讲,J 曲线反映的就是 K 曲线和 D 曲线之间的位置关系。

图 1-7 所示是正泰电器(601877)2019 年 9 月至 11 月的日线图,副图所显示的就是标准的 KDJ 指标。

既然 J 曲线是依附于 K 曲线和 D 曲线的差值而存在的,那么 J 曲线在技术上有什么作用呢?

(1)J 曲线的运动方向代表了 K 曲线和 D 曲线的趋势状态。J 曲线位于 K 曲线上方并且向右上方运动时,表明 K 曲线在 D 曲线上方;二者的距离逐渐被拉大,说明多头掌控趋势且股价上涨速度加快。反之,如果 J 曲线位于 K 曲线下方并且向右下方运动时,则表明 K 曲线在 D 曲线下方;二者的距离逐渐被拉大,反映出空头掌控趋势,股价呈加速下跌态势。

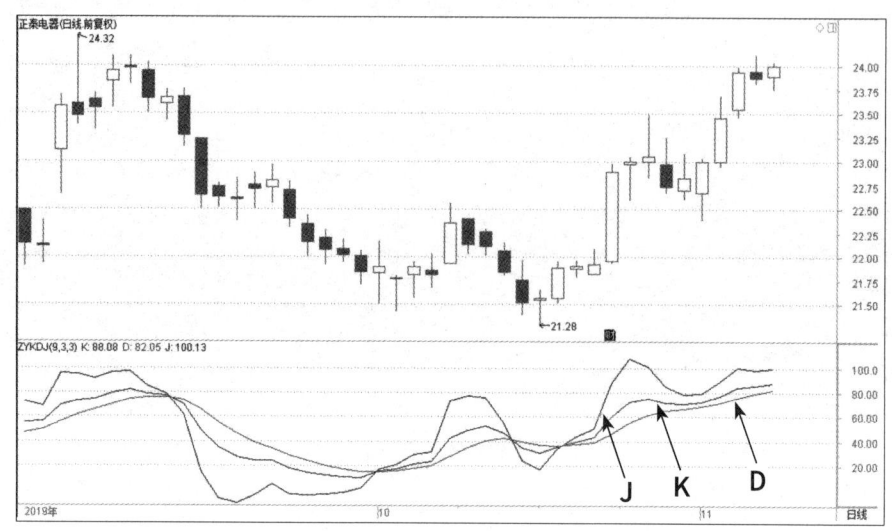

图 1-7 正泰电器日线图

(2)J 曲线的转折代表 K 曲线和 D 曲线潜在趋势的改变。J 曲线位于 K 曲线上方且向右上方运动时一旦发生向下的转折,就意味着 K 曲线和 D 曲线之间的距离正快速缩小。如果是在股价的高位,就说明多头虽然仍处于优势地位但是力度已经减弱,股价在未来有回落的风险。反之,如果 J 曲线位于 K 曲线下方并且向右下方运动时,一旦发生向上的转折,就意味着 K 曲线和 D 曲线之间的距离正快速缩小。如果是在股价的低位,就说明空头虽然处于优势地位但力度已经减弱,股价在未来有反弹的可能。

(3)J 曲线的运行速度较 K 曲线和 D 曲线更快,能帮助投资者提前判断即将到来的股票超买与超卖的现象。

(4)由于 J 曲线将 K 曲线和 D 曲线的差值放大到 2 倍,因此 J 曲线能够突破 100 线和 0 线的束缚,进而达到极值。这一方面可以揭示 K 曲线和 D 曲线已经开始出现钝化的现象,另一方面其自身也有特殊的技术意义。

图 1-8 所示是海尔智家(600690)2019 年 8 月至 11 月的日线图,副图是 KDJ 指标。

从图 1-8 中,我们可以清晰地看到 J 曲线的转折是如何预示 K 曲线和 D 曲线潜在趋势的改变的。从图 1-8 中也可以看到,J 曲线突破了 100 线和 0 线的束缚,进而揭示了 K 曲线和 D 曲线在价格的高位和低位发生的指标钝化的现象。低位钝化在图 1-8 中用字母"B"表示,高位钝化在图 1-8 中用字母"S"表示。

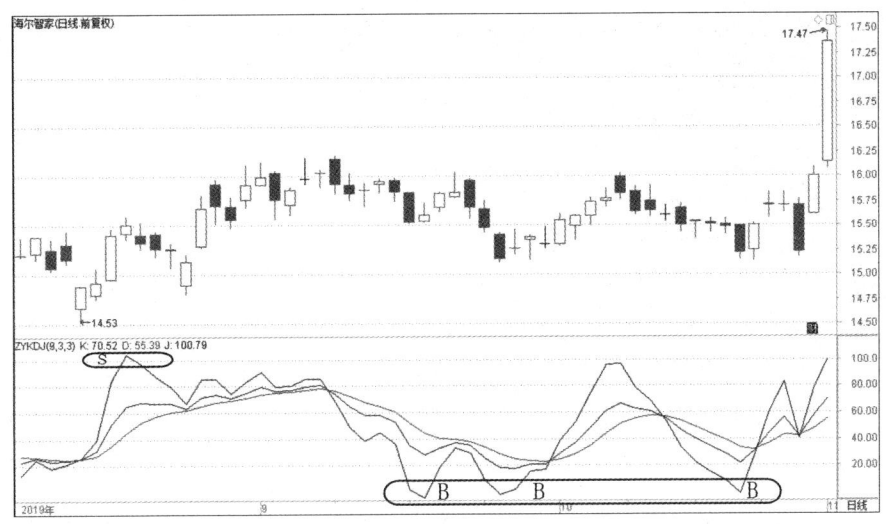

图 1-8 海尔智家日线图

TIPS：近年来，一些人为了追求更高效的交易信号和更简洁的技术指标，往往将 J 曲线舍弃不用，理由就是该曲线其实与 KDJ 指标中的 RSV 数值无关。这么做有一定道理，但乔治·莱恩博士在发明 KDJ 指标时既然设计了 J 曲线，就说明它一定有自己独特的作用，这在后面就可以看到。

1.4 KDJ 指标的空间划分

KDJ 指标由于采用了百分比的计算方式，因此数值一定在 0～100，并且围绕着中轴线 50 线来回地摆动。大量的统计数据显示，当 KDJ 指标线摆动到 80 线时，此时往往对应着股价的波段高位，股价容易发生回落；当 KDJ 指标线摆动到 20 线时，此时往往对应着股价的波段低位，股价容易发生反弹。鉴于此，当前市场上绝大多数证券分析软件都把 80 线和 20 线分别作为超买和超卖的分界线。

1.4.1 空间划分

其实这也很好理解，KDJ 指标的时间周期参数取值为 9，即统计 9 天内的最高价、最低价和收盘价。倘若某只股票每天都在上涨，已经连续涨了 8 天，那么它就很容易发生回调。此时，跟踪价格的 KDJ 指标早已进入了超买区域，指标线发生回落也是极其正常的事。反过来，如果某只股票每天都在下跌，已经连续跌了 8 天，那么它也很容易发生反弹。此时,跟踪价格的 KDJ 指标早已进入了超卖区域,指标线发生反弹也很正常。

80 线、20 线和中轴线 50 线,它们将整个 KDJ 指标区域划分成了四大空间。根据经验法则的统计,其区域空间划分如下。

● 强势多头:指标在 80 线以上。
● 正常多头:指标在 50 ~ 80 线之间。
● 正常空头:指标在 20 ~ 50 线之间。
● 强势空头:指标在 20 线以下。

图 1-9 所示是 KDJ 指标示意图,除了常用的 100 线和 0 线两条指标线,图 1-9 中还有 3 条较粗的水平空间轴线,从上到下分别是 80 线、50 线和 20 线,我们通过这 3 条水平空间轴线对 KDJ 指标区域进行空间上的划分。需要说明的是,由于软件关系,纵坐标轴的 0 刻度未被显示。

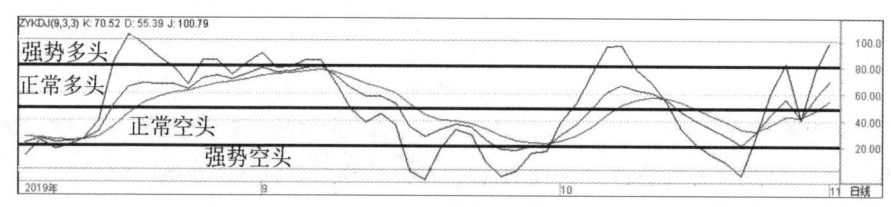

图 1-9 KDJ 指标示意图

TIPS:知道了指标的空间划分,当追踪股价的指标线运行到相应区域时,我们就能了解股价当前所处的位置,对股价未来的运行也有了大致的方向判断。

除了对指标区域进行空间上的划分,这 3 条水平空间轴线各自还有更大的作用。

1.4.2 50 线作用及交易含义

50 线处于 KDJ 指标示意图的中央,是中轴线,K、D、J 这 3 条曲线其实都是围绕着它进行高低摆动的。此外,根据指标区域的空间划分标准,50 线还是多空转换的分界线,这就更加凸显了 50 线的重要性。

TIPS:趋势有两面,即多与空,由下至上为多,从上而下为空,但无论是哪一面,50 线都是多空双方的"必争之地",具有极强的交易含义。

多头在 50 线的动作,术语称为多头表态;空头在 50 线的动作,术语称为空头抵抗。下面我们就看看多空双方的动作。

先看多头表态。

空头一旦成势，股价通常会下跌，跟随股价变动的 KDJ 指标通常也会向下回落。此时多头如果还想稳定盘面，不想将之前的胜利果实拱手相让，那么主力就必然会在 50 线周围组织起有效的反击，告诉场外的跟风盘，多头主力还在。此时，50 线就是多头的第一道防线。

图 1-10 所示是物产中大（600704）2019 年 6 月至 9 月的日线图，同时也是非常经典的多头主力在 50 线位置发力的表态图。

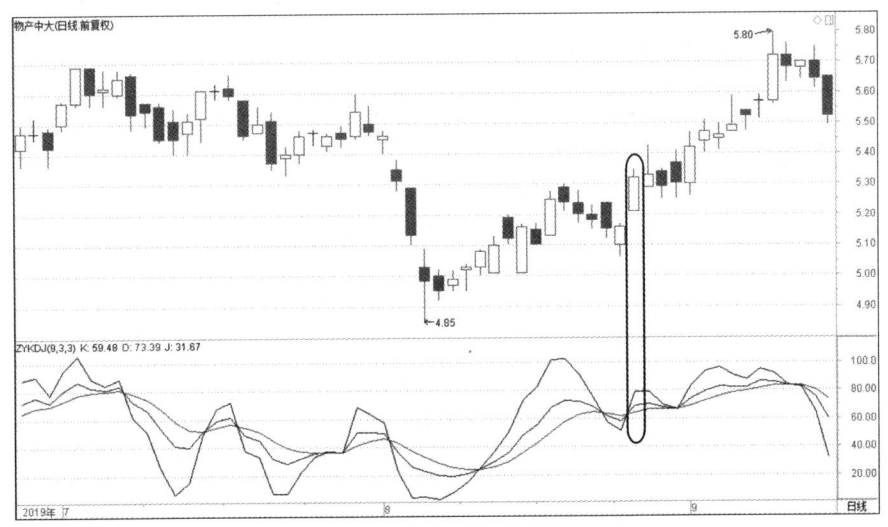

图 1-10 物产中大日线图

我们看到在图 1-10 中方框的左侧，股价曾有一段小幅度的拉升，随后空头发力，股价连跌 4 天，KDJ 指标刚刚击穿 50 线。此时多头主力如果没有作为，那之前连跌 4 天的 K 线就变成了所谓的三只乌鸦的经典头部 K 线组合，股价未来的下跌空间就会被打开，之前的升势也会被抵消。

50 线是由多转空的分界线，也是 KDJ 指标区间内正常多头区间与正常空头区间的转换处，多头要想继续参与，就一定要在这个地方用盘面语言进行表态。我们看到，在图 1-10 中方框标示处，多头毫不犹豫地拉出一条大阳线，一举扭转了被动的局面，同时也进行了表态：多头主力还在。

如果是一名经验丰富的投资者，并且对 KDJ 指标有过深入研究，那么当其看到这条 K 线时一定会很激动，因为多头主力又开始行动了，此时正是自己获取利润的好时机，至少未来股价的升幅会对等前面股价的升幅。

感兴趣的朋友可以对图 1-10 进行观察，可以发现物产中大这一段走势的最低点在 4.85 元处，多头表态的位置在 5.32 元附近，因此我们可以计算前面这一段的升幅，具体如下。

（5.32－4.85）÷4.85×100%＝9.69%

从图1-10中可以看到，股价后面涨到了5.80元。从多头表态开始的这段升幅如下。

（5.80－5.32）÷5.32×100%＝9.02%

经过比较，我们看到两段的升幅几乎差不多。

TIPS：图1-10中的例子是多头表态成功的例子，其实在实战中，有很多时候由于空头过于强势，多头虽然表态，但并不能成功扭转颓势。

图1-11所示是首商股份（600723）2019年1月至5月的日线图，同时也是典型的多头表态失败的例子。

图1-11 首商股份日线图

从图1-11中方框的位置可以看到，股价在拉升一段时间后空头开始参与，使KDJ指标下行至50线附近。在由多转空的关键时刻，多头拉出一条中阳线，想要扭转不利的局面。如果是未能深入理解KDJ指标精髓的投资者，看到这条阳线一定会很高兴，但此时空头十分强势，第二日就用中阴线回击了多头。我们看到随后多头基本没有抵抗，股价开始持续走低。

了解了多头表态，我们再来看看空头抵抗。

空头抵抗的意义与多头表态差不多，当盘面面临由空转多的压力时，原来的空头不会坐视不理，否则多头将乘胜追击。股票市场由于节奏较慢还好说，期货市场则变化较快，一旦多空易手，盘面很容易形成一方扎空的走势，所以50线也是空方必守的阵地。

与多头表态一样，空头抵抗也分为两种，即抵抗成功与抵抗不成功。我们先看抵抗不成功的实例。

图1-12所示是京蓝科技（000711）2019年7月至9月的日线图。

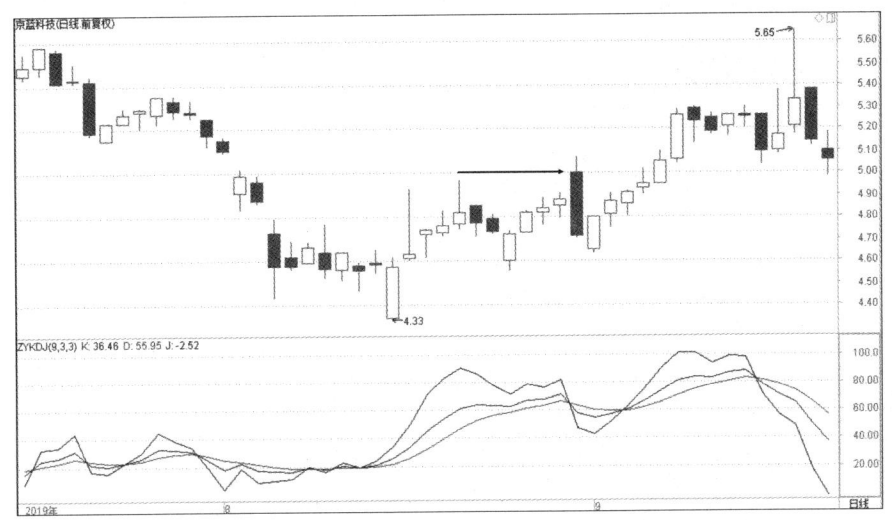

图1-12 京蓝科技日线图

看懂了图1-10、图1-11中的实例，图1-12就很好理解了。借助多头前面连续4条阳线的反击，KDJ指标突破了50线的关口。此时空头如果不抵抗，那么阵地将拱手相让。于是我们看到箭头标注处空头用大阴线展开了反击，使KDJ指标守住了50线关口。但事实证明，这是空头的无效抵抗，多头化解攻势后，股价走出了一段中级行情。

TIPS：多空局势一旦转变，强势一方绝不会轻易放手，必将坚持到底。

下面我们再看一下空头抵抗成功的实例。图1-13所示是紫光股份（000938）2019年9月至10月的日线图。

在图1-13中方框的左侧，股价有见底的迹象，KDJ指标也修复完成。照此发展，多头只要稍加准备，后续便有可能发动更大的行情。然而这只股票的空头十分机警，趁着多头气势未成，连续用3条阴线将KDJ指标"打回原形"，同时使股价降到新低。

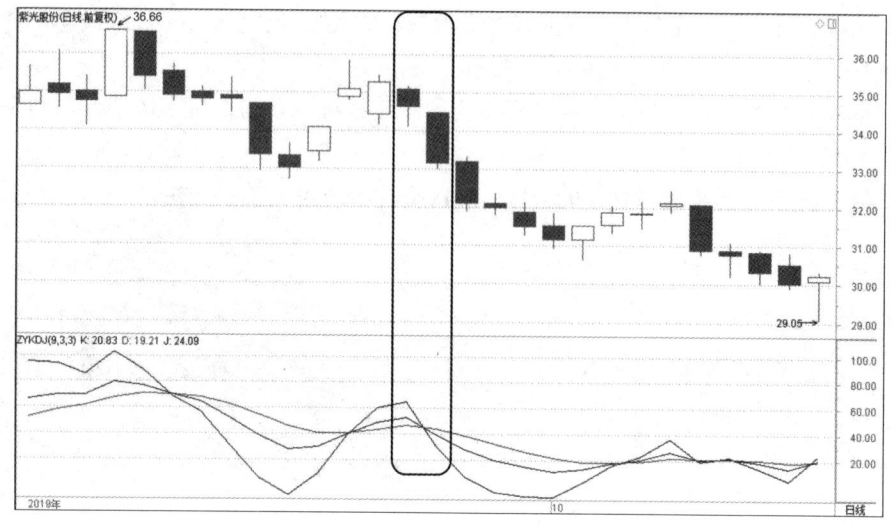

图 1-13 紫光股份日线图

通过上述实例，相信读者已经了解了 KDJ 指标中 50 线的技术意义，这里有几点需要说明。

（1）由于 KDJ 指标中的 J 曲线与 RSV 数值值无关，所以 J 曲线在 50 线附近的变化意义不大，可以忽略。

（2）K 曲线和 D 曲线相比较，D 曲线更为稳定，所以技术上以 D 曲线为主、K 曲线为辅。

（3）50 线不是一个绝对值，40～60 线的区间都可视为 50 线的范畴，不必过于刻板。

（4）实战中一定要注意股价所处的位置，然后结合指标进行综合研判，这是 KDJ 指标发挥作用的基础。

1.4.3 20 线作用及交易含义

20 线位于 KDJ 指标区域的下半部分，是正常空头区间和强势空头区间的分界线。从指标的角度来说，指标线到了这里，说明股价前期已经下跌了一大段，即将进入超卖阶段。但这个阶段才是股价加速下跌进而触底的时候，这也是指标线产生低位钝化现象的原因。因此，从多空的角度来讲，20 线的意义是不一样的。

● 多头：20 线是多头的最后防线，一旦失守，股价在后面可能会加速下跌。
● 空头：20 线是空头的第一道防线，若不抵抗，多头会继续挺进，直逼 50 线这条多空分界线。

无论是多空哪一方，在 20 线这个位置的较量中单凭意愿是远远不够的，主要还是看实力,因此二者成功与失败的概率各占一半。我们选取了两个典型的实例进行讲解,以帮助大家理解。

图 1-14 所示是大连商品交易所豆粕指数期货合约 2019 年 1 月至 3 月的日线图。

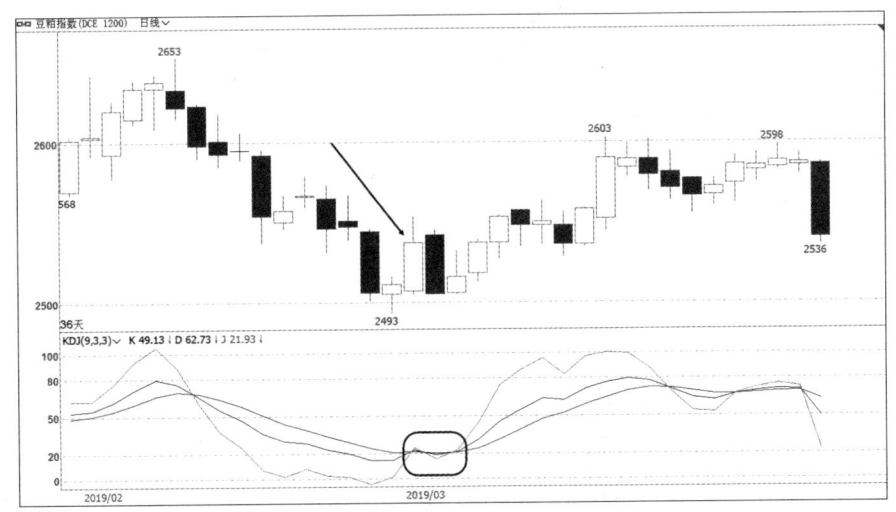

图 1-14 豆粕指数期货合约日线图

之所以选用期货合约图而不是读者常见的股票图,一方面是因为图 1-14 很经典,另一方面也是想对读者说明,KDJ 指标最初就是应用在期货市场中的。

TIPS:正因为期货市场可以进行多空双向交易,所以多空双方的竞争才更加激烈。

从图 1-14 中可以看到,豆粕主连从高点一路向下,空头力量经过两个波段的释放后,指标线从高位下行到了 20 线附近,触及多头最后的防线。正是在这个关键位置,多头组织力量展开反击,拉出了一条中阳线,意图挽救局面。

后续结果暂且不论,我们只需理解多头主力为何在 20 线而不是其他位置开始反弹,这一实例足以说明 20 线位置的重要性。

我们再来看另一个经典的实例,它同样来自期货市场。图 1-15 所示是上海期货交易所橡胶 2001 期货合约 2019 年 4 月至 11 月的周线图。这里的 2001 是合约日期,即本合约是 2020 年 1 月到期交割的。

图 1-15 是空头防守第一道防线即 20 线的经典图例。在图 1-15 中方框标示处,KDJ 指标中的 D 曲线即将由下而上穿越 20 线,这表明经过前期的大幅下跌,多头积蓄的力量已经足以化解空头的攻势,这也是方框前面有一条中阳线的原因。

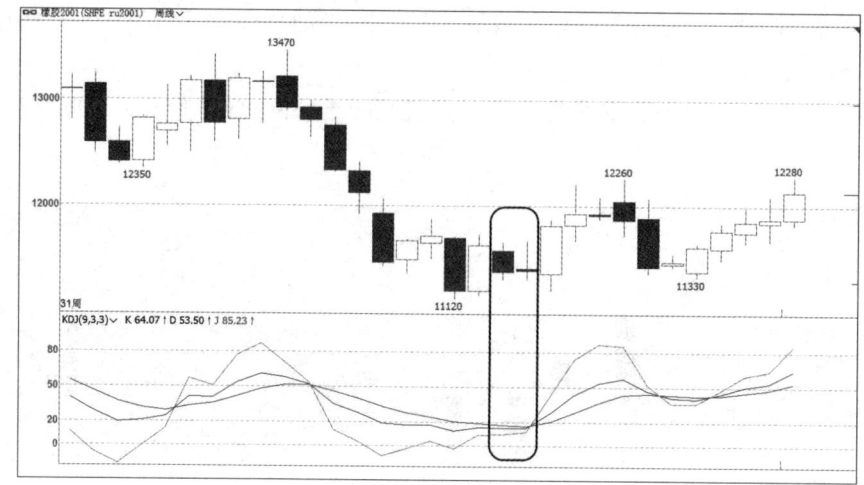

图 1-15 橡胶 2001 期货合约周线图

TIPS：反映中期趋势的周线图，有很强的技术意义。

我们看到，空头随后利用 20 线进行了顽强的抵抗，当周收出中阴线，想将多头的攻势抵消。然而空头力量在前面的走势中已经消耗殆尽，因此后面多头主力还是占了上风。但不能否认的是，20 线在多空双方的竞争中的重要性已经不言而喻。

通过上述实例，相信读者已经了解了 KDJ 指标中 20 线的技术意义，这里有几点需要说明。

（1）由于 KDJ 指标中的 J 曲线与 RSV 数值无关，所以 J 曲线在 20 线附近的变化意义不大，可以忽略。

（2）K 曲线和 D 曲线相比较，D 曲线更为稳定，所以技术上以 D 曲线为主、K 曲线为辅。

（3）相对而言，20 线由于处在指标低位，因此对于空方有较大的技术意义。由于此时股价下跌较多，对于多方而言，抵抗的意义开始减弱。

（4）实战中一定要注意股价所处的位置，然后结合指标进行综合研判。

1.4.4　80 线作用及交易含义

80 线和 20 线的位置相反，位于 KDJ 指标区域的上半部分，是正常多头区间和强势多头区间的分界线。从摆动的角度来说，指标线到了这里，说明股价前期已经上涨了一大段，即将进入超买的阶段。但正是这个阶段，股价在加速赶顶的过程中往往上涨得更为猛烈，这也是指标线产生高位钝化现象的原因。从多空的角度来讲，80 线的重要性也不言而喻。

● 多头：80 线是多头的第一道防线，若不抵抗，空头会继续挺进，直逼 50 线这一多空分界线。

- 空头：80 线是空头的最后防线，一旦失守，股价在后面有可能会加速冲顶。

与 20 线一样，多空双方在这个位置的较量，其成功与失败的概率各占一半。我们选取了两个典型的实例进行讲解，以帮助大家理解。

图 1-16 所示是南天信息（000948）2019 年 1 月至 5 月的日线图。从图 1-16 中可以清楚地看到，多头在方框标示处的行情中处于强势，利用两个波段推高了股价。此时，KDJ 指标中的 D 曲线一直位于 80 线以上，看起来形势一片大好，局面已由正常多头区间向强势多头区间转变。但空头不甘心失败，在图 1-16 中箭头标注的 K 线所对应的指标线位置，空头依托 80 线这一最后的防线进行了抵抗。我们可以看到，空头利用多头跳空高开冒进的破绽展开了反击，让阴线收出长长的上影线，随后又连续两天让股价收出阴线，使股价阶段性见顶。

图 1-16 南天信息日线图

看过空头在 80 线进行抵抗的实例，我们再来看一下上证指数在 80 线初次抵抗的实例。

图 1-17 所示是上证指数（999999）2019 年 7 月至 10 月的日线图。

从图 1-17 中可以看到，上证指数在之前的行情中由于升势过急，使得 KDJ 指标持续在高位运行，并且导致指标高位钝化。

指标高位钝化已经连续多日了。这种情况下，要么多头奋力再将股价拉开一波，要么就是股价极容易就地见顶。在图 1-17 中箭头标示的这一天，空头已经发起试探性进攻，收出 1 条高点和低点都逐渐下移的阴线。此时，多头不愿失败，利用 80 线进行了抵抗，收出 3 条小阳线。

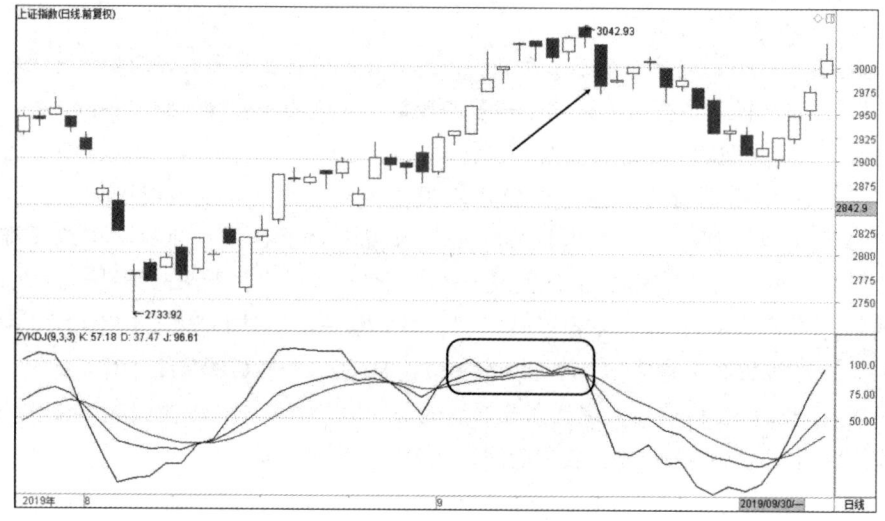

图 1-17 上证指数日线图

多空双方中,一方如果发力,必然引发另一方更加发力。图 1-17 中的例子就是如此,多头在高位发力后,空头直接反击,使得上证指数在 3 条小阳线后收出阴线,接着引发了后面的跳空低开,从而使上证指数波段见顶。

通过上述实例,相信读者已经对 KDJ 指标中 80 线的技术意义有所了解,这里有几点需要说明。

(1) 由于 KDJ 指标中的 J 曲线与 RSV 数值无关,所以 J 曲线在 80 线附近的变化意义不大,可以忽略。

(2) K 曲线和 D 曲线相比较,D 曲线更为稳定,所以技术上以 D 曲线为主、K 曲线为辅。

(3) 相对而言,80 线由于处在指标高位,因此对于多方有较大的技术意义。由于此时股价上涨较多,对于空方而言,抵抗的意义已经不大。

(4) 实战中一定要注意股价所处的位置,然后结合指标进行综合研判。

失败与成功总是相对的,这里只是举了两个在 80 线位置处抵抗失败的例子,至于成功的例子,感兴趣的读者可以自行寻找并进行学习。

1.4.5 0 线和 100 线的作用

目前市场上各大券商为投资者提供的证券分析软件中,KDJ 指标几乎都是 3 条曲线和一些模糊的水平空间轴线,这就影响了我们对指标的使用。为了说明问题,我们先通过技术手段,让 0 线和 100 线在指标图上显现出来。

图 1-18 所示就是 0 线和 100 线显现后的 KDJ 指标效果图。

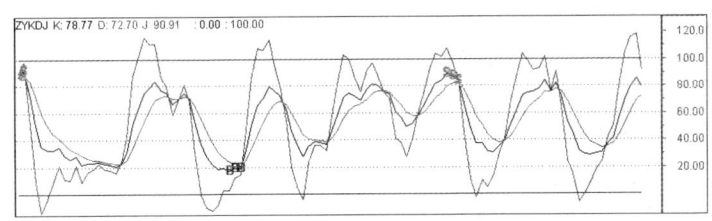

图 1-18 KDJ 指标效果图

KDJ 指标中，0 线和 100 线是指标的两个极值，也是 K 曲线、D 曲线不可逾越的"天堑"。但 J 曲线不同，将 K 曲线、D 曲线的差值放大到 2 倍的特点使得它能够穿越 0 线和 100 线。如果说在 50 线、20 线和 80 线中 J 曲线没有用武之地，那么 0 线和 100 线就是专属于 J 曲线的"表演舞台"。

TIPS：KDJ 指标中 0 线和 100 线与 J 曲线结合分别有什么作用呢？4 个字——寻底、逃顶。

在 KDJ 指标中，J 曲线与 0 线的结合主要用来寻底。

底的范围很宽泛，可以是历史大底，也可以是波段底部，无论对于哪一种底部形态，J 曲线结合 0 线的作用都很大。

我们看一个实例，图 1-19 所示是上证指数 2016 年 3 月至 2018 年 2 月的周线图。

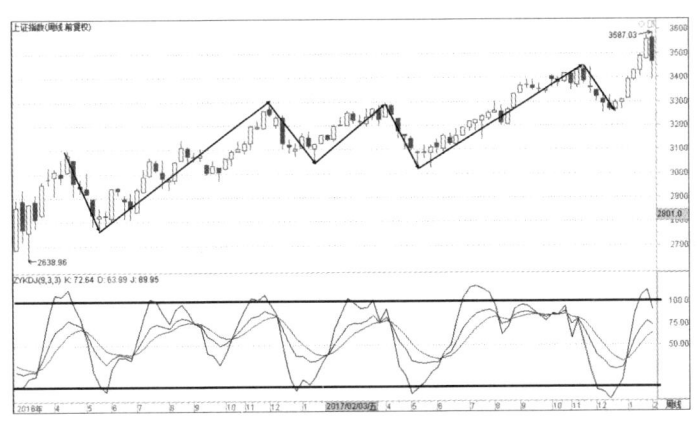

图 1-19 上证指数周线图

相信大家已经看得很清楚，上证指数在这几个波段行情中，其中 4 次的底部都发生了 J 曲线从下而上穿越 0 线的现象。大家若是仔细观察就会发现，每一次 J 曲线从下而上穿越 0 线时，几乎都是在波段的低点附近，因此 0 线的作用毋庸置疑。

我们再来看一个实例。图 1-20 所示是沪电股份（002463）2017 年 10 月至 2019 年 11 月的周线图。

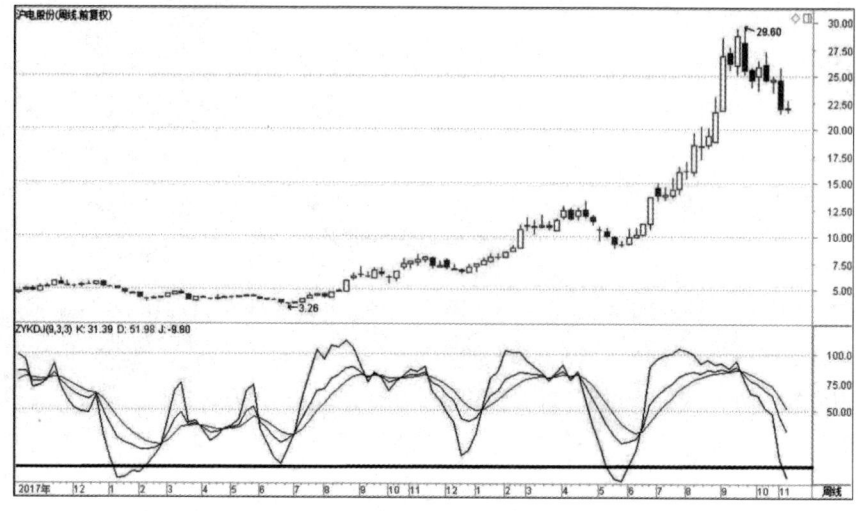

图 1-20 沪电股份周线图

我们从图 1-20 中可以看到，每一次 KDJ 指标中的 J 曲线发生从下而上穿越 0 线的现象时，在相近的时间内沪电股份都见到了一个相对的底部。正因如此，沪电股份的股价才从 3.26 元上涨到了 29.60 元。

TIPS：需要说明的是，J 曲线从下而上穿越 0 线从而寻底的作用，至少要在周线及以上级别的图中才能体现。

差值放大到 2 倍使得 J 曲线成为 KDJ 指标 3 条曲线中变化最频繁的，加上日线周期同样是时间周期中变化最快的，所以在日线图上，J 曲线结合 0 线寻底的作用将大打折扣。

知道了 J 曲线与 0 线结合有寻底的作用，那么自然就会明白 J 曲线与 100 线结合的作用。是的，J 曲线与 100 线结合主要用来逃顶。

相较于股票市场，期货市场由于有杠杆的作用，可以将收益和损失成倍地放大，因此风险也更大。期货市场参与者如果想要生存，首先就要对多空的方向进行正确判断。KDJ 指标之所以会先在期货市场流行起来，进而被应用到股票市场，就在于它有独特的寻底逃顶的作用。

图 1-21 所示是大连商品交易所焦煤 2005 期货合约 2019 年 4 月至 11 月的周线图。

期货合约由于交易时间普遍较短，又不是连续的，所以给投资者思考的时间很少，一旦信号出现，投资者要坚决地执行。从图 1-21 中可以看到，焦煤 2005 期货合约自上市后走势就呈现上升态势，但在箭头标注处却发生了 KDJ 指标中 J 曲线自上而下穿越 100 线的现象，此时周线图上也收出一条上吊线。我们看到空方主力随后发力，连续拉出周阴线，将多头力量彻底化解。如果不能及时有效地识别 J 曲线结合 100 线发出的见顶信号，随后又未能及时止损，那么这样的跌幅爆仓是必然的结果。

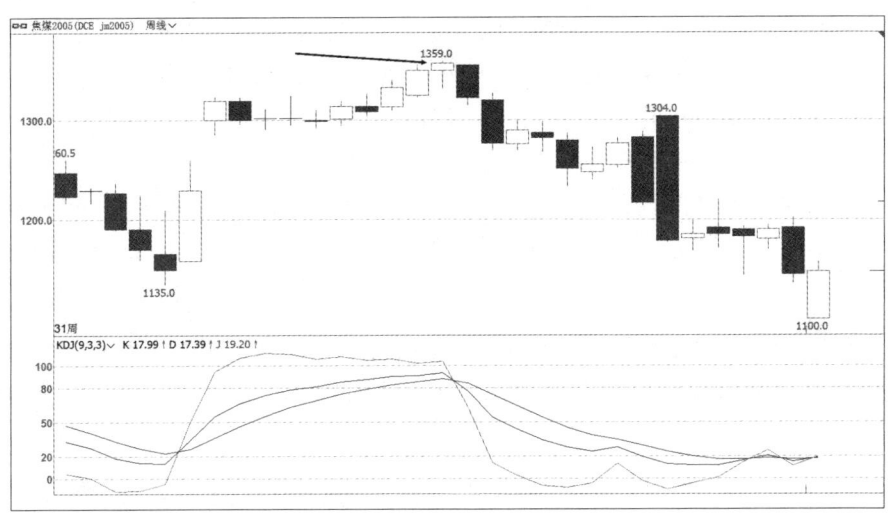

图 1-21 焦煤 2005 期货合约周线图

TIPS：在期货市场中，投资者一旦看错方向又未能及时止损，那么爆仓是常有的事，因为多空双方一旦发力几乎没有停止的可能。

股票市场的投资者或许不了解爆仓，但期货投资者都清楚，一旦爆仓，就意味着几乎血本无归。

股票市场上，J 曲线结合 100 线发出逃顶信号的案例如上证指数，我们在这里讲解一下。

图 1-22 所示是上证指数（999999）2017 年 12 月至 2019 年 4 月的周线图，其中的 3 587.03 点是 2018 年熊市的顶点。

图 1-22 上证指数周线图

上证指数自高点滑落后，指数持续下跌至 2018 年年末附近才止住，投资者损失了大量财富。能不能在第一时间有效识别这样的顶部呢？我们从图 1-22 中方框标注处的 K 线对应的 KDJ 指标中可以看到，J 曲线已经在第一时间下穿 100 线，发出了指数见顶的信号。随后，K 线收出看跌吞没形态。

利用 J 曲线与 100 线相结合的作用逃离顶部的实例还有很多，这里就不过多列举，感兴趣的读者可以自行寻找并学习。相信经过学习，读者对这种作用理解得会更加深刻。

TIPS：同寻底技巧一样，J 曲线结合 100 线逃顶的技巧至少要在周线及以上级别的图中才能体现，原因与寻底大体相同，这里不再赘述。

多空的竞争在 50 线、20 线和 80 线这些关键的地方表现得最为明显，而寻底、逃顶等具体技巧则在 0 线和 100 线中有很好的应用，这些都是 KDJ 指标实战中的关键。遗憾的是，这部分知识少有人知，大部分个人投资者更是从未关注这个方面，市面上的学习资料也很少提及这一领域，大部分资料的重点都放在了指标线的应用上。指标线的应用固然重要，但本章所讲的技巧也不可偏废，希望这些实战技巧能对读者有所帮助。

第 2 章

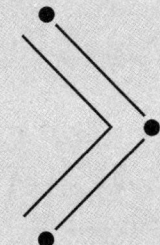

KDJ 指标应用

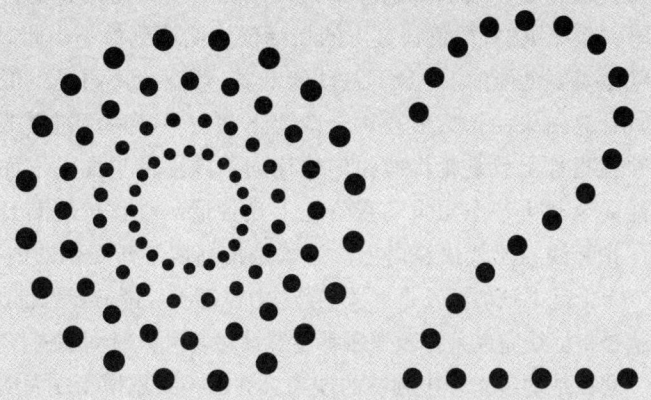

KDJ 指标的构成有动、静两个方面。静的一面就是处于关键位置的那几条水平空间轴线，而动的一面就是在区间内上下摆动、相互交叉的 3 条指标线。KDJ 指标是依附于价格而存在的，既然市场上每天的价格都不相同，那么通过指标公式计算出的指标线的数值自然也会不同。这些数值不同的曲线跟随价格相互交叉，高低错落，交替往复，最终形成了 KDJ 指标的交叉、超买与超卖、钝化以及背离这四大特性，进而使 KDJ 指标的应用手段变得更加丰富。

2.1 KDJ 指标的交叉

KDJ 指标线发生交叉的现象很好理解，毕竟在第 1 章中我们已经介绍过 3 条指标线的计算公式。由于计算方式的不同，3 条指标线的数值也会不同，所以它们有很大的概率发生交叉。

2.1.1 KDJ 指标变化的机理

我们以下降趋势为例，为大家讲解一下 KDJ 指标变化的机理，便于大家理解交叉现象。我们知道 RSV 数值是 KDJ 指标的核心计算基础，并且与 9 天内的收盘价、最高价、最低价息息相关。只有当 9 天内的收盘价无限接近或等同于最低价时，根据 RSV 数值计算出的指标值才能达到最小，此时指标线快速向下跌落。下跌是需要动能的，一旦下跌动能减弱，收盘价不再是最低价，二者就会开始偏离，反映计算结果的指标线自然会改变下跌斜率，进而慢慢改变 3 条线的相互位置，反映在指标上就是指标线扭转快速向下跌落的局面，进而在低位徘徊。等到下跌动能完全消失，主力发动新一轮上攻行情，收盘价逐渐升高进而开始接近最高价时，指标线自然就快速向上，这就是指标线不断变化的内在机理。

无论是下跌动能还是上涨动能，力量都不可能一步到位，都会有一个释放的过程，这就是指标线完成某种改变后都会继续运行一段时间的内在原因。

交叉是均线指标中独特的现象。乔治·莱恩博士在发明 KDJ 指标时借鉴了均线的一些优点，交叉就是其一。

TIPS：均线指标中，所有关于交叉技术的应用都可以移植到 KDJ 指标中。

KDJ 指标中的 3 条指标线按排列位置的不同，分为黄金交叉（简称"金叉"）和死亡交叉（简称"死叉"）。

2.1.2 指标金叉及应用

金叉这个概念对了解均线指标的投资者来说并不陌生。在均线指标中，金叉的定义是这样的：当短期均线由下向上穿越长期均线时，二者呈现多头排列形态，此时的交叉点就是金叉，表示对价格的后续走势看好。

KDJ 指标中，3 条指标线摆动的快慢顺序是 J 曲线最快，K 曲线次之，D 曲线最慢。将均线金叉概念移到 KDJ 指标上，就应该是摆动速度最快的 J 曲线和相对较快的 K 曲线由下向上穿越最慢的 D 曲线，呈现出 J 曲线在上、K 曲线居中、D 曲线在下的多头排列形态，此时的交叉点就称为金叉点。

我们看一幅示意图，直观地了解一下 KDJ 指标的金叉现象。图 2-1 所示就是我们截取的 KDJ 指标金叉示意图。

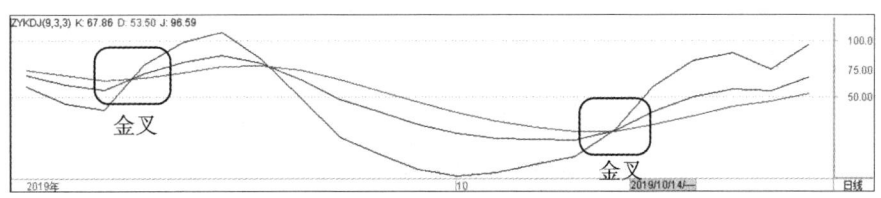

图 2-1 KDJ 指标金叉示意图

图 2-1 中有两个金叉，我们用方框进行了标注。它们的共同特点就是一旦指标线形成金叉，多头排列都会持续一段时间，这在指标线变化的机理中进行了较为详细的阐述。

既然指标线在形成金叉后会继续运行一段时间，那就意味着我们可以利用这一特性，将指标线的金叉看作一个买入信号。这样一来，我们就能获取后面一段时间的合理利润。

按照出现位置的不同，KDJ 指标的金叉可以分为两种。

● 低位金叉：由于在 KDJ 指标中 20 线处在指标的低位，所以我们把 20 线（含 20 线）以下区域的指标线形成金叉的现象称作低位金叉。

● 高位金叉：由于在 KDJ 指标中 80 线处在指标的高位，所以我们把 80 线（含 80 线）以上区域的指标线形成金叉的现象称作高位金叉。

由于价格的变动，有时候低位金叉出现的次数会很多，所以低位金叉又可分为低位一次金叉和低位多次金叉两种情况。同理，高位金叉也可以分为高位一次金叉和高位多次金叉两种情况。

TIPS：需要说明的是，这里的多次不代表具体次数，而是将两次及以上的金叉统称为多次金叉。

我们首先看 KDJ 指标的低位一次金叉。图 2-2 所示是亚联发展（002316）2019年 5 月至 11 月的周线图，是低位一次金叉的经典图例。

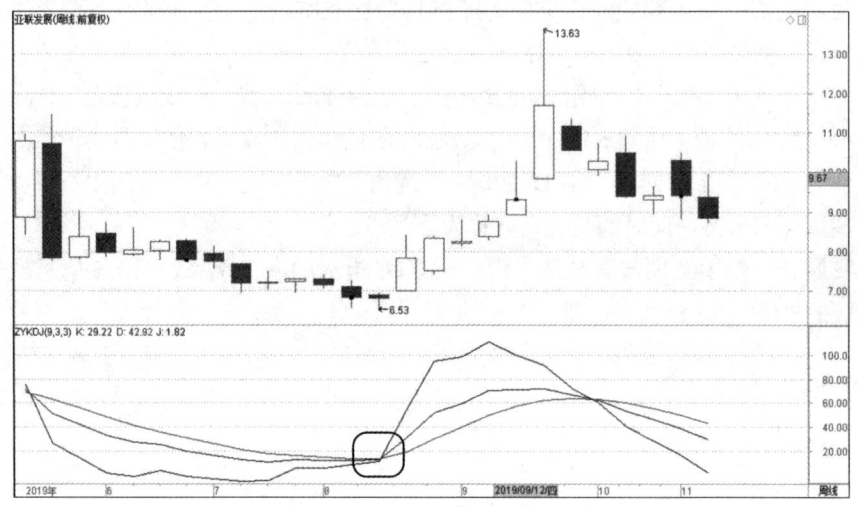

图 2-2 亚联发展周线图

我们看到，KDJ 指标中 J 曲线、K 曲线在图 2-2 中的方框处，也就是 20 线位置处由下至上穿越 D 曲线，形成了标准的金叉，并且指标线在这之后并没有出现明显的回落，而是共同支持股价持续上扬，形成了低位一次金叉的格局。

下面我们通过实例看一下 KDJ 指标的低位多次金叉。图 2-3 所示是中远海科（002401）2019 年 7 月至 9 月的日线图。

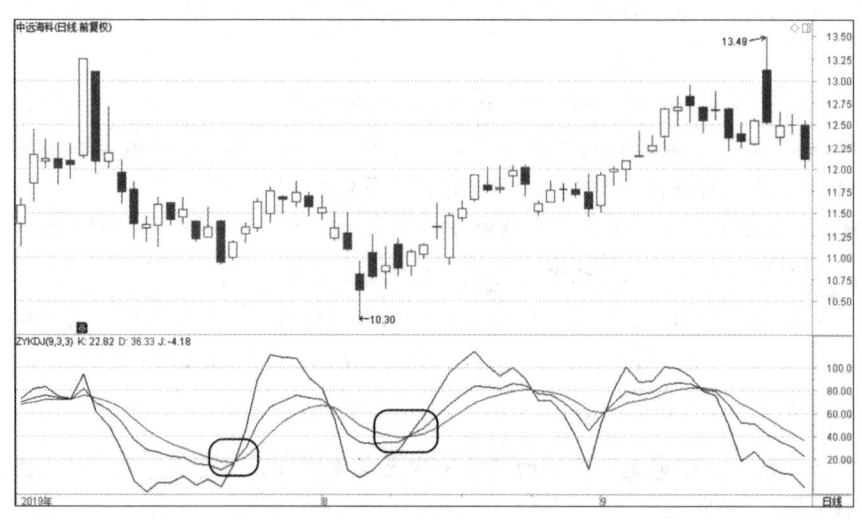

图 2-3 中远海科日线图

从图 2-3 中可以看到，在方框框定的位置，KDJ 指标在低位形成了两次金叉。其中第一次金叉看起来很像是股价的底部，但后面股价又创出新低，直到 KDJ 指标在低位形成第二次金叉，才引导价格走出了上升行情，这又是为什么呢？

这里面的原因并不复杂，第一次指标信号之所以不准确，关键在于从高点下跌后股价只是经历了第一个下跌波段。一般而言，无论是上涨还是下跌，行情的走势大都会采取三段式上涨或下跌模式。如果是主升段或者是主跌段，股价还要经历 5 浪的下跌或上涨。从图 2-3 中可以看到，在指标形成第一次低位金叉时，股价只是完成了第一个波段，这说明空头的力量还没有充分释放，在指标信号的刺激下，股价短期的走强不过是指标的自我调节。我们看到，当空头缓了一口气并继续发力时，指标立刻开始疲弱下行，股价也创出了阶段新低。当 KDJ 指标在低位形成第二次金叉时，股价此时已经经过了 3 段下跌走势，也就是说空头的力量已经充分释放，下跌动能明显不足，所以这一次指标给出的信号才是真实有效的。

TIPS：有一点需要说明，KDJ 指标低位发生二次金叉的模式是有时间限制的，一般而言，两次金叉的时间间隔不能超过 20 个交易日，超过这个时间跨度，行情的性质就会发生改变。

至于低位两次以上的金叉，其研判要点与二次金叉差不多，大家自行学习即可。

高位金叉与低位金叉稍有不同，毕竟指标来到高位，说明股价在之前已经有过一段上涨走势，这需要引起我们的警觉。

金融市场是个高风险的市场，想要在这个市场中生存，首要的一点就是控制风险。错过一次行情不要紧，毕竟后面还有机会，但误判一次行情或许就是致命的，因此应用这种金叉模式务必慎之又慎。

我们来看 KDJ 指标的高位一次金叉。图 2-4 所示是生益科技（600183）2019 年 7 月至 9 月的日线图。

这幅图很经典，也很有代表性。在前期股价已经上涨过一段时间的前提下，KDJ 指标还能发生高位一次金叉现象，足以说明这样的股票处在强势的主升段之中，不是主力资金雄厚，就是背后有重大题材支撑，否则主力应该会适当调节，修正指标，而不太可能会继续拉升。

我们看到在图 2-4 中方框框定的位置，KDJ 指标在 80 线上方发生了高位一次金叉，表明主力还想要股价继续上涨。股价后续表现也确实如此，接连收出阳线且呈现短线加速的趋势，直到出现阶段性顶部。

像这类股票，投资者在参与时一定要注意前期的涨幅，如果发现前期涨幅过大，要懂得适可而止，切忌贪心。

TIPS：如果说 KDJ 指标在 80 线上方发生高位一次金叉是股价强势的表现，那么当它连续发生多次金叉的时候，就说明这只股票正处在历史行情爆发阶段，很有可能走出翻倍行情。

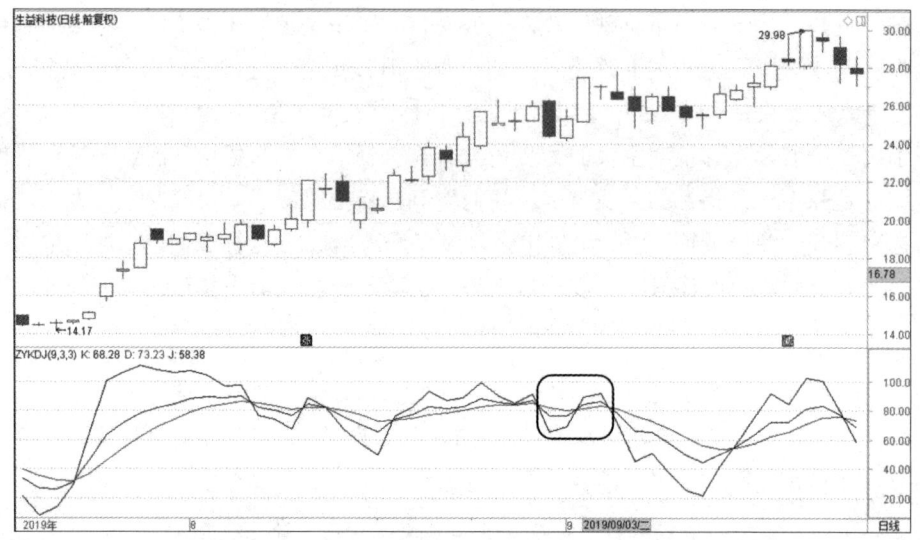

图 2-4 生益科技日线图

我们来看一个罕见的实例。图 2-5 所示是奥联电子（300585）2019 年 4 月至 9 月的日线图。

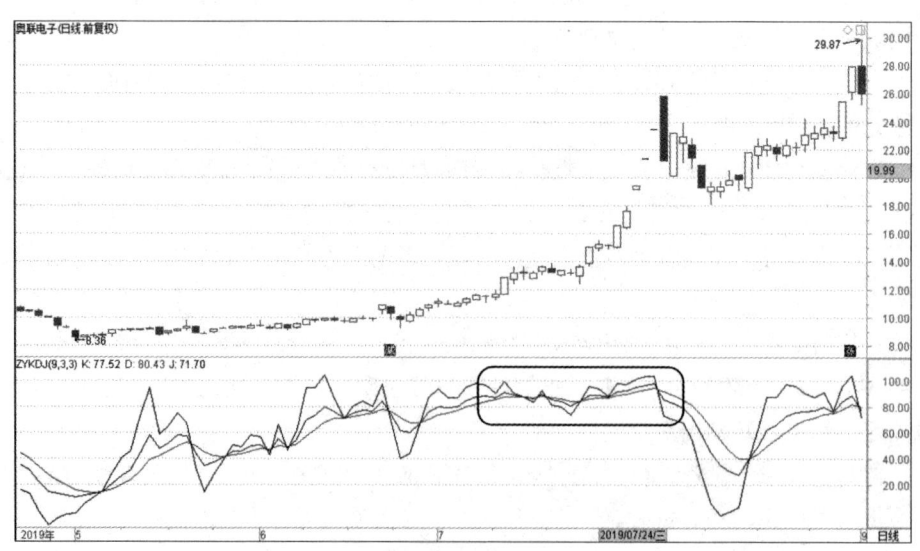

图 2-5 奥联电子日线图

从图 2-5 中可以看到，股价从 8.36 元开始一路上涨，在 KDJ 指标发生高位多次金叉的现象前已经接近 14 元的高位。正当指标即将在高位下行时，该股因为有大资金流入，股价拉升，随后出现了大行情，使得 KDJ 指标在 80 线的高位发生了金叉，强烈地刺激了股价进一步走高。

该股后来涨到 29.87 元的历史高位。就是在图 2-5 中框定的 3 次指标金叉的位置，股价也从 14 元左右涨到 26 元附近，有接近 1 倍的涨幅，令人惊叹。

TIPS：一般而言，像图 2-5 中显示的这种大行情，最低级别也应该是体现在日线图上，因为更小周期图变化较快，指标反复摆动，个人投资者很可能抓不住这样的机会，这是读者需要注意的地方。

2.1.3 指标死叉及应用

均线指标中对死叉是这样定义的：当短期均线由上向下穿越长期均线时，二者呈现空头排列形态，此时的交叉点就是死叉，表示对价格的后续走势看淡。

对 KDJ 指标而言，摆动频率最快的 J 曲线和相对较快的 K 曲线由上向下穿越最慢的 D 曲线，三者呈现 J 曲线在下、K 曲线居中、D 曲线在上的空头排列，此时的交叉点就是死叉点。

图 2-6 所示是 KDJ 指标死叉示意图。

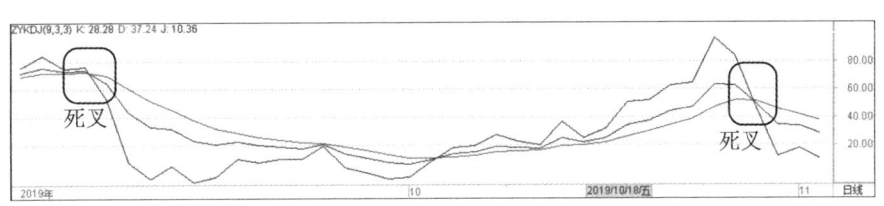

图 2-6 KDJ 指标死叉示意图

图 2-6 中有两个死叉点，我们用方框进行了标注，其内在的机理与金叉相同，这里不再赘述。按照出现位置的不同，KDJ 指标的死叉可以分为两种。

● 高位死叉：由于在 KDJ 指标中 80 线处在指标的高位，所以我们把 80 线（含 80 线）以上区域所发生的指标线死叉现象称作高位死叉。

● 低位死叉：由于在 KDJ 指标中 20 线处在指标的低位，所以我们把 20 线（含 20 线）以下区域所发生的指标线死叉现象称作低位死叉。

同金叉一样，指标线高位死叉也可以分为高位一次死叉和高位多次死叉两种情况。而与金叉稍有不同的是，低位死叉通常都是股价在下跌后产生的指标修复行为，由于此时处在下跌行情的末端，这时的低位死叉反而说明价格距离底部已经不远，加上指标此时应该已经低位钝化，所以我们对低位死叉不再进行细分。

TIPS：需要说明的是，这里的多次不代表具体次数，而是将两次及以上的死叉统称为多次死叉。

我们来看具体的实例。图 2-7 所示是思特奇（300608）2019 年 8 月至 10 月的日线图。

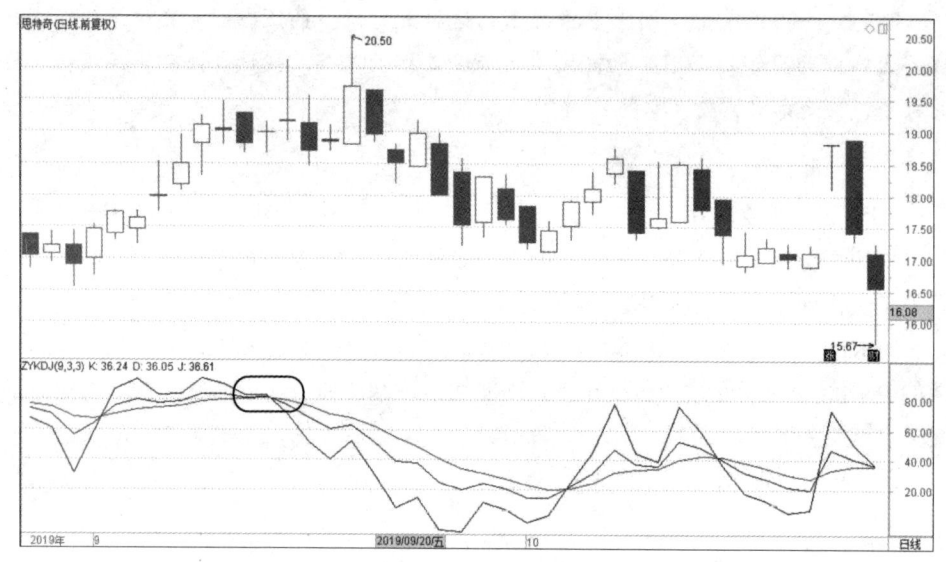

图 2-7 思特奇日线图

从图 2-7 中我们可以看到，在股价经过上涨，指标来到高位后，在图 2-7 中方框所标示的位置空头开始发力，指标在 80 线附近发生死叉，确认股价见到阶段顶部。相对而言，指标高位一次死叉的模式比较简单，在实战中也很好判断。

TIPS：我们需要对指标高位多次死叉这种模式提高警觉，这对于我们及时逃顶会有很大的帮助。

图 2-8 所示是上港集团（600018）2016 年 4 月至 2019 年 2 月的周线图。

我们看到，图 2-8 中左侧股价连续上涨，气势如虹，但在方框标示处，空头通过指标高位两次死叉的方式使多头的热度逐渐消退，直至成功构筑顶部。

下面我们看看 KDJ 指标在低位发生死叉的实例。图 2-9 所示是中原高速（600020）2019 年 5 月至 8 月的日线图。

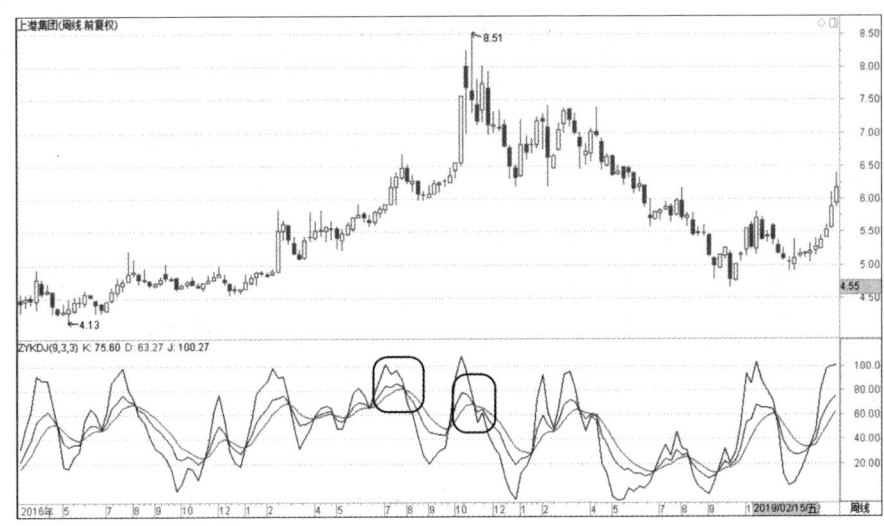

图 2-8 上港集团周线图

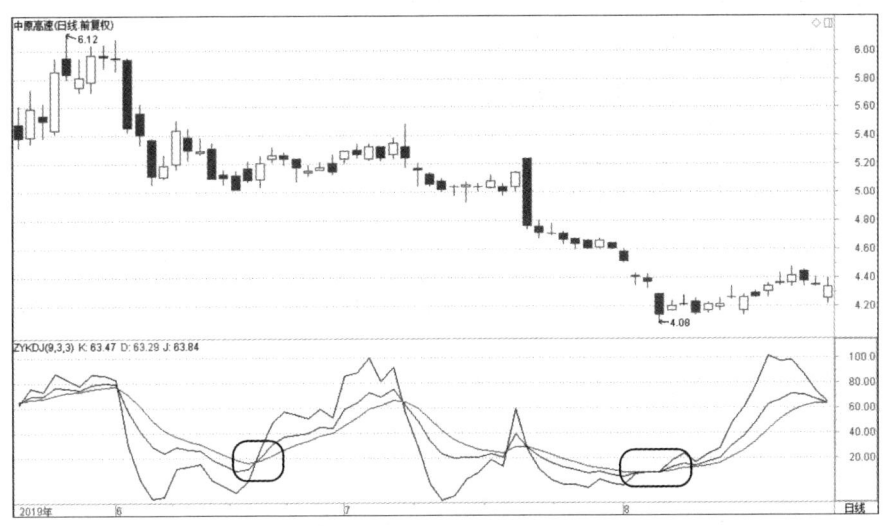

图 2-9 中原高速日线图

我们看到，图 2-9 中左侧股价已经下跌了一段，左侧方框标示处的股价依然疲软无力，指标也在低位徘徊，这些都说明了多头主力有心无力的实情。当指标线勉强到了 20 线的位置时，空头在第一道关口就展开了抵抗，令股价再次下跌，让指标线在右侧方框处形成低位死叉的格局，价格继续寻底。

交叉是 KDJ 指标最常规的使用方法，其实质就是将均线的使用技巧移植到 KDJ 指标中。相对而言，KDJ 指标线交叉的内容比较简单，大家应该可以轻松掌握。

2.2 KDJ 指标的超买与超卖

TIPS：从严格意义上来说，超买与超卖现象本身不能算作操作技巧，而只能归于操作策略。

在 KDJ 指标中，超买与超卖的作用主要在于提示风险和揭示机会。但世上没有孤立存在的事物，超买、超卖现象本身虽是一种判断，可在其周围却是满满的操作机会，加上操作策略与操作技巧密不可分，所以到最后它还是成了 KDJ 指标的四大特性之一。

2.2.1 指标超买超卖原理

超买和超卖，是用来描述市场状况的专属名词。

所谓超买，是形容市场过热或某股票及某期货合约因太多人追捧而导致价格短时间内急升，继而高位承接力不足，价格可能出现技术性向下调整的情况。

所谓超卖，是形容市场过冷或某股票及某期货合约因太多人沽售而导致价格短时间内急挫，继而低位抛售压力减小，价格可能出现技术性向上反弹的情况。

TIPS：KDJ 指标的超买现象通过 3 条指标线表现出来，但这不过是表象，其根源还在于指标本身的计算方法。

以上涨趋势为例，我们知道 KDJ 指标的取值周期是 9 天。假设这 9 天中前 3 天的股价不温不火，后 6 天的股价加速上扬，且收盘价接近或等同于最高价，那么指标线此时必定会由最初的缓慢上升改为快速上升，位置也由低位快速来到高位。我们说后 6 天的这段走势就是指标的超买现象。同理，我们反过来应用就能理解指标的超卖现象。指标是依附于价格而存在的，指标的超买与超卖归根结底还是由价格短时间内的异常变动所引起的。

图 2-10 所示是华能水电（600025）2019 年 4 月至 6 月的日线图。

从图 2-10 中可以看到，股价在 5 月初运行得比较平稳，指标线在这段时间运行得也比较稳定，两次在 50 线附近徘徊。之后股价突然加速上扬，带动指标线来到高位，从而形成短时间内的超买现象。

根据 K 曲线、D 曲线、J 曲线这 3 条指标线的变化情况，我们在 K 曲线进入 90 线，D 曲线来到 80 线，J 曲线上到 100 线时认定股票进入超买状态。反过来，当 K 曲线下沉到 10 线，D 曲线调整到 20 线，J 曲线下穿到 0 线及以下时，我们认定股票进入超卖状态。

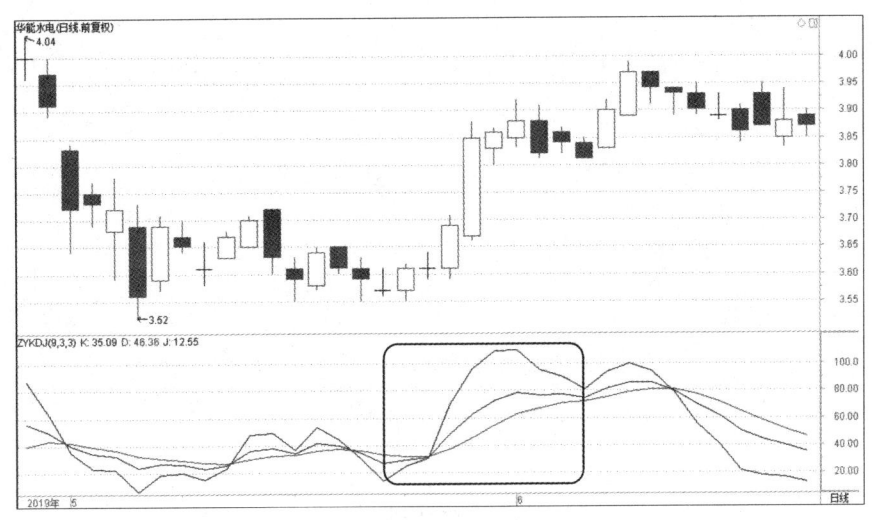

图 2-10 华能水电日线图

2.2.2 指标超买实战应用

在实战中，KDJ 指标一旦表明发生超买现象，那么在投资策略上它会给我们以下两点启示。

（1）发生超买现象时也正是股价快速上升之时，股价已接近顶部或者是阶段性顶部，此时不再是追买，而是减仓的时机。

（2）指标一旦在高位形成死叉，说明空头开始表态，后续价格下跌的可能性极大，投资者应进行清仓处理。

我们来看两个实例。图 2-11 所示是歌华有线（600037）2019 年 7 月至 9 月的日线图。

我们看到，图 2-11 中左侧股价连续下跌，随后缓慢筑底，此时指标表现平稳，连 50 线都没有越过。其后股价快速上升，指标短时间内从 50 线附近来到超买区域，形成超买现象。投资者此时不宜再追高，而是应该顺应指标的高位死叉进行减仓处理。

我们再来看一个期货市场的实例。图 2-12 所示是上海期货交易所螺纹 2101 期货合约 2019 年 6 月至 10 月的日线图。

TIPS：期货市场走势变化较快，多空对决的胜负转换也较快，时常可见超买现象发生。

从图 2-12 中可以看到，图的左侧是空头发力，期货合约的价格大幅下跌。中间是多空胶着，多头虽略占上风，但空头力量尚存。而后空头在 50 线展开抵抗，看起来已经抵抗成功，但不料多头突然发力，空头措手不及，被多头连拉阳线，使 KDJ 指标快速进入超买区域。不明真相的投资者如果此时追买，后面回调的两条阴线会使其遭受重大损失。

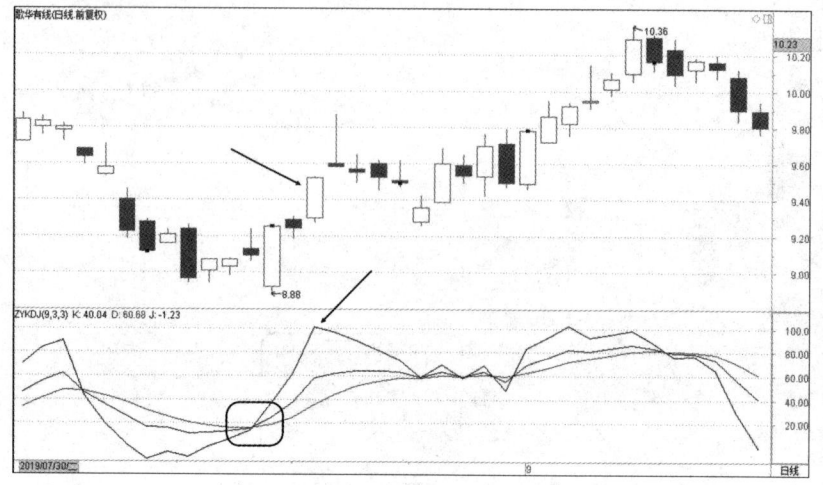

图 2-11 歌华有线日线图

图 2-12 螺纹 2001 期货合约日线图

2.2.3 指标超卖实战应用

KDJ 指标的超卖现象其实是超买现象的反向应用。在实战中，KDJ 指标一旦表明发生超卖现象，那么它在投资策略上同样会给我们两点启示。

（1）发生超卖现象时也正是股价急速下跌之时，股价已接近底部或者是阶段性底部，此时不再是卖出的时机，投资者应酌情观望。

（2）指标一旦在低位形成金叉，说明多头开始表态，后续价格下跌的可能性已不大，股票投资者此时应观望，期货投资者可进行清仓处理。

图 2-13 所示是冠城大通（600067）2019 年 6 月至 8 月的日线图。

图 2-13 冠城大通日线图

我们看到,在图 2-13 中下方箭头标注的位置,指标已经进入了超卖区域。也正是在这之后,主力在上方箭头标注的位置拉出一条中阴线,改变了原来缓慢下行的节奏,股价从此展开暴跌走势。

TIPS:图 2-13 从侧面告诉我们,指标超卖只是股价快要见底的一个基础条件而不是充分条件,万不可据此轻易判定股价已跌至最低点,以免遭受损失。

在期货市场中,由于多空均可交易,因此当期货进入超卖状态时反而来到了强势空头区。此时不建议空头加仓,但已空仓的却可以开小单,进行轻仓尝试。

图 2-14 所示是上海期货交易所橡胶指数期货合约 2019 年 5 月至 8 月的日线图。

图 2-14 橡胶指数期货合约日线图

从图 2-14 中可以看到，期货合约的价格从 12 720 的高点开始滑落，空头一直较为强势。当指标来到图 2-14 中下方箭头所示的超卖区域时，按照指标的空间划分，也正是指标的强势空头区。接下来，我们看到空头再度发力，令行情持续走低，多头几乎没有还手之力。

TIPS：KDJ 指标的超买、超卖现象一旦发生，就是为投资者提供了一个重新判断当前行情的机会，从而完善或修改自己之前的操作策略。

这是一个很好的停顿点，无论在股票市场还是期货市场都是如此。投资股票、期货毕竟是高风险的行为，市场给我们提供了一个机会让我们适当警醒时，所有的投资者都要珍惜。

2.3 KDJ 指标的钝化

钝化是技术分析术语，也是摆动类指标独有的特性。钝化一般是由于价格连续上涨、下跌或一直处于横向整理中，造成指标始终在超买、超卖区域运行且频繁地发出交叉信号，使该指标失去指示意义的现象。

钝化分为两种，即高位钝化和低位钝化。无论是哪一种，其内在的机理都是一样的。

2.3.1 指标钝化原理

我们以上升趋势为例，KDJ 指标的高位钝化只有在市场强势特征明显的情况下才可能形成，其钝化原理其实也来自 KDJ 指标本身的计算方法。KDJ 指标的取值周期是 9 天，假设在这 9 天中价格始终都在上涨，并且收盘价接近或等同于最高价，那么此时指标线必定已经在 80 线以上的高位了。按照 KDJ 指标的计算方法，如果想要计算第十天的曲线数值，就需要将第一天的数值剔除掉。如果第十天的价格继续上扬，按道理来说指标也应该随之上升，但百分比的计算方式注定指标不会突破 100 线，因此其上升的速度会越来越慢。假设后续的行情依然如此，KDJ 指标在后面必定反复变化，并且形成一个上升抛物线的形态，这就是指标高位钝化的原理。

知道了指标高位钝化的原理，我们将其反过来应用，就能理解指标的低位钝化现象。

图 2-15 所示是典型的 KDJ 指标低位钝化示意图。

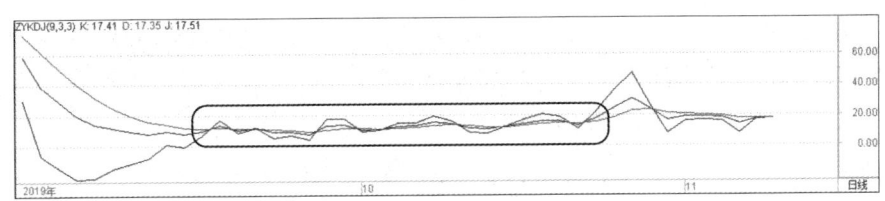

图 2-15 KDJ 指标低位钝化示意图

由图 2-15 中 KDJ 指标连续发生了多次低位钝化现象,就可知行情疲弱到何种程度了。

关于图 2-15 中钝化效果的提示:在常规的证券分析软件中,系统是没有任何提示的,有相当多的投资者对钝化也没有什么概念,殊不知钝化在 KDJ 指标中有着很重要的技术意义,正因为考虑到这一点,我们才会通过技术手段使钝化现象在指标上表现出来。

2.3.2 指标钝化公式

工欲善其事,必先利其器。新一代的投资者大多是"90 后",他们与早期的投资者不同,一般都接受过高等教育。加上现在是互联网时代,信息传播迅速,因此这批新投资者入市时对金融市场其实已经有了一定程度的了解,对 KDJ 指标的应用也有了一些心得,而他们迫切需要的就是技术上的升级换代。

为了让大家都能对原始的 KDJ 指标进行升级,进而在实战中予以应用,笔者在这里分享一段指标源码。

图 2-16 所示是笔者所使用的、带有高低位置钝化提示的 KDJ 指标源码图。

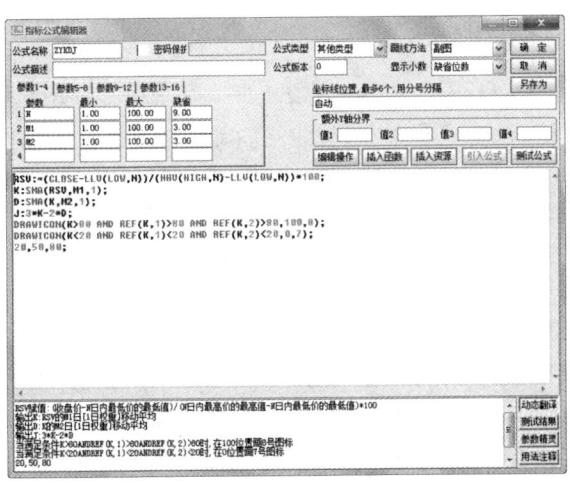

图 2-16 KDJ 指标源码图

指标源码的前 4 行是 KDJ 指标的函数计算公式，这与系统自带的普通 KDJ 指标完全一样。指标源码的第五、六行是对 KDJ 指标的高位、低位钝化现象进行的技术处理。最后一行的 3 个数字是对 20 线、50 线、80 线这 3 个关键位置的技术处理。将它们整合在一起，就是读者在本书图例中看到的 KDJ 指标的样子。

为了便于大家操作，下面我把后 3 行的指标源码列出来，大家可以利用复制、粘贴的方式将其引入原有的 KDJ 指标公式中进行使用。

"DRAWICON(K>80 AND REF(K,1)>80 AND REF(K,2)>80,100,8);
DRAWICON(K<20 AND REF(K,1)<20 AND REF(K,2)<20,0,7);
20,50,80；"

为了在图中凸显高低位置钝化的视觉效果，我们在指标源码中选择用字母作为高低位置钝化的具体标注，其中字母"S"代表高位钝化，字母"B"代表低位钝化。

对函数有所了解的投资者或许可以明白，我们这里是以 K 值作为指标是否钝化的依据。它既与前一天的数值对比，也与前两天的数值对比。也就是说，当字母连续出现时，有多少个字母出现，就代表行情有多少个交易日发生了钝化现象；当字母间隔出现时，每一个字母其实都代表着有 3 个交易日发生了钝化现象，这是读者需要了解的。

TIPS：需要说明的是，单纯地将源码引入公式时只能使用一次，因为系统有自动恢复的功能；若想长久使用，就需要新建一个公式，将系统原来的 KDJ 指标计算函数与新的源码结合起来并予以保存，这样就会得到我们想要的公式。

得到新的指标公式后，我们接下来就可以利用它来学习指标高低位置的钝化在实战中的应用了。

2.3.3 高位钝化实战应用

TIPS：利用新的指标公式，我们对 KDJ 指标高位钝化做出了定义——只要代表高位钝化的字母"S"出现，我们就可以确定指标已经产生高位钝化。

在过往的技术体系中，也有人研究过 KDJ 指标的高位钝化现象，得出的总体结论如下：当 KDJ 指标出现钝化后，其在技术上就失去了参考价值，在实战中就没有必要再继续运用它了，进行买卖操作的时候我们可以参考均线一类的中长线指标。

这种结论不无道理，提出的建议也具有操作性，只是并不全面。所谓"存在即合理"，一个指标既然规律性地出现了某一种现象，那么它很可能有相应的技术意义，如果能合理地予以解释和运用，那么我们在实战中就多了一个有力的工具。"百艺通不如一艺精"，要想精通 KDJ 指标，我们有必要补上 KDJ 指标高位钝化实战应用这块短板。

图 2-17 所示是奥联电子（300585）2019 年 6 月至 9 月的日线图。

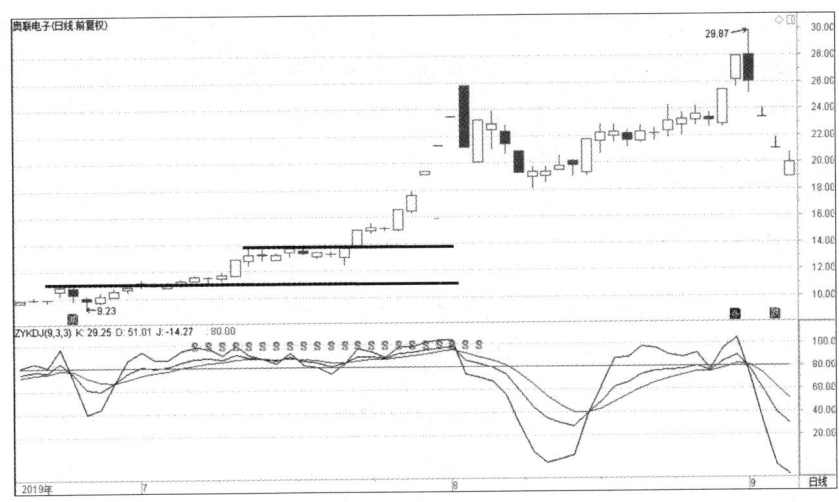

图 2-17 奥联电子日线图

从图 2-17 中我们可以看到，在标示的这一段上升趋势中，KDJ 指标连续出现了高位钝化现象。随后指标发生死叉现象并向下进行调整，价格也顺应回落，但每一次回落都没有跌破前一段的低点。当指标再次发生金叉现象并向上扬升时，股价再次启动并创出了新高。

大家看到这里是不是觉得很新奇？股票市场如此，期货市场也如此！

我们来看期货市场的实例。图 2-18 所示是上海期货交易所沪银 2012 期货合约 2019 年 7 月至 10 月的日线图。期货软件与股票软件不同，期货图中的钝化分别用向上和向下的三角形来表示。

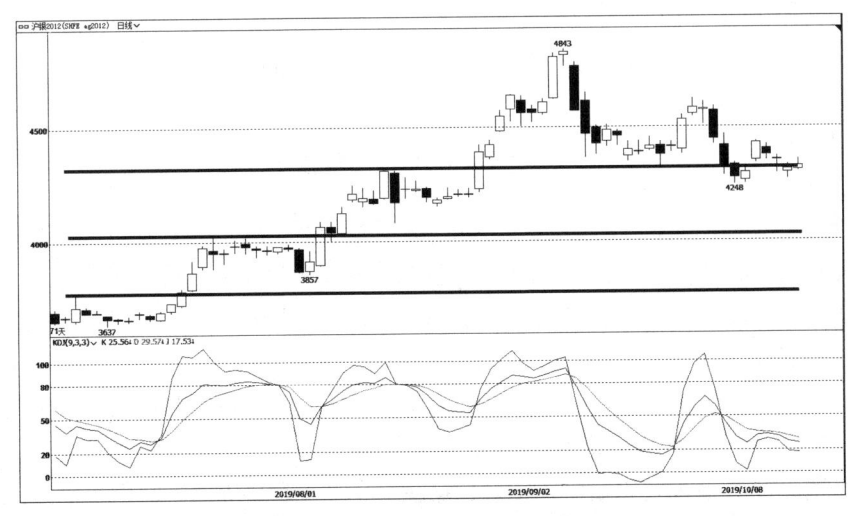

图 2-18 沪银 2012 期货合约日线图

期货市场虽然可以进行多空双向操作，交易节奏比股票市场要快，但指标的本质却是一样的。从图 2-18 中我们可以看到，在期货合约的价格呈上升趋势后，多头的参与结果与股票市场如出一辙，都是在 KDJ 指标高位钝化后回落，合约价格顺势向下调整但不跌破波段低点，再启动时却创出新高。

2.3.4 低位钝化实战应用

TIPS：有了新的指标公式，KDJ 指标低位钝化的定义也很容易给出——只要代表低位钝化的字母"B"出现，我们就可以确定指标已经产生低位钝化。

KDJ 指标低位钝化的交易技巧也很好理解，只要把高位钝化的技巧反过来应用即可。

图 2-19 所示是万里马（300591）2019 年 8 月至 11 月的日线图。如果理解了指标高位钝化的原理和实战技巧，相信投资者就能够避免指标低位钝化带来的风险了。

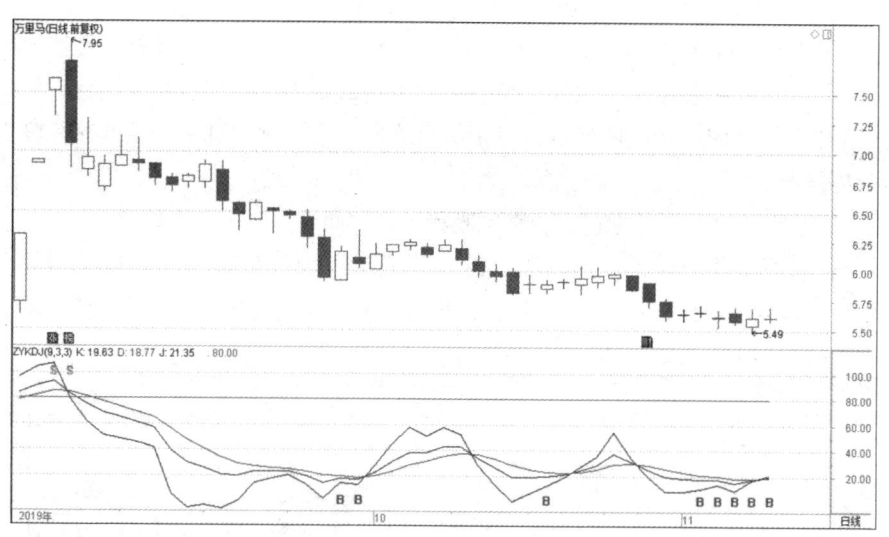

图 2-19 万里马日线图

从图 2-19 中可以看到，股价在前期见顶后几乎一路下跌，形成了明显的下降趋势，KDJ 指标也先后两次形成低位钝化态势。随后指标弱势反弹，但价格却并未突破下跌波段的高点，表明股价偏弱，空头还有力量。之后指标再次呈现弱势，下跌模式开启，价格再创新低。

我们再看一个期货市场的例子。图 2-20 所示是郑州商品交易所棉花 2101 期货合约 2019 年 4 月至 6 月的日线图。

从图 2-20 中我们可以看到，KDJ 指标在一个下降趋势中两次给出了低位钝化的信号。其中第一次提示后，期货合约迎来了短暂的横盘，看起来非常像止跌企稳，只是随后的大阴线将我们的好梦击碎。第二次也是如此，阳线看起来有一定的上升力度，但最后的结果却是价格再创新低。

TIPS：钝化是 KDJ 指标的四大特性之一，其中隐藏着非常实用的技巧，只是目前还不为众人所知。

图 2-20 棉花 2101 期货合约日线图

为了使读者更好地掌握这一看盘工具，我们对 KDJ 指标钝化的实战应用予以总结。

（1）应用 KDJ 指标钝化这一技巧的前提是股价或者期货合约价格必须形成明显的上升或下降的趋势。

（2）指标钝化后价格回落或反弹时，股票或者期货合约的价格不能跌破本波段的最低点或者突破本波段的最高点。

（3）股价或者期货合约价格再次恢复上涨或下跌行情时，可以创出新高或新低。

2.4 KDJ 指标的背离

背离也是金融市场中的一个专有术语，泛指价格与指标的不同步现象。如今的金融市场中，背离这个本来很好用的观察盘面的方法，现在已经被一些对 KDJ 指标一知半解的人士乱用了，他们认为只要价格与指标不同步就产生了背离。

其实，KDJ 指标的背离有两种情况，即发生在价格高位的顶背离和发生在价格低位的底背离。要想用好背离这个工具，投资者一定要懂得指标背后的原理，知其然还要知其所以然。

2.4.1 指标背离原理

以顶背离为例，KDJ 指标的 80 线是指标是否处在高位的判断依据。在 9 天的时间周期内，假设一只股票的价格前 3 天暴涨，每天的收盘价都接近或者等于当天的最高价，则很可能带动指标快速来到 80 线的上方并且形成高位钝化现象，此时我们可以说指标来到了高位。接下来的 3 天，股价开始回落，指标当然会跟着回落，这都是正常现象。最后 3 天，股价恢复了前面的上涨势头，但由于受到上方的抛压，收盘价已经不能接近最高价，上影线开始出现。根据 KDJ 指标的计算公式，此时指标虽然还会再次向上，但高度却不可能达到前 3 天的高度。此时，我们就会看到这样的场景，即股价还在上涨并且创出新高，但指标的第二个高点却怎么也越不过第一个高点；或者股价与前一个高点持平，但指标却有可能远远低于第一个高点。发生这样的现象，就意味着价格与指标发生了背离。

看到这里，相信读者已经懂了，价格与指标单纯的不同步只能认为是盘面发生的一种异动，不能由此确认这就是背离。我们知道，指标的钝化是价格强势的表现，它反映了价格上涨的动能还在不断地加强。

TIPS：通过上面的原理可知，真正的顶背离应该是这样的，即价格创出新高或与前一个高点持平，而指标在与价格同步且在高位钝化形成第一个高点时，后一个高点却未能与价格同步并且形成高位钝化，此时我们可以说指标与价格发生了顶背离。

图 2-21 所示是沥青 2112 期货合约 2019 年 6 月至 10 月的日线图，同时这也是一幅经典的 KDJ 指标顶背离图。

图 2-21 沥青 2112 期货合约日线图

从图 2-21 中我们看到，这段上升趋势一共有 3 个高点，其中前两个高点的 KDJ 指标都形成了高位钝化的现象，这从向上的三角形中可以看出。由于这两个高点指标呈现的都是强势的状态，所以我们不能认定这就是顶背离。第二个高点虽然远远高于第一个高点，但指标高度却差不多，这也是合约价格后面创新高的原因。

待沥青 2112 期货合约走出第三个高点后，我们看到指标与价格并未同步形成高位钝化的现象，这表明尽管价格还在上涨，但动能已经不足，这是可以引起我们警觉的地方，因为此处的合约价格形成了真正的顶背离。从图 2-21 中也可以看到，合约价格在后面开始回落，并跌穿了最后上涨波段的最低点，预示着下跌趋势正在形成。

通过对上述内容的讲解，相信读者已经可以辨别何谓真正的顶背离，同理，也可以辨别何谓真正的底背离。

2.4.2 顶背离实战应用

价格与指标之间的背离有很多种形式，并不仅限于价格创新高而指标不创新高这一种，有的时候反而是指标创新高而价格不创新高。实战中，我们不应该机械地运用背离，而应把重点放在价格与指标的不同步上面。

TIPS：背离只是代表原有力量的减弱，并不一定会使趋势反转，有时候背离后面还有背离，关键还在于价格的确认。

图 2-22 所示是长川科技（300604）2019 年 7 月至 10 月的日线图。

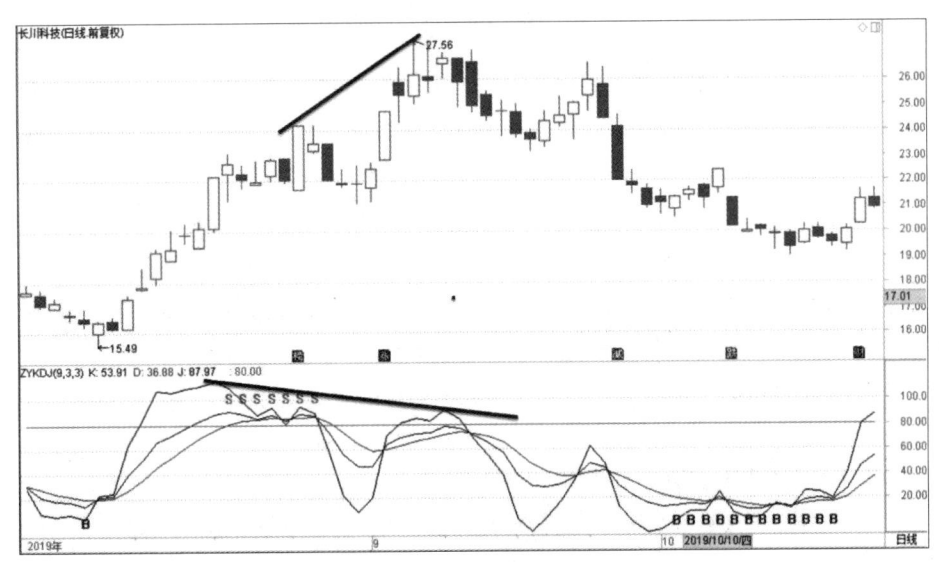

图 2-22 长川科技日线图

从图 2-22 中可以看到，在价格创出新高时，指标在线段所标示的位置只有在前一个高点形成了高位钝化的现象，后面的高点并没有出现这种特征，这就说明股价上涨的力量正在减弱。

力量减弱不见得趋势就会反转，我们看到后期股价的调整并未跌破波段低点，说明多头还在积极参与，只是行情由原来的上涨转变为横向整理。

图 2-22 中的实例再一次告诉我们，出现顶背离不见得趋势就会反转，关键还在于后面走势的变化，请大家牢记这一点。

我们再看期货市场的实例。图 2-23 所示是上海期货交易所螺纹 2101 期货合约 2017 年 4 月至 2019 年 11 月的周线图。

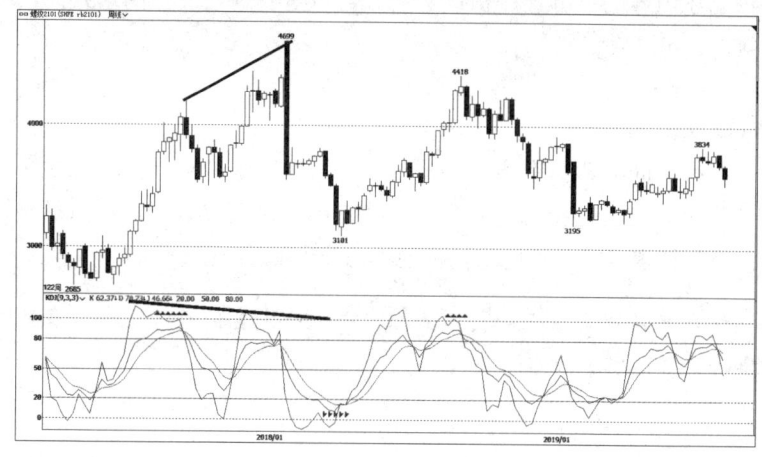

图 2-23 螺纹 2101 期货合约周线图

由于期货合约上市交易的时间普遍只有几个月，因此周线图并不是期货投资者交易的首选，只是作为判断趋势的辅助工具。好在图 2-23 符合顶背离的规范，所以我们用它来说明问题。

从图 2-23 中可以看到，价格创出新高的同时，KDJ 指标与价格并不同步，第二个指标高点未能像第一个高点那样形成高位钝化的现象，说明多头力量已经不足。期货市场多空是对等的，一方力量不足，另一方通常会发力。我们看到随后空方掌握局面，期货合约价格在跌破波段底部后连续下跌，形成下跌趋势。

下面我们对指标顶背离这种形态进行简单的总结。

（1）KDJ 指标高位钝化是形成顶背离的前提和基础。

（2）价格与指标的不同步是顶背离的现象。

（3）顶背离形成后趋势不一定会反转，有时候只会形成横向整理态势。

（4）趋势反转的依据就是价格跌破波段的底。

2.4.3 底背离实战应用

底背离是顶背离的反向应用,金融市场有句俗语叫"见顶三日,筑底百天"。这说明价格筑底是一个反复夯实的过程,绝不是一蹴而就的。

TIPS:在背离的应用上,顶背离的可靠性要远远高于底背离,这一点读者一定要明确。

底背离是见底的基础,但也不是说有了底背离就一定会见底,投资者在实战中绝不可心存侥幸,就算可以确认底背离,也要慎重寻底。

底背离的定义如下:当价格创出新低或与前一个低点持平,而指标未与价格同步,低位钝化并形成第一个低点时,后一个低点却未能与价格同步并且形成低位钝化现象,此时我们可以说指标与价格发生了底背离。

图 2-24 所示是远光软件(002063)2019 年 3 月至 11 月的日线图。

图 2-24 远光软件日线图

图 2-24 既是一幅底背离的图,又是指标低位钝化创新低的图。在实战中类似于这样的走势很多,这说明技术分析不是单一的、割裂的,而是一个综合的体系,因此面对问题时进行整体研判就显得非常重要。

指标在第一个底部发生了长时间的低位钝化,而指标的第二个底部在价格创新低的同时却不再下沉,说明之前漫长的横盘已经消耗了空头的力量,最后的下跌不过是强弩之末。

本章的最后,我们看一个期货市场的实例,让大家切实感受一下"背离不是底"的场景,并再一次提醒大家在实战中应用底背离时一定要谨慎。

图 2-25 所示是大连商品交易所焦炭指数期货合约 2019 年 5 月至 11 月的日线图。

在图 2-25 中线段所标示的第一个底部,期货合约价格创出新低,但指标却并未与价格同步,从而形成了底背离的现象。投资者如果在此时依据底背离这一现象而贸然进场寻底,那么后面等待他的将会是接二连三的新低以及指标的低位钝化、再钝化。这个实例说明,依据底背离轻易进场并不能保证投资者的投资安全。股票市场还好说,随着时间的推移,投资者可能还有回本的机会;但在风险更高的期货市场,投资者一旦看错行情又不止损,则基本会血本无归。

图 2-25 焦炭指数期货合约日线图

TIPS:再次提醒投资者,底一定是由底背离形成的,但形成底背离的却不一定是底。

我们对底背离这种形态进行简单的总结。

(1)KDJ 指标低位钝化是形成底背离的前提和基础。

(2)价格与指标的不同步是底背离的现象。

(3)底背离形成后不代表趋势一定会反转,有时候只会形成横向整理态势,有时候还会再破底。

(4)趋势反转的依据就是价格突破波段的顶。

（5）使用底背离寻底，一定要慎重。

KDJ指标的四大特性各有优势，说不上谁好谁差，它们相互联系，共同构成了指标中动态的一面。读者如果能结合第1章中指标水平空间轴线静态的一面，并将二者综合运用，那么就可以提高自身的实战水平。或许这个时候，读者自己也已经感受到KDJ指标为操作带来的便利了。

第 3 章 KDJ 指标形态

将形态学运用到金融市场中的传统起源于道氏理论。根据该理论所述，金融市场中的波动是由大小不同周期的波动组成的，价格不会一直上涨，也不会一直下跌，中间总是有休息期或多空结束时的转折。长期观察这些休息期或转折的走势，会发现其中的规律性和重复性，因此成为某种特定走势。将这些特定走势整理出来，便成为现代技术分析中最重要的理论之一——形态学。

3.1 形态的种类

TIPS：形态学发生在多空趋势的转折或原有趋势的连接部位，是 K 线组合的升级版。

道氏理论的发明人查尔斯·亨利·道观察到了形态的存在，而形态也反过来促进了道氏理论的发展。正是由于形态学的充分发展，人们对趋势的变化才由感性认知上升到了理性认知，以至于后来形态学发展成为一门独立的技术门类。如今，一些专业投资者单凭形态就可以在市场低买高卖，进行投资。

对技术分析有一定了解的读者相信对形态都不会陌生。一般而言，形态大体上可以分为 3 种。

- 顶部反转形态。
- 底部反转形态。
- 中继整理形态。

图 3-1 所示是东华软件（002065）2019 年 9 月至 11 月的日线图。日线图中所示是市场上常见的一个底部反转形态，叫作双底，也称"W 底"，而突破颈线则意味着底部形态构造成功，趋势将发生反转。

形态是反映价格变化的工具，最初为 K 线所独有，但随着市场的不断变化，人们逐渐发现以价格为基础的摆动类指标，在跟随价格变动的同时也在某种程度上呈现出与价格相似的形态，而 KDJ 指标就是这类指标中的一种。这个发现极大地扩展了 KDJ 指标的内涵，丰富了 KDJ 指标的应用，这恐怕也是 KDJ 指标能够长久发展，并且能够与 MACD 指标、RSI 指数等经典指标并列的原因。

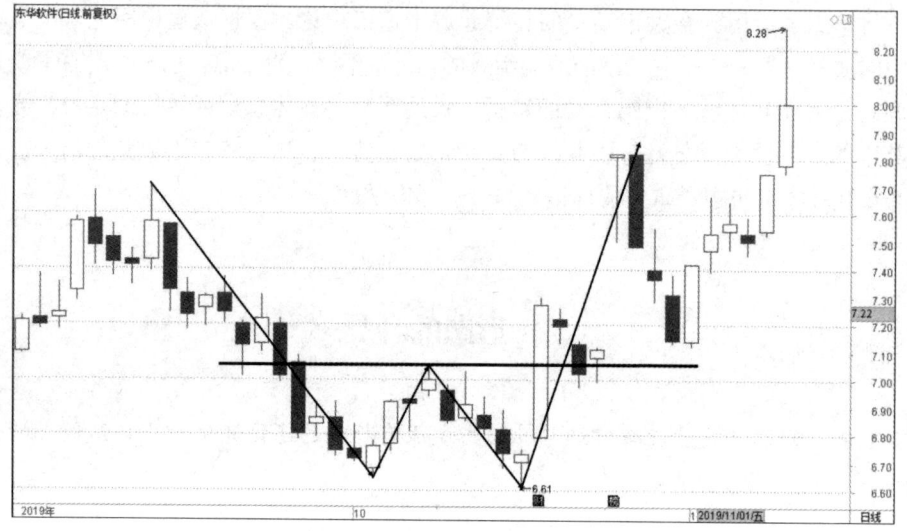

图 3-1 东华软件日线图

3.2 形态的心理映射

众多的 K 线构成了 K 线组合,而众多的 K 线组合又汇聚成了形态:为何市场上众多投资者仅仅依据这些形态就能做出交易决定呢?形态虽然简单,但它却反映了投资者的心理预期,其背后更多的还是市场参与者的心理映射。

美国投资大师索罗斯在他的著作《金融炼金术》中也提到过这种现象:投资者因为预期一致,所以进场交易,而进场交易的结果又反过来强化了这种预期,从而吸引更多的投资者进场交易。

图 3-1 中,东华软件的股价之所以在双底的反转形态构筑完成后能够上涨,就是因为投资者有这样的心理预期。投资者认为,双底是底部形态,在形态完成后应该可以支持股价上涨,所以才进场交易。众多投资者进场交易的结果又进一步强化了这种市场行为,使得原本准备卖出的投资者停止了他们的交易。买盘增多,卖盘减少,价格自然上涨,而价格的上涨又吸引了场外犹豫不决的旁观者,使得他们随后也进场交易,从而让这种趋势得到进一步强化。

我们看一个顶部反转形态的实例。图 3-2 所示是中电兴发(002298)2018 年 8 月至 2019 年 8 月的周线图。

在图 3-2 中方框框定的位置,该股形成了顶部双头反转形态,并且在箭头所指处跌破了头部区域。尽管股价后面发生了一定程度的反抽,但此时投资者的下跌心理预期已经形成，认为股价跌破头部颈线则后市看淡，于是加入抛售队伍，这种心理预期最终又强化了行情的走势，使得股价在后面展开了暴跌。

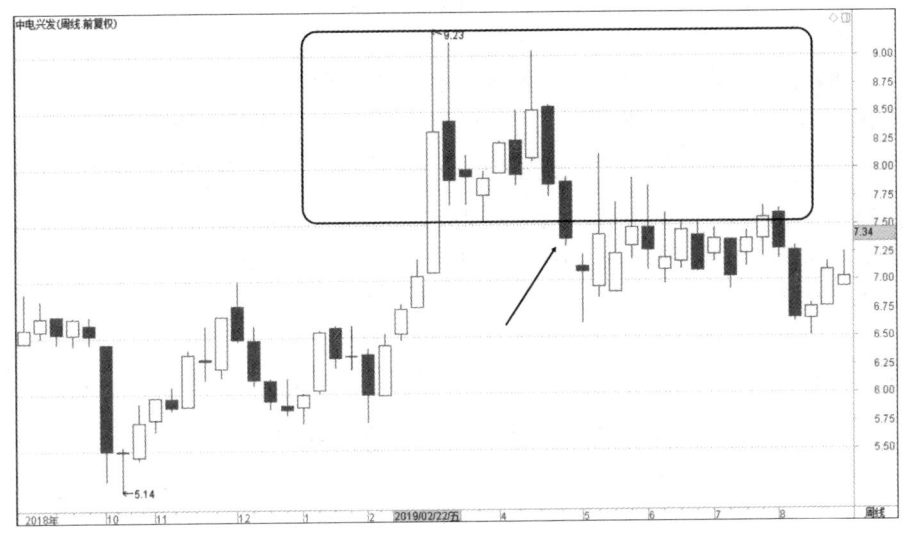

图 3-2 中电兴发周线图

　　TIPS：KDJ 指标既然是追随价格的指标，其计算公式也依托于价格，那么价格变化所形成的形态也一定会影响到指标本身，即价格有怎样的形态，指标与之对应就会有怎样的形态，因此，价格形态上的分析要点我们同样可以应用到指标上来。

　　需要说明一点，指标的形态只是大体上反映价格的形态变化，读者不要期望它会像价格形态那样完整。此外，指标只能构造顶部反转形态和底部反转形态，至于中继整理形态，由于指标只有曲线的变化，无法像 K 线那样可以利用高低点来形成空间体系，所以这种形态变化只好忽略。

3.3 KDJ 指标形态之趋势线

　　TIPS：KDJ 指标有 3 条指标线，最核心的是 K 曲线，这是因为该曲线是直接依托 RSV 数值生成的，是 RSV 数值的 3 日平滑线；D 曲线则是 K 曲线的平滑线；而 J 曲线只是反映 K 曲线、D 曲线差值的曲线。

在 KDJ 指标中,所有的形态其实都是围绕着 K 曲线来进行的,趋势线也是如此。趋势线分为两类,一是上升趋势线,二是下降趋势线。下面我们会分别介绍。

3.3.1 指标上升趋势线及应用

趋势线是使用非常简便也非常有价值的基本技术工具。在股市刚刚建立、投资理论还不成熟的年代,趋势线技术曾经风靡一时,有"一把直尺走天下"的说法。时至今日,尽管各种投资理念层出不穷,但趋势线技术依然在技术分析领域占据一席之地。

趋势线技术是形态学的基础,因为有许多的形态分析都会用到趋势线技术,只不过在形态学中趋势线已经化身为颈线。

正确运用趋势线很关键。关于趋势线的正确画法,市面上很多资料都有详细的介绍,感兴趣的读者可以自行查找并进行学习。接下来我们通过实例来具体讲解。

图 3-3 所示是首创股份(600008)2018 年 9 月至 11 月的日线图。

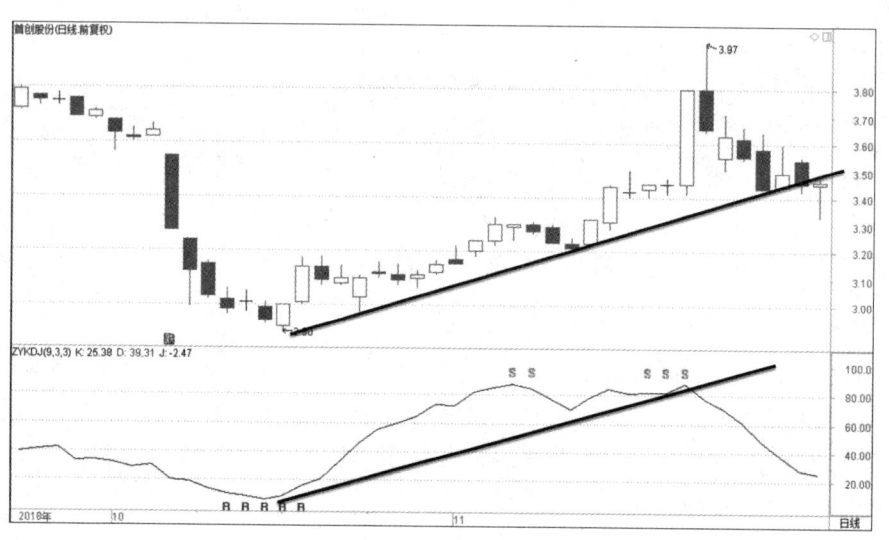

图 3-3 首创股份日线图

很明显,图 3-3 中展现的行情是一段上升趋势。我们要想判断该股的趋势是否会发生转变,趋势线就是一个较为简单的技术分析工具。一般而言,上升趋势线的正确画法如下:连接某一时间段股价的最低点(或相对低点)与最高点之前的任意低点,中间不穿越任何价位画出的这条直线就是上升趋势线。依据这样的方法,我们就可以在图 3-3 中画出该股票的上升趋势线。

我们再看图 3-3 中的副图,这是我们通过技术手段只保留 KDJ 指标中的 K 曲线的图。为了凸显效果,我们将 D 曲线与 J 曲线隐藏,以便于读者观察,可以看到,图 3-3 中的 K 曲线随着价格的变化而起伏。我们可以将价格的上升趋势线移植到指标线上,看看会有怎样的效果。

按照上升趋势线的画法,我们利用 KDJ 指标线形成的高点和低点画出上升趋势线,与价格趋势线进行对比。从图 3-3 中可以看出,在价格的上升趋势线还在发挥作用且对价格形成支撑时,指标线已经向下突破上升趋势线,进而突破上升波段的低点,表明上升趋势已经被扭转。

我们可以看到,在 KDJ 指标上所画的趋势线的变动领先于价格趋势线,那么这样的领先有作用吗?我们接着来看二者的后续变化。

图 3-4 所示是首创股份(600008)后续价格的变化图。

图 3-4 首创股份日线图

股价后续的下跌验证了指标趋势线的变化是正确的。这就表明,同样是趋势线,指标趋势线的变化要领先于价格趋势线的变化。

TIPS:这种结论为我们找到了一种新的思路,即当价格波动较大、后续走势还十分难辨之时,我们可以借助指标趋势线的领先性,为自己点上一盏明灯,照亮前方风险莫测的交易之路。

下面,我们通过几个实例看一下趋势线在实战中的应用。图 3-5 所示是世纪鼎利(300050)2019 年 7 月至 11 月的日线图。

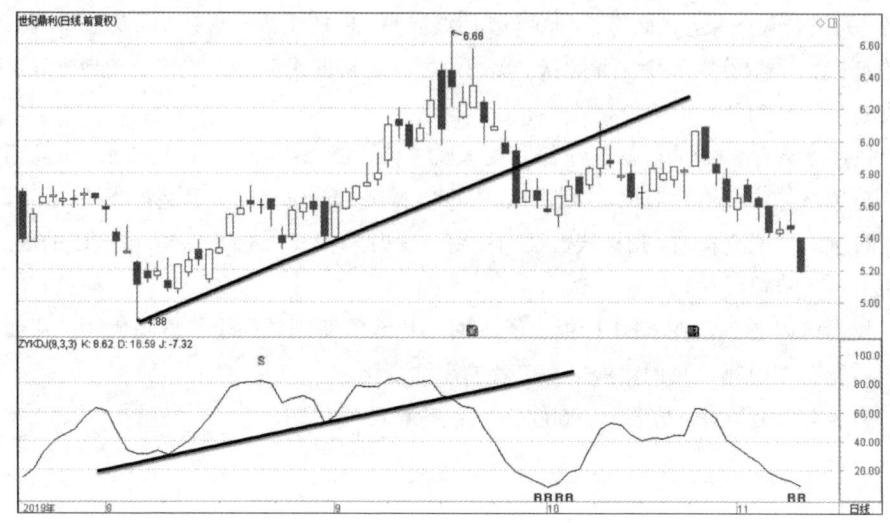

图 3-5 世纪鼎利日线图

图 3-5 中股价有一段明显的上升趋势，指标线也一直跟随价格的变化而变化，我们可以很容易地在图 3-5 中画出价格上升趋势线和指标上升趋势线。从图 3-5 中可以看到，两条趋势线的变化几乎同步，但指标线在最后一次冲高时高度较低，离指标趋势线较近，所以当价格拐头而尚未破线时，指标线已经向下突破了指标趋势线。

TIPS：实战中，大家在应用趋势线技术时，只需要找准价格和指标的绝对低点，再结合趋势线画法的规则正确画出趋势线就可以了。

期货市场由于合约存续时间短，投资者不会选择变化较慢的长周期图，所以周线图在期货市场中应用得较少，大部分投资者都将日线图结合 60 分钟图作为首选。

图 3-6 所示是大连商品交易所乙二醇 2101 期货合约 2019 年 7 月至 10 月的日线图。

如图 3-6 所示，指标线随同期货合约价格走出了震荡向上的上升趋势行情，在图 3-6 中很容易画出上升趋势线。但随着指标来到高位，指标线领先于期货合约价格跌破了上升趋势线，这比期货合约价格破线提前了好几天，之后的反抽也不像价格表现得那么强势。这一切都表明多头力量已经耗尽，再也无力扭转局面。

期货市场的走势比较干脆利落，KDJ 指标刚好与此相合，或许这也是 KDJ 指标首先在期货市场中流行的原因。

当然，不是每一个交易品种的技术走势都这么规范，有时候，KDJ 指标并不能够反映出交易品种价格上的趋势。这时候，大家一定不要拘泥于理论，要懂得适当取舍，如此方可达到技术上的高境界。

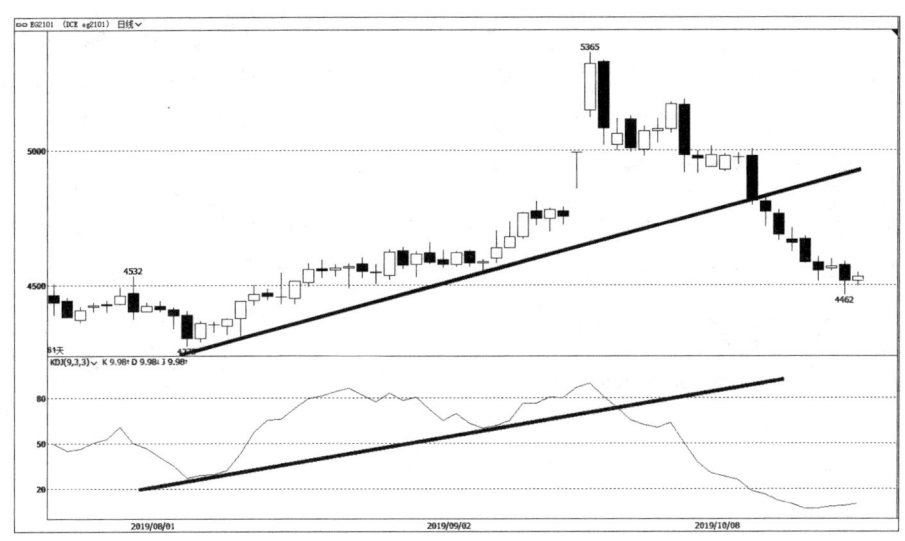

图 3-6 乙二醇 2101 期货合约日线图

图 3-7 所示是万兴科技（300624）2019 年 7 月至 10 月的日线图。

图 3-7 万兴科技日线图

在实战中这样的例子很多。我们看到图 3-7 中，线段标示处的万兴科技的上升行情非常简单，在价格图上很容易画出上升趋势线；但在副图上，指标线呈现的是与价格错位的现象，根本就不能画出上升趋势线。这种情况一是说明这只股票的主力对指标应用得不够好，达不到进退有序的境界；二是说明指标有其自身的局限性和盲点，不可能完全适应这个市场。这时候，我们就应该利用其他的技术进行分析，而不是依然强行采用趋势线技术，若勉强为之，则几乎不可能取得好的效果。

日线的变化毕竟很快，主力如果想调节指标，就要考虑到各个方面的影响，例如大盘的影响、板块的影响、自身股票突发状况的影响等。

TIPS：相对而言，周线由于时间跨度较大和有足够的包容性，在技术上就会显得更加规范，这也是我们向大家推荐在周线图中采用趋势线技术的重要原因。

3.3.2 指标下降趋势线及应用

下降趋势线的正确画法：连接某一时间段股价的最高点（或相对高点）与最低点之前的任意高点，中间不穿越任何价位画出的这条直线就是下降趋势线。

在KDJ指标上画出下降趋势线所遵循的原则与价格趋势线一样，只是有时候二者选取的高点不尽相同。

图3-8所示是和仁科技（300550）2019年6月至9月的日线图。

图3-8 和仁科技日线图

很明显，图3-8中展现的是一段下跌趋势，我们要想判断该股是否会成功扭转下跌趋势，趋势线就是非常简单的技术分析方法。

趋势线技术的应用效果在股票市场较好，在期货市场亦如此。

图3-9所示是大连商品交易所玉米2101期货合约2019年7月至11月的日线图。

图3-9是一幅经典的应用指标下降趋势线的实例，符合技术规范，价格和指标选

取的趋势线的高点也同步，并且指标趋势线的信号比价格信号提早发出，让投资者有充足的时间做出投资决策。

图 3-9 玉米 2101 期货合约日线图

趋势线是形态学的应用基础，这里涉及的趋势线都是反映趋势变化的。除此之外，趋势线还有一个功能，就是可以充当反转形态的颈线，这部分内容我们后面将会讲解。

下面，我们对指标趋势线的技术应用进行简单的总结。

（1）无论是上升趋势还是下降趋势，正确地画出趋势线是应用它的前提。

（2）价格和指标的趋势线有时会出现高点或低点不同步的现象，但这不影响使用效果。

（3）最适合应用指标趋势线的是周线，当然其他时间周期也可以应用。

（4）指标有时候不反映趋势，这个时候就要弃用趋势线技术。

3.4 KDJ 指标形态之底部反转

TIPS：形态总是出现在趋势的连接处与转折处，反转形态的出现意味着原有趋势的改变。

相对而言，底部形态的构筑时间要比顶部形态更长一些，因此在形态上也更加容易辨识，这也是寻底比逃顶相对容易的原因。

底部反转形态有很多种，诸如双底、头肩底、复合底等，只要条件成立，每一种底部反转形态都能推动价格上升。但指标不同，它毕竟只是曲线，不可能完全反映每一种底部形态，目前世上还没有一种指标能做到这一点。在这里，我们只是根据过往的实战经验，将指标大概率会呈现出来的反转形态介绍给读者，希望能对读者的投资分析有所启发。

3.4.1 指标双底形态

双底，又称"W 底"，是市场中较为常见的底部反转形态。当然，要想确认双底有效，后面还需要有突破颈线的走势作为保证。有时候，市场还需要回抽来确认双底的有效性。

由于本书主要是讲解 KDJ 指标，因此对反转形态的具体内容不过多涉及，对这部分内容感兴趣的读者请自行查找相关资料进行学习。

图 3-10 所示是万方发展（000638）2019 年 6 月至 9 月的日线图，也是指标线双底形态的经典反转图。

图 3-10 万方发展日线图

从图 3-10 中可以看到，在反转形态当中，指标线形态依然领先于价格形态。在股价还在下跌时，指标线已不再下跌并且围绕 20 线这个关键位置形成了一个双底形态；当股价进行筑底时，指标线已经突破双底形态的颈线并且完成了回抽动作；当价格完成底部构造后启动时，指标又与价格同步开始二次启劲。

在实战中,这种经典的形态不容易出现,大部分都是一些变形,但大家只要多看图,时间长了,还是能抓住精髓,提高看盘能力的。

3.4.2 指标头肩底形态

市场上另一种较常见的底部反转形态就是头肩底。与双底形态不同的是,头肩底只有一个头,但有两个肩;与双底形态相同的是,要想确认头肩底有效,后面还需要看到指标线突破颈线,有的时候,还需要市场回抽来确认其有效性。

图 3-11 所示是大连商品交易所玉米 2101 期货合约 2019 年 10 月 18 日至 10 月 29 日的 60 分钟图。

图 3-11 玉米 2101 期货合约 60 分钟图

60 分钟图是期货投资者常用的图。在图 3-11 中,玉米 2101 期货合约价格并没有出现明显的形态,但指标上出现了一个一头双肩的头肩底形态,其后指标突破颈线。在底部反转形态最终完成后,期货合约价格被拉至前期平台处并被有效突破。

TIPS:期货市场中最重要的是对时机的把握,图 3-11 较为典型,体现了行情的启动点,教会了我们很多知识。

3.4.3 指标复合底形态

复合底是一种构造比较复杂的底部形态,它主要反映了主力在投资过程中左右为难、多空兼顾的复杂心态。股价复合底形态多由三角形、楔形等组成,而指标复合底形态多由三角形组成。

图 3-12 所示是华能水电（600025）2019 年 3 月至 9 月的日线图。

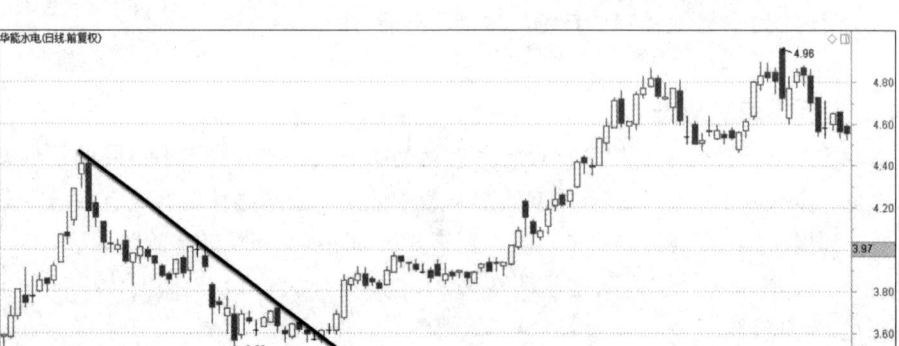

图 3-12 华能水电日线图

我们看图 3-12 中左侧这一段下降趋势，很明显可以用下降趋势线来加以显示。但在股价连续下跌的同时，KDJ 指标却没有跟随股价的走势，而是走出了独立的态势，经过来回震荡形成了图 3-12 中的三角形复合底形态。指标的这种异常反应表明股价并不像我们想象的那样疲弱，否则指标应当在低位徘徊，不可能先于价格形成底部形态，这说明存在主力打低股价的可能性。

我们看到，在指标构筑形态完成后，指标线突破了这种底部构造。3 天后，多头以大阳线迅速拉升股价，在稍做整理后继续上行，使股价创出了新高。

由于这种底部形态比较特殊，我们再看一个期货市场的实例。图 3-13 所示是郑州商品交易所苹果 2101 期货合约 2019 年 5 月至 10 月的日线图。

图 3-13 与图 3-12 很相似，都是价格与指标错位，在价格还看不出有底部反转形态的时候，指标却形成了复合底形态，并且在随后的变化中领先于价格完成对底部形态的突破，并一举确认了这种形态的有效性。

图 3-12、图 3-13 表明，无论是在股票市场还是期货市场，这种复合底形态都可能出现，说明这种结构不是单一的结构。在这两个实例中，价格在后面的上涨都十分强势，并没有什么反转形态出现，说明价格在之前有过度下跌的可能。虽然内在的原因尚不清楚，但是这种模式很有用处，读者在今后的实战中如果发现这种现象，一定要跟紧盘面，说不定在看似平淡无奇的下跌中可以发现希望的火种。

指标底部反转形态在实战中出现的频率很高，我们有必要对其进行系统的总结，具体如下。

（1）指标反转形态发出的信号通常领先于价格反转形态发出的信号。

（2）无论是何种类型的底部反转形态，形成有效突破才是形态得以完成的前提。

（3）复合型底部形态有时会单独出现，但价格的突破均是确认其有效性的关键要素。

图 3-13 苹果 2101 期货合约日线图

3.5 KDJ 指标形态之顶部反转

顶部反转形态也有很多种，诸如双头、头肩顶、复合顶等，都是市场上常见的顶部反转形态。只要条件成立，每一种顶部反转形态都能促使价格下跌。但有一点需要注意的是，投资者有时候可能会滥用顶部反转形态。当形态还只是一个雏形时，投资者就武断地认为市场正在构造顶部反转形态，这未免有些过于敏感了。

TIPS：实战中，有的顶部反转形态只是暂时让原有趋势得到某种程度的修正，过早得出趋势已经扭转的结论其实是有害处的。

3.5.1 指标双头形态

双头，又称"M 头"，是市场中较为常见的顶部反转形态。一般而言，当价格突破双头颈线位时，顶部反转形态成立。但读者不要忘记，我们现在的双头指的是指标的双头，因此在确认顶部时一定要结合价格进行分析。

图 3-14 所示是四川路桥（600039）2016 年 2 月至 2018 年 9 月的周线图。

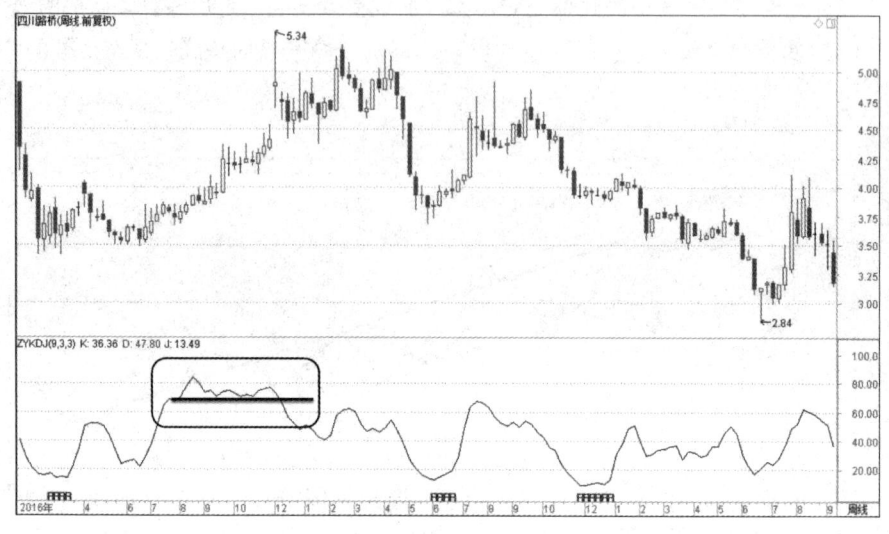

图 3-14 四川路桥周线图

我们看到，图 3-14 中左侧股价一路上行之时，指标线却在高位构筑了一个双头顶部反转形态，并在方框框定的位置跌破了颈线，完成了对形态的确认。之后股价整体呈暴跌态势，由 5.34 元跌到 2.84 元，跌幅约为 47%。

图 3-14 看起来一切都符合要求，股价也如预想的那样下跌，这固然是市场的一种现象，但却不是全部。有的时候，指标完成了形态确认，但价格却并不下跌，这也是市场多元化的一种表现。

我们再看另一个实例。图 3-15 所示是九鼎投资（600053）2018 年 9 月至 2019 年 11 月的周线图。

很明显，九鼎投资在形成主升浪后涨幅巨大，指标同样形成了双头反转形态并且跌破颈线，确认了头部形态。但我们看到，与图 3-14 中的实例不同的是，九鼎投资后面并没有下跌多少，而是开始就地企稳，股价又慢慢地逼近了前期高点，大有再来一波的气势。

究其原因，主要是价格并没有如图 3-14 中的实例那般与指标相互配合。尽管空头拉出一条中阴线，但多头利用见顶前的大阳线顽强地守住了阵地，并慢慢将空头力量化解，所以股价并未形成明显的下降趋势，而是进入横向整理之中。

TIPS：趋势的力量是强大的，如牛顿第一定律所述，趋势具有惯性和自我强化性，如果没有外力对它强行施加改变，那么趋势会沿着原有的运动方向一直前进。

图 3-15 九鼎投资周线图

3.5.2 指标头肩顶形态

头肩顶是与头肩底相对应的形态,二者都只有一个头,左右两边各形成一个肩,也有一条清晰的颈线。价格头肩顶形态具有极大的"杀伤性",是非常确定的顶部反转形态,但指标头肩顶形态不大一样,其效果主要还看价格是否配合。

这次我们先看期货市场的例子,图 3-16 所示是大连商品交易所棕榈 2101 期货合约 2019 年 9 月 27 日至 10 月 28 日的 60 分钟图。

图 3-16 棕榈 2101 期货合约 60 分钟图

图 3-16 有点让人始料不及，甚至是让人大跌眼镜。在图 3-16 中方框框定的位置，指标明明已经形成了头肩顶的反转形态，并且已经跌破了颈线让形态得以确认，但合约价格却并没有下跌。相反，在经过一段时间的整理后，合约价格竟然又创出了新高。究其原因，还在于指标形态完成时价格并没有同步配合，以至于顶部反转形态的效果打了折扣，给了对方一定的喘息机会。

下面我们再看一个价格和指标相互配合的例子。图 3-17 所示是东睦股份（600114）2019 年 8 月至 11 月的日线图。

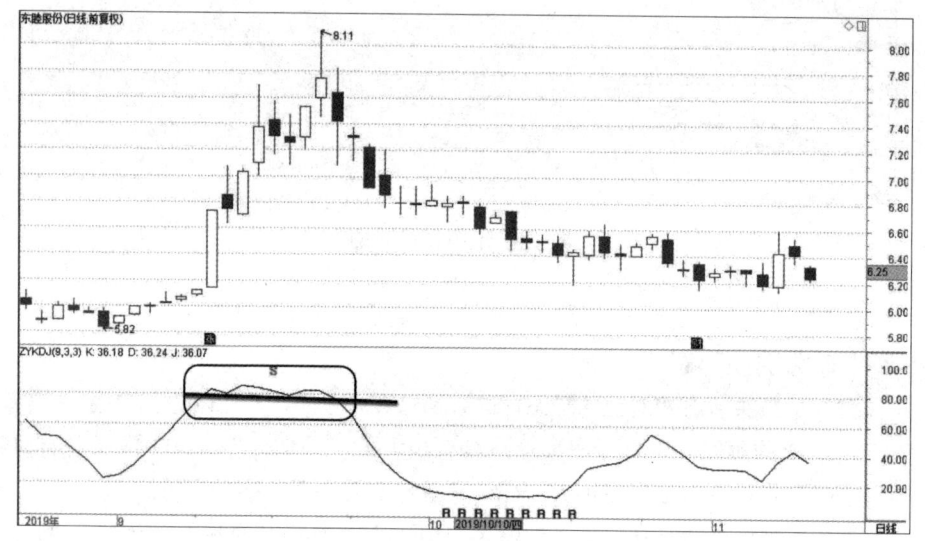

图 3-17 东睦股份日线图

图 3-17 中的最高点的 K 线形态叫流星线，这种多空单日反转的 K 线形态力量较大。在价格的配合下，我们看到方框框定处的指标头肩顶形态得到了有效确认，指标线跌破了颈线，价格也随之滑落。

3.5.3 指标复合顶形态

TIPS：相较于复合底，复合顶形态更能反映多空双方势均力敌、相互胶着的状态，这个时候谁都不敢退让，因为一旦退让，后面的局势或许就很难如愿了。

此时，外部因素也会起到决定性的作用，"援军"是否率先到来，会决定后续局面的走向。

图 3-18 所示是铁龙物流（600125）2018 年 12 月至 2019 年 4 月的日线图。

图 3-18 铁龙物流日线图

我们看到,股价在图 3-18 中一路上行时,指标在高位已经形成复合顶形态,这表明股价虽然还在上涨,但空头已经在积蓄力量。如果指标在形态末端展开向下突破的时候空头发力,那么股价会应声而落。但可惜由于空头力量不够,价格一直没有明确的见顶信号,因此在高位形成了箱体整理态势。错过这一机会并不要紧,等到多头增援后,股价会继续创新高。

相较于股票市场的多空胶着,期货市场的特点一般都是"快刀斩乱麻"。图 3-19 所示是上海期货交易所燃油 2101 期货合约 2019 年 3 月至 11 月的日线图。

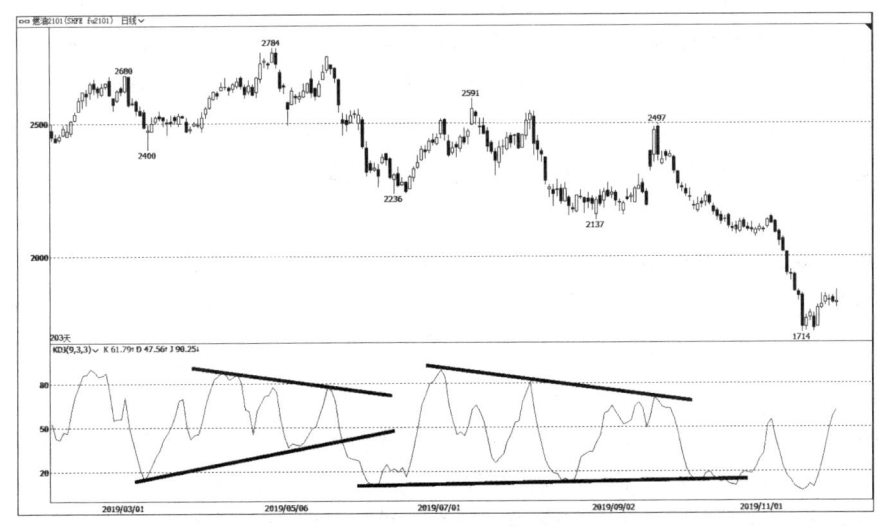

图 3-19 燃油 2101 期货合约日线图

图 3-19 是一幅不可多得的实例图，我们看到图 3-19 中竟然出现了两次多空胶着的场面，可见多空双方互不相让。第一次，空头营造出复合顶反转形态并且跌破了形态的颈线，合约价格虽然下跌但并不是很深，可以想象多头不甘心失败，采取了抵抗的策略。

在第二个形态处，多头还想重新振作，但空头不再给任何机会，直接用大阴线表态且没有丝毫犹豫，终于让合约价格深跌。

相较于底部反转形态，顶部反转形态要复杂许多，我们举的实例也都说明不是每一次顶部反转形态都能成功，因此大家在应用时还是要尽可能地慎重。我们将顶部反转形态的一些注意事项进行总结，具体如下。

（1）指标顶部反转形态信号成功的概率不如底部反转形态大，随机性很大。

（2）价格与指标的配合是指标顶部反转形态信号成功的前提。

（3）复合型顶部形态若与价格形态明显错位，那么在实战中需要进行综合研判。

3.6 KDJ 指标形态之中继形态

中继形态也叫持续形态，与前面的反转形态不同，中继形态只是说明原来的趋势暂时进入修正状态，之后的市场运动方向将与原来的趋势一致。

TIPS：中继形态中常见的就是矩形整理，也叫作箱体整理，意味着行情的变动是在一个水平的空间内进行。

严格意义上说，箱体整理形态才是 KDJ 指标最能发挥长处的地方。为什么这样讲？因为行情在箱体整理形态内触及箱体上沿就回落，触及箱体下沿就反弹，其规律就如同 KDJ 指标线在 0～100 线的区间来回摆动一样。这个时候，KDJ 指标的信号最灵敏，也最准确。之所以把箱体整理归入中继形态，是因为无论是上涨或是下跌，箱体到最后都要选择一个方向去突破，它的作用就是连接之前的趋势和以后的趋势，而这又正好是形态出现的位置，因此我们把它单独列出来，作为本章最后一部分内容。

图 3-20 所示是大连商品交易所豆粕 2105 期货合约 2019 年 5 月至 11 月的日线图。

我们将 KDJ 指标还原，使其依旧显示 3 条指标线。从图 3-20 中可以看到，该期货合约上市交易后先是有一波上升行情，随后就进入一个大型箱体整理形态。以图中所画的两条边线为箱体的上沿和下沿，合约价格触及上沿则回落，触及下沿则反弹。我们看到指标信号位置与合约价格高点几乎重叠，这样的行情用 KDJ 指标来进行操作非常简单，依据指标信号低买高卖即可。

或许有的读者会问，你之前不是一直都在讲解趋势吗，怎么又说 KDJ 指标最适合这种箱体整理形态呢？没错，因为具有强大的功能，KDJ 指标可以应用在趋势行情当中，但从指标的构造来讲，最适合它的还是这种震荡的行情。

图 3-20 豆粕 2105 期货合约日线图

TIPS：不要忘记，KDJ 指标的发明人乔治·莱恩说过，KDJ 指标的主要功能是辅助确定市场趋势。

我们再看一个图例。图 3-21 所示是浙能电力（600023）2018 年 1 月至 2019 年 7 月的周线图。

图 3-21 浙能电力周线图

从图 3-21 中我们看到，股价之前有过一段下跌行情，随后进入了整理阶段，以上、下水平横线作为箱体的上沿和下沿。此时 KDJ 指标的指示作用非常明显，指标线也没有复杂之处，就是简单的低位金叉、高位死叉，据此操作就足以应付行情变化，没有必要再选择其他复杂的技术手段。

投资中如果能用最简单的手段获取利润，那就无须每日沉迷于市场，毕竟投资只是我们生活的一部分，而不是全部。

关于 KDJ 指标的形态我们就介绍到这里。形态有很多种，这里为大家介绍的是较为经典的、实战中出现的概率较大且都经过实战检验的成熟方法，希望大家能够熟练掌握并运用。

在后面的章节中，我们会将 KDJ 指标与市场上其他技术手段结合起来，向大家介绍 KDJ 指标的综合应用方法，帮助你提高投资水平。

第 4 章

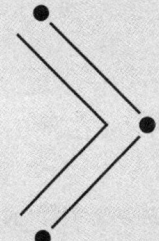

KDJ 指标与 K 线

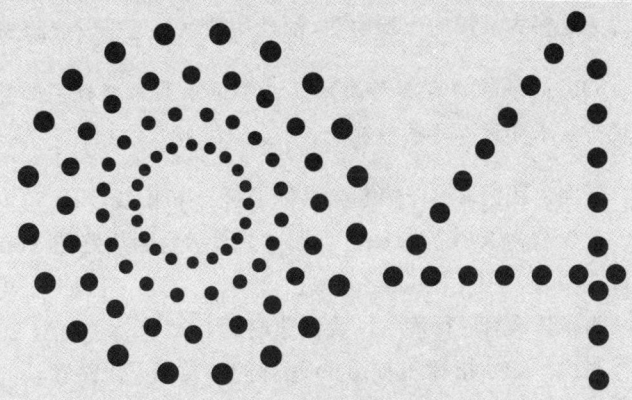

从本章开始，我们将 KDJ 指标与其他技术分析手段结合起来研究。理由很简单，在实战交易中，我们几乎不可能仅应用某一指标。从某种角度来说，市场上所有的指标其实都可以简单地分成两类，一类是将价格作为计算依据，称作价格类指标；另一类是将成交量作为计算依据，称作成交量指标。K 线是市场价格变化的忠实记录者，是价格类指标的本源。要想让 KDJ 指标成为你实战中的利器，当然要让它与 K 线结合。

4.1 K 线利弊

K 线起源于日本，是由一个叫本间宗久的稻米商人发明的，最初只是在酒田市的稻米市场上应用，后来才逐渐演变为现代投资者所采用的交易工具。

K 线图起初叫"蜡烛图"，因为它的外形像蜡烛。K 是译音，是西方以英文字母"K"直接音译原词的第一个字而来。在日文中，"K"并不写成"K"字，而是写成"罫"（中文通"卦"音），日文音为"kei"，而 K 线是"罫线"的读音。K 线这种技术分析工具最初是由美国人予以传播的，广大投资者之后也逐渐认可并且接受了这种叫法，所以我们现在就将"蜡烛图"统称为 K 线图。

K 线是自成体系的技术分析工具，追求的是前瞻性。这种追求应该说无可非议，因为无论多大规模的市场运动，都是从蛛丝马迹中发展起来的，就像"蝴蝶效应"一样。

TIPS：事物都有其两面性，过于追求某种极致，必然会暴露出更多的弊端，K 线这种技术分析工具也不例外。

下面，我们通过一幅图来具体了解一下 K 线。

首先来看 K 线的灵敏性。图 4-1 所示是四川路桥（600039）2019 年 7 月至 9 月的日线图。

为了让读者看得清楚，我们选取了 KDJ 指标、MACD 指标以及均线指标与 K 线进行对比。KDJ 指标和 MACD 指标的参数都是系统默认的参数，而我们选择的均线是短线交易者最常用的 5 日和 10 日均线。

从图 4-1 中我们可以看到，在主图中箭头所指的这一天之前，股价呈现一路下行的态势，并且以八连阴的 K 线组合创出了 3.17 元的波段新低。从运行态势上看，实战中像这种八连阴的 K 线组合，后面继续创新低的可能性极大，因为下跌已经形成了惯性。但就是在这样的情况下，我们看到主图中箭头所指的这一天，该股并没有延续之前的跌势，而是低开高走，收出一条中阳线，并且这条中阳线的 K 线实体部分完全吞没了前一天的阴线实体，形成了一个经典的、阳包阴的见底反转 K 线形态组合。我们看到，正是依托这种见底K线形态组合，股价才止跌回升，并且通过两个波段，股价由3.17元的低位上升至3.52元的高位，波段的涨幅达到了11%。

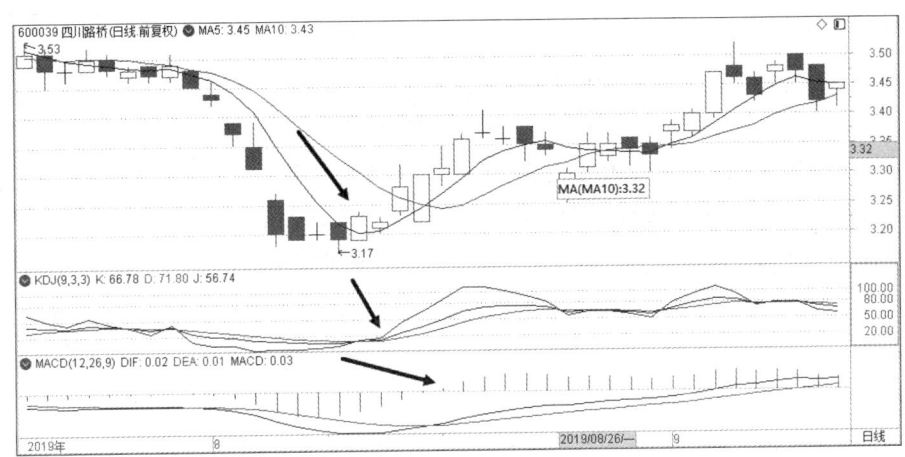

图4-1 四川路桥日线图

何为阳包阴？这种K线组合反映的是什么内在的机理，又隐藏了怎样的逻辑？这些内容我们之后都会提到。回到我们最初的话题，在K线组合已经发出见底信号的时候，我们来看看广大投资者经常使用的KDJ指标、MACD指标又会给我们怎样的提示。

很遗憾，图4-1的副图中所列出的两个常用指标在这一天都没有发出任何信号。图4-1中的箭头所标示的位置已经很明确地告诉我们，相较于K线，KDJ指标滞后1天发出了信号，而MACD指标滞后3天才发出买入信号。通过这样的对比，相信大家对K线已经较为理解。

TIPS：相较于传统的经典指标，K线这种技术分析工具在反映价格方面具有某种领先性。

但K线的缺点也同样在于灵敏性，价格波动幅度稍微大些，就有可能出现反转形态，但该反转形态并不一定是真正的"反转"，我们还需要借助其他指标的配合来判断。

下面，我们就简单地为投资者总结一下K线这种技术分析工具的优劣势。总结下来，K线的优势有以下4个方面。

（1）K线是自成体系的技术分析工具，它可以不借助其他工具，独立地对市场进行分析。

（2）K线发出的交易信号非常灵敏，领先于其他技术分析工具。

（3）K线具有很强的兼容性，可以与其他技术分析手段相融合，并且没有排斥性。

（4）相较于有些投资者经常使用的美国线，K线看起来更加直观，便于投资者接受。

K线的劣势有以下2个方面。

（1）K线可能会发出伪信号，并且这种信号不易被投资者识别，可能会使投资者在实战中盲目相信K线提供的交易信号，产生亏损交易。

（2）K线语言的主观性非常强并且非常灵活，具体要看投资者如何解读。

如果投资者具有十分丰富的市场经验，并且对K线语言有深刻的理解，那么在实战中他很可能达到见微知著的境界；如果投资者没有深厚的技术分析底蕴，那么K线这个工具或许就是一把双刃剑，在"杀敌"的同时也极有可能伤及投资者自身。

4.2 K线理论

K线是自成体系的投资工具，在长达几个世纪的发展演变过程中，它已经变得"特立独行"，与西方的投资体系几乎没有关系。如果不是美国人史蒂夫·尼森在偶然的机会中了解了K线，开始痴迷于它，进而在西方金融市场中全力推广K线，西方人或许难以知道世界上竟然有这样一种分析理论。

K线是反映价格变化的基础工具。即使是在投资工具如此多元的今天，依然有好多人相信K线是最好的交易工具之一，甚至不少人还在坚持用"裸K"（只用K线）进行交易，其中有成就的投资者还被称为"K线大师"。

TIPS：K线发展到今天，经过系统总结的阶段后已经形成了自己的理论体系。

按形态分类，K线可以分为星线、吊线、孕线、包线四大类；按作用分类，K线可以分成两类，一类是代表价格发生趋势改变的反转K线，一类是代表价格方向暂时不明的整理K线；按时间周期分类，K线可以分为日线、周线、月线、年线等诸多种类。

图4-2所示是K线中的星线示意图。严格说起来，这种星线在K线理论中被称为流星线。

图4-3所示是K线中的吊线示意图。如果股价在高位，这样的吊线就被称为上吊线；如果股价在低位，这样的吊线就被称为锤子线。

图 4-2 星线示意图　　　　　　图 4-3 吊线示意图

由于K线理论不是本书的重点,因此这里只对K线的相关知识进行简单的介绍,感兴趣的读者可以自行查阅相关资料进行学习。

市场上有好多看起来非常经典的K线,给出的信号也非常明确,可我们一旦据此买入,后面的走势往往不一定是预期的那样。在实战中,这样的实例数不胜数。因此,K线是什么形态不重要,K线代表何种时间周期也不重要,重要的是当我们应用K线时,它是否能给我们带来实在的利润。

TIPS:从某种程度上讲,代表价格发生趋势改变的反转K线,也就是可以确认价格见顶或价格见底的K线才是值得我们重点关注的。

K线理论中,反转K线的种类有很多,这就需要我们认真甄别、去粗取精、去伪存真,在大浪淘沙后所留下的经得住实战检验的精品才是我们的选择。在这个领域,作为一名专业的外汇交易员,鹿希武先生走在了前面。他首先对K线理论中种类繁多的反转K线形态进行了筛选,从而提炼出了有价值的、可以应用于实战的经典反转K线形态。我们就是在鹿希武先生的研究基础上进一步探寻和检索,最终确定了我们所需要的、可以与KDJ指标进行匹配的经典反转K线组合。

4.3 反转K线组合

顾名思义,反转K线的含义就是当这样的K线或者K线组合出现时,原有的趋势有较大的概率会向相反方向转变。

我们经过严格筛选,最终确定了两组K线组合作为与KDJ指标相匹配的工具。

● 低位或相对低位的启明星K线组合、吞没线K线组合。

● 高位或相对高位的黄昏星K线组合、覆盖线K线组合。

经过实证,这两组K线组合的成功率可以达到70%,如果再用KDJ指标信号加以验证,效果会更好。下面我们就来认识一下这两组K线组合。

图 4-4 所示是厦门象屿（600057）2019 年 7 月至 9 月的周线图，用方框框定的这 3 条 K 线就是经典的启明星 K 线组合。

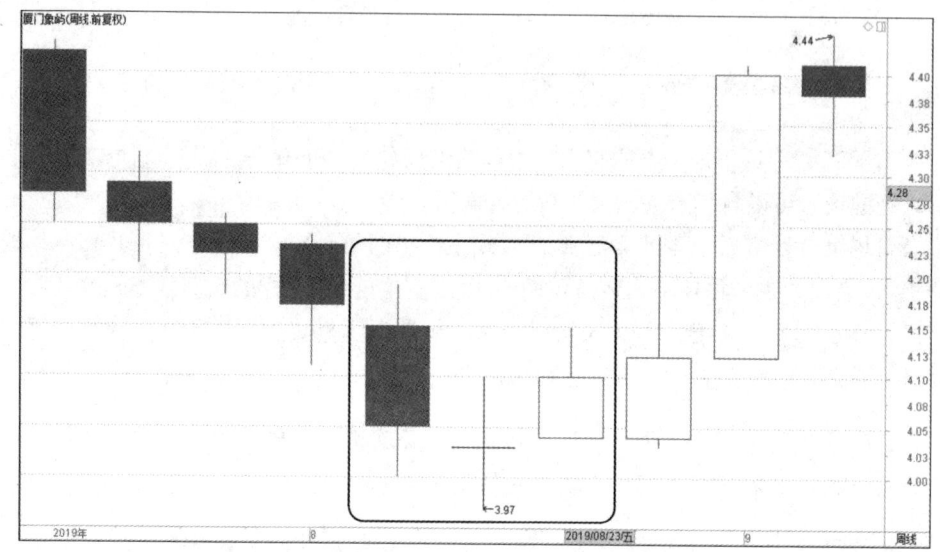

图 4-4 厦门象屿周线图

要构成启明星 K 线组合，必须满足以下基本条件。

（1）第一条 K 线必须是下跌的，并且股价在之前已有一段下跌趋势。

（2）中间的星线是阴是阳无所谓，但阳线代表多头力量更强一点，如果有向下的跳空缺口更好。

（3）第三条 K 线是阳线且实体一定要大，最好是超过左边阴线的开盘价，如果有向上的跳空缺口更好。

看过了启明星 K 线组合，下面我们看吞没线 K 线组合。图 4-5 所示是五矿发展（600058）2019 年 10 月至 11 月的日线图，用方框框定的这两条 K 线就是经典的吞没线 K 线组合。

吞没线又叫阳包阴，就是第二日的阳线全部或绝大部分将前一日的阴线包住，这是强烈的多空转换信号，中间几乎没有缓冲的余地。

要构成吞没线 K 线组合，必须满足以下基本条件。

（1）第一条 K 线必须是下跌的，并且股价在之前已有一段下跌的趋势。

（2）第二条 K 线是阳线且实体一定要大，最好把前一日的阴线实体完全吞没；若不能完全吞没，至少也要吞没 80%。

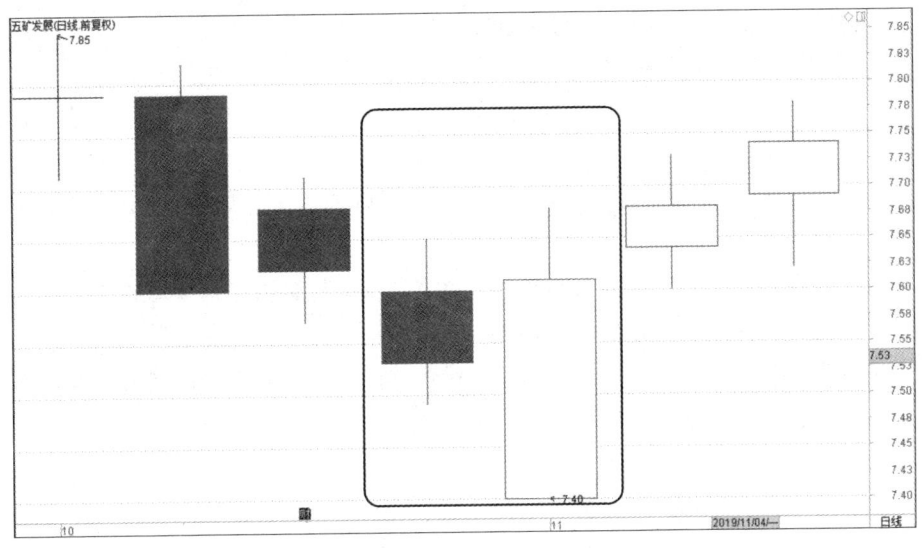

图 4-5 五矿发展日线图

TIPS：K 线语言其实都是相对的，黄昏星与覆盖线的 K 线组合，就是启明星与吞没线的 K 线组合的相反运用，只不过前两者在股价的高位，而后两者在股价的低位。

我们来看下面的一组 K 线组合形态。图 4-6 所示是紫光股份（000938）的日线图，用方框框定的这 3 条 K 线就是经典的黄昏星 K 线组合。

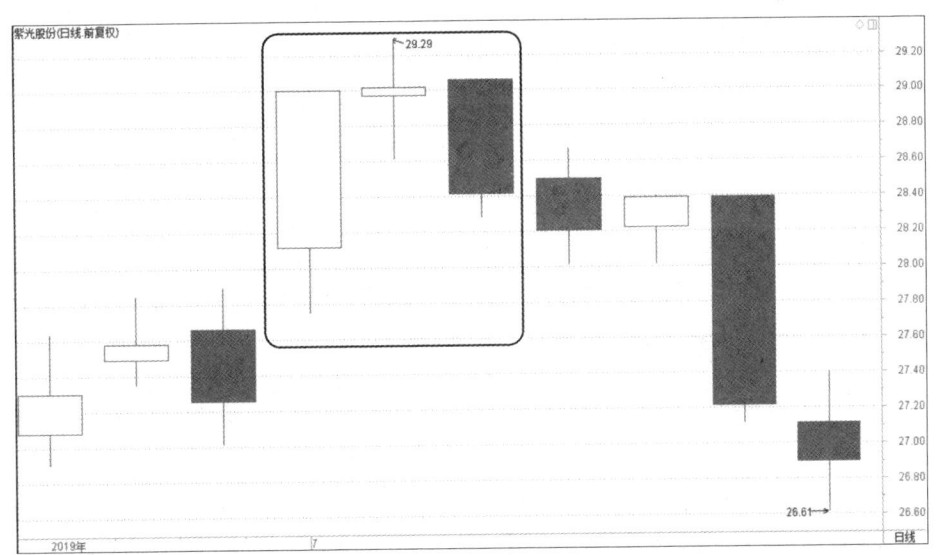

图 4-6 紫光股份日线图

要构成黄昏星 K 线组合，必须满足以下基本条件。

（1）第一条 K 线必须是上涨的，股价在之前已有一段上涨的趋势。

（2）中间的星线是阴是阳无所谓，但阴线代表空头力量更强一点，如果有向上的跳空缺口更好。

（3）第三条 K 线是阴线且实体一定要大，最好是高于左侧阳线的开盘价，如果有向下的跳空缺口更好。

最后，我们看一下覆盖线 K 线组合。图 4-7 所示是启明信息（002232）2019 年 8 月至 11 月的日线图，用方框框定的这两条 K 线就是经典的覆盖线 K 线组合。

覆盖线又叫阴包阳，就是第二日的阴线全部或绝大部分将前一日的阳线包住，这是 K 线中强烈的由多转空信号，中间几乎没有缓冲的余地。

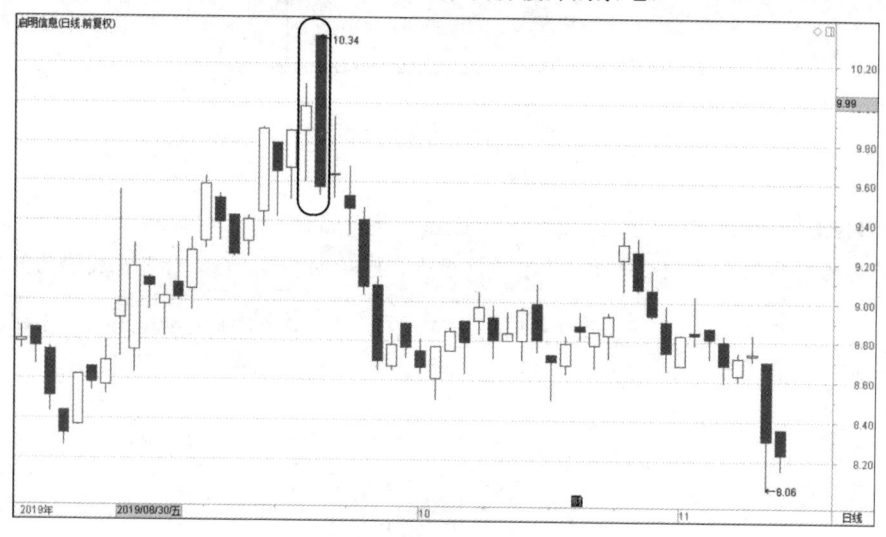

图 4-7 启明信息日线图

要构成覆盖线 K 线组合，必须满足以下基本条件。

（1）第一条 K 线必须是上涨的，股价在之前已有一段上涨的趋势。

（2）第二条 K 线是阴线且实体一定要大，最好把前一日的阳线实体完全吞没；若不能完全吞没，至少也要吞没 80%。

TIPS：K 线外在的形式是记录价格的变化，但内在的核心却反映了多空双方力量的对比。

以启明星 K 线组合形态为例，当该形态的第一条 K 线形成时，一切都还是顺风顺水的，局面尽在空头的掌握中。但第二条 K 线形成后，局面有所不同，空头会发现自己在前进的道路上遇到了阻碍，向下运行的力量正被多头化解。第三条

K 线形成后,空头彻底失去了对局面的掌控能力,多头开始主导局面。相较于启明星形态中第二条 K 线所呈现的多空相持局面,吞没形态中多头则是直接将空头击溃,凸显出多头力量的强大。通过这样的 K 线组合,我们能直观地感受到多空力量的转换。

黄昏星 K 线组合和覆盖线 K 线组合与上面所述的正好相反,展现的是由多转空的力量转换。大家对照图例仔细体会,就能慢慢感受到这样的变化。

4.4 KDJ 指标与 K 线组合

K 线的优势显而易见,但 K 线的劣势同样也非常明显。实战中,能够只运用 K 线这一技术分析工具进行交易的人毕竟还是少数,绝大多数投资者在繁杂多变的 K 线中容易迷失方向。

尽管我们已经对 K 线进行了提炼,但"乱花渐欲迷人眼",面对每天都发生变化的 K 线,投资者或许还是觉得无从下手,难以获取属于自己的投资收益。

TIPS:借助于 KDJ 指标,我们就能使 K 线化繁为简,这也是市场上大多数人都在使用的交易模式。

4.4.1 KDJ 指标与启明星 K 线组合

启明星,顾名思义,就是股价经过连续下跌后,空头力量已经得到充分释放,股价迎来了底部或者阶段性的底部,此时多头重新占据优势,股价"见到了黎明"的一种形态。

第 1 章中已经向大家介绍过,KDJ 指标中有几个位置最为关键,那就是 20 线、50 线和 80 线。其中 80 线属于指标阶段高位,与启明星 K 线组合的意义不符,我们将它忽略,于是就构成了 20 线、50 线这两个关键位置与启明星 K 线组合的结合。下面我们通过几个实例,看一下这种结合能在实战中能带给我们怎样的帮助。

图 4-8 所示是久其软件(002279)2019 年 9 月至 10 月的日线图。

从图 4-8 中我们可以看到,左侧明显是一段下跌行情,其间多头也曾组织过抵抗,除股价有反复外,指标也有过异动,但因为二者没有很好地配合,所以多头无功而返,给予了空头更好的下跌机会,让股价接连破底。

在图 4-8 中方框框定的地方,我们看到多头用一条锤子线化解空头力量后,又拉起一条中阳线,从而形成了我们看重的经典趋势反转 K 线组合,即启明星 K 线组合。此时,KDJ 指标刚好处在 20 线附近,并且指标线形成了金叉。正是在这两个指标的共同作用下,股价展开了强势的上攻。

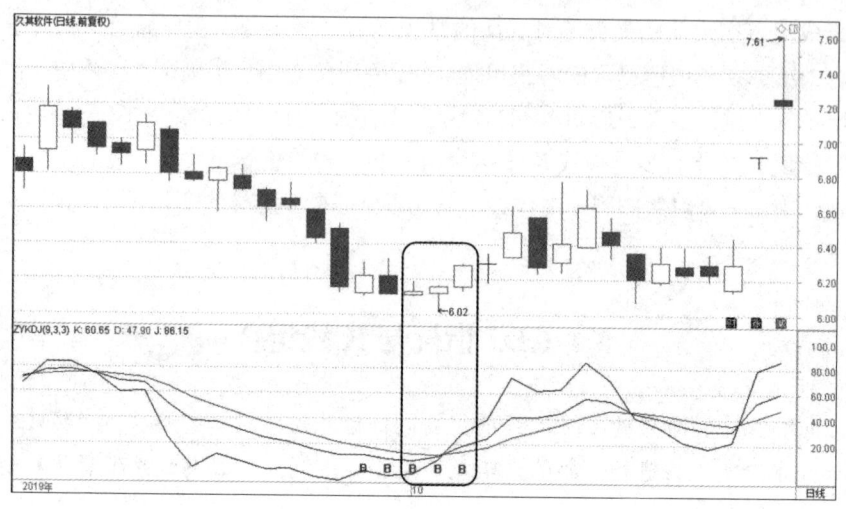

图 4-8 久其软件日线图

看过了股票市场的实例,下面我们来看一个期货市场的真实案例。图 4-9 所示是大连商品交易所棕榈 2101 期货合约 2019 年 9 月至 11 月的日线图。

从图 4-9 中可以看到,该期货合约在达到 5074 点后一路下跌,在图 4-9 中方框框定的位置,我们看到多头主力组织力量展开了反击。第一条阴线表明空头长驱直入,第二条 K 线为阴十字星,代表多头开始化解空头攻势,第三条 K 线在本质上并没有给出多头反转的证明。直到第四条 K 线,多头主力用一条中阳线让这一次的 K 线组合形成了一个变形的启明星形态,一举扭转了态势。此时,KDJ 指标线在 20 线附近形成了金叉,两个指标的合力使该期货合约的价格一路走高。

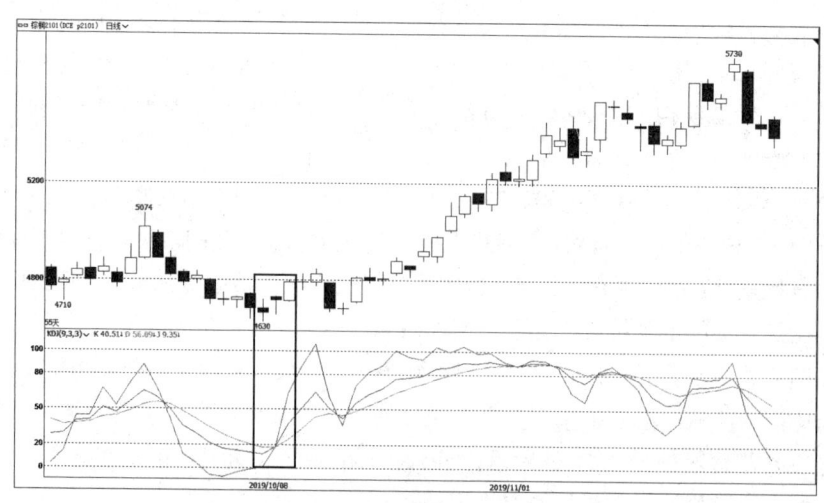

图 4-9 棕榈 2101 期货合约日线图

通过图 4-8、图 4-9 中的实例我们已经看到，在 KDJ 指标的关键位置 20 线附近，我们选定的本就有较大成功概率的启明星 K 线组合形态更有威力，这就是 KDJ 指标与 K 线形态相结合所产生的反应。下面，我们对这种组合的要点简要说明一下。

（1）股价或期货合约价格在前面一定要有一段明显的下跌趋势，否则无法构成 K 线反转形态。

（2）K 线组合一定要形成完整的启明星形态，经典形态最好，稍有变形的形态也可以。

（3）指标发出信号的位置不一定要在 20 线，在附近区间也可以，不要太过刻板。

（4）二者匹配后，KDJ 指标线一定要发生金叉，这是对 K 线形态的确认，不可或缺。

20 线位于 KDJ 指标的底部，这个位置产生的启明星 K 线形态多半是价格的底部或价格的阶段底部。50 线则不同，它是在 KDJ 指标的中间位置，一般而言，指标线到了这里价格多半已经上涨过一段了，假如这个时候 K 线组合仍然形成启明星形态，我们还可以参与吗？答案是"可以"。

TIPS：一般情况下，价格多半呈现三段式上涨，50 线位置对应的往往是第二个买点；不过有一点需要注意，那就是买入后，我们的预期收益不会像在 20 线附近那样高。

我们通过实例让大家尽快掌握这一技巧。图 4-10 所示是卫士通（002268）2019 年 8 月至 9 月的日线图。

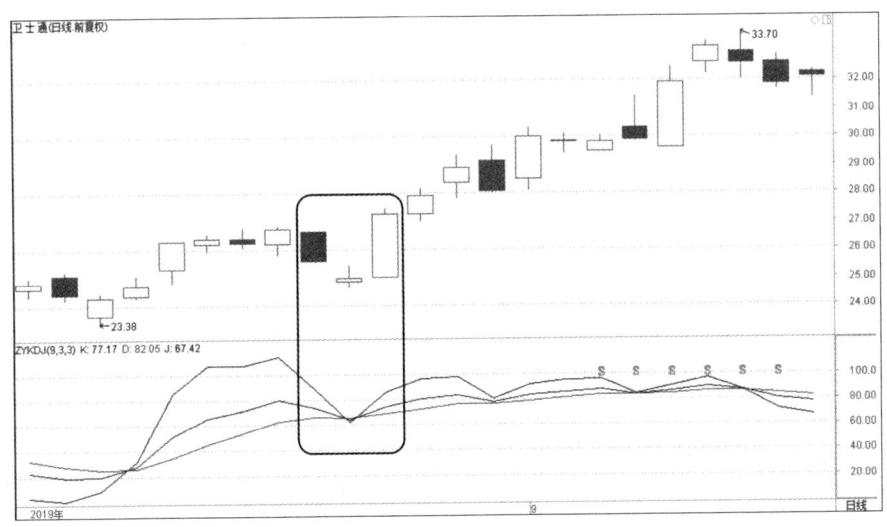

图 4-10 卫士通日线图

在图 4-10 中方框的左侧我们可以看到，股价曾有过一段上涨，然后略有回落。在方框框定的区域，多头发力，K 线组合形成了一个标准的启明星形态，这意味着之前短暂的下跌已经告一段落，原有的上升趋势得到了恢复。我们看到，为了配合 K 线组合，KDJ 指标线在 50 线附近发生金叉，确认了 K 线组合的有效性，形成了二次买点，随后股价在二者的作用下开始了再次上涨。

我们再来看一个期货市场的实例。图 4-11 所示是中国金融期货交易所中证主连期货合约 2019 年 8 月 28 日至 9 月 11 日的 60 分钟图。

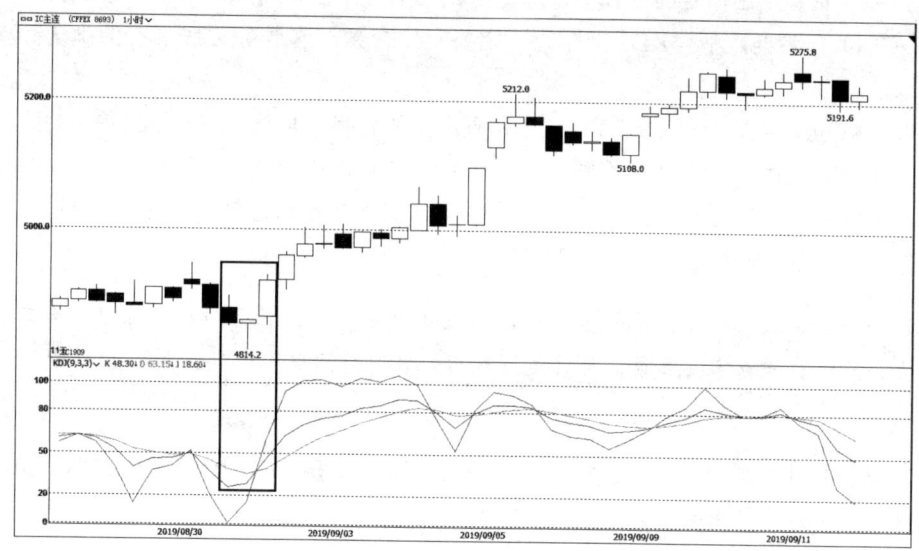

图 4-11 中证主连期货合约 60 分钟图

或许有的读者看到这里会有疑问，之前列举的期货市场的实例都有具体的品种名称，如橡胶、棕榈之类的，那这里的"中证"是什么意思呢？

TIPS：不同于郑州、大连等交易所开展具体的商品期货交易业务，中国金融期货交易所主要开展股指期货类业务，中证代表该品种是跟踪中证 500 指数的期货品种，而主连则代表主力合约的连续图。

图 4-11 中方框框定的 K 线组合中，空头拉出一条中阴线，一举打破了之前的多空平衡，但在第二小时即遭到多头的反击，一条阳十字星线表明多头毫不相让，双方陷入胶着状态。第三小时多头力量大爆发，一举拉出大阳线，从而形成了大家看到的经典的启明星 K 线组合。与此同时，KDJ 指标线在 50 线附近对 K 线组合进行了交易信号的确认，多头依据这一买入信号持续发力。

这里简单为大家讲一下，按照中国金融期货交易所的规定，中证 500 股指期货合约采用点位计算,每一点对应 200 元人民币,最低保证金是合约价值的 8%。我们现在假设一名股指期货投资者在启明星 K 线组合形成当日,以 4 921.2 点的收盘价买入一份该合约,按照交易规则,这次交易需要的资金如下。

4 921.2×200×8% = 78 739.2 元

我们假设该投资者完成这个波段后,在高点 5 279.2 点卖出,则该名投资者实际获利如下。

(5 279.2 − 4 921.2)×200 = 71 600 元

因此,投资者的实际收益率为:(71 600÷78 739.2)×100% ≈ 90.93%。

大家可以看到,从买入到获利卖出,中间只有 10 个交易日,这种获利速度还是相当可观的。这也是期货的魅力所在。

下面,我们将 KDJ 指标 50 线与启明星 K 线组合相结合的要点简要说明一下。

(1)股价或期货合约价格在前面一定要有一段明显的上涨趋势,否则无法构成第二个买点。

(2)K 线组合一定要形成完整的启明星形态,经典形态最好,稍有变形的形态也可以。

(3)指标发出信号的位置不一定要在 50 线,在附近区间也可以,不要太过刻板。

(4)二者匹配后,KDJ 指标线一定要发生金叉,这是对 K 线形态的确认,不可或缺。

启明星 K 线组合与 KDJ 指标相结合的技巧先介绍到这里,下面我们看一下吞没线 K 线组合与 KDJ 指标相结合的表现。

4.4.2 KDJ 指标与吞没线 K 线组合

相较于启明星 K 线组合需要中间 K 线的过渡来完成多空的转换,吞没线 K 线组合中,多头的力量更大,势头更盛,向上的欲望也更强,几乎丝毫不给空头抵抗的机会。

美国投资家史蒂夫·尼森在他的《日本蜡烛图技术》一书中,把吞没线 K 线组合直接说成是看涨吞没线,由此可见他对这种信号有着多么强烈的喜爱。

TIPS:在众多反转 K 线组合中,吞没线 K 线组合一直都是位于前列的。

这么强烈的信号,再配合 KDJ 指标,值得我们对其抱以期待。同启明星 K 线组合一样,我们忽略 80 线这一指标高位,看看在 20 线和 50 线这样的位置,吞没线 K 线组合又能带给我们怎样的震撼。

我们还是用事实说话。图 4-12 所示是恒华科技(300365)2019 年 6 月至 9 月的日线图。

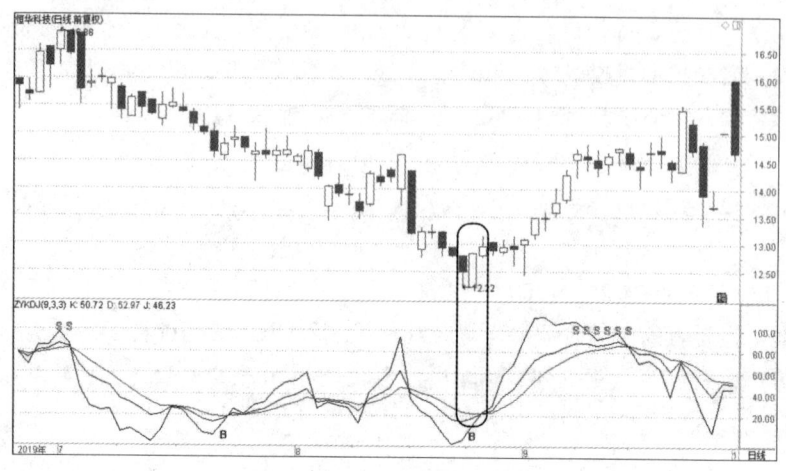

图 4-12 恒华科技日线图

从图 4-12 的左侧可以看到，该股之前的下跌趋势极其猛烈，尽管多头曾在 50 线和 20 线附近进行过防守，但都因指标和 K 线不相配合而被空头突破。在图 4-12 中方框框定的位置，第一条 K 线还是一条中阴线，这表明空头依然得势。但在第二日，多头经过精心准备形成了阳包阴的上涨吞没线，KDJ 指标在 20 线形成金叉和上涨吞没线相配合，在此处将空头力量化解。

由于空头力量被化解，我们看到股价随后轻松升高，除了有限的几条阴线，一路都是阳线，KDJ 指标也是一路上行，说明空头已经组织不起有效的抵抗。

看过了股票市场的实例，我们再看一个期货市场的实例。图 4-13 所示是大连商品交易所豆粕 2101 期货合约 2019 年 5 月至 10 月的日线图。

图 4-13 是一幅经典的 KDJ 指标在 20 线形成低位金叉和吞没线 K 线组合的图。前面的下跌趋势清晰可见，方框内多头趁空头力竭便就地反击的 K 线组合也符合规范，特别是 KDJ 指标，刚好在 20 线形成金叉，确认了吞没线发出的买入信号，这在变幻莫测的期货市场中是难得一见的。后面的走势也很简单，多头持续发力，合约价格创出新高。这幅图值得读者好好学习与体会。

与启明星 K 线组合相比，吞没线 K 线组合显得更加干脆利落，效果也更加强烈。下面，我们将 KDJ 指标 20 线与吞没线 K 线组合相结合的要点简要说明一下。

（1）股价或期货合约价格在前面一定要有一段明显的下跌趋势，否则无法构成 K 线反转形态。

（2）K 线组合一定要形成完整的吞没线形态。

（3）指标发出信号的位置不一定要在 20 线，在附近区间也可以，不要太过刻板。

（4）二者匹配后，KDJ 指标线一定要发生金叉，这是对 K 线形态的确认，不可或缺。

图 4-13 豆粕 2101 期货合约日线图

TIPS：吞没线 K 线组合信号更明确，反转意味更强。

相比 20 线的低位，50 线在 KDJ 指标中正处于多空分界的关键位置，这个地方很有可能会展开拉升动作。

图 4-14 所示是浩云科技（300448）2019 年 8 月至 9 月的日线图。

这幅图也很有代表性，细心的读者或许已经看到了多空双方在这里展开的角逐。如果对第 1 章的内容有印象，大家就会清楚，在方框框定的吞没线 K 线组合之前，多头其实有过一小段拉升。为了阻止多头的攻势，当 KDJ 指标线来到 50 线这个多空分界线附近时，空头在 50 线附近进行了抵抗，使得股价连续下跌，让 KDJ 指标线再次下沉到 50 线的下方。

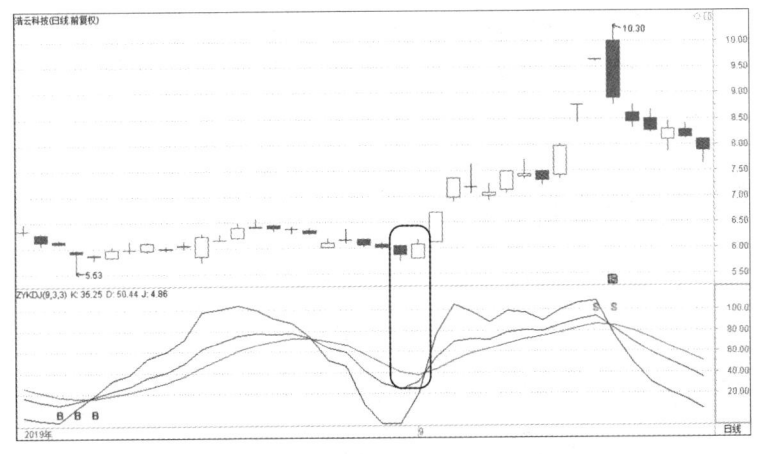

图 4-14 浩云科技日线图

在图 4-14 中，也正是在 50 线这个关键的地方，多头拉出一条中阳线，形成了吞没线 K 线组合，坚决回击了空头，用盘面语言进行了表态。此时，KDJ 指标线在 50 线附近形成向上的金叉，确认了这一信号的有效性。我们看到股价随后迅速上涨，越到后面阳线的实体越大，股价最终升至 10.30 元。

股票市场尚且如此，我们再来看看期货市场的实例。图 4-15 所示是上海期货交易所螺纹 2101 期货合约 2019 年 5 月至 7 月的日线图。

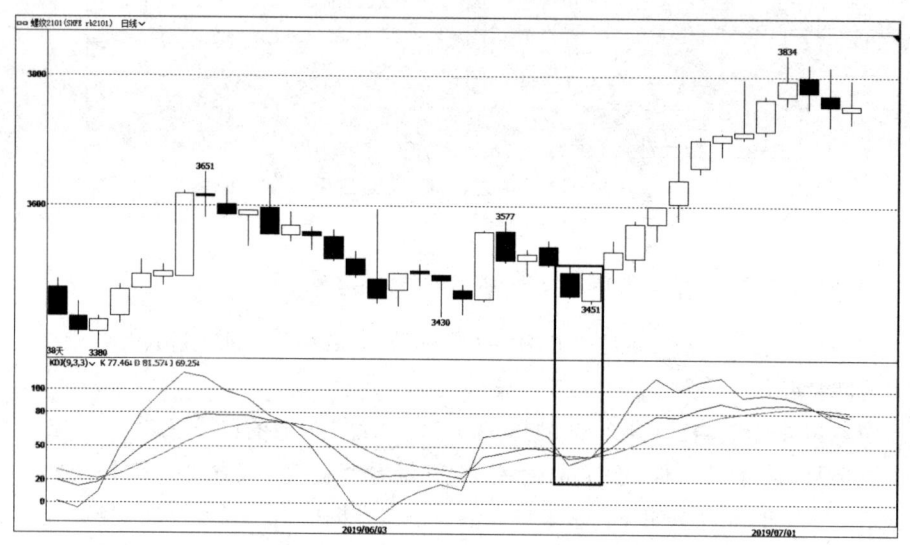

图 4-15 螺纹 2101 期货合约日线图

图 4-15 是多头在 KDJ 指标 50 线附近成功表态并再次发动行情的范例。从图 4-15 中可以看到，在方框框定的吞没线形态的左侧，多头在 3 430 点发动行情，期货合约已经有过一波上涨。但空头不甘心失败，在 KDJ 指标线到达高位后便使其回落到 50 线附近。50 线是多空分界的关键位置，KDJ 指标向下突破 50 线就进入了正常空头区域，因此多头要想维系当前的盘面就必须守住 50 线这道防线。

在方框框定的位置，多头毫不犹豫地用吞没线这一强有力的反转 K 线组合进行表态，随后干脆利落地连拉阳线，不给空头任何机会，使期货合约价格上升到 3 834 点的高位。

通过这两个实例，读者或许已经对吞没线 K 线组合结合 KDJ 指标这种交易模式有所了解。下面，我们将 KDJ 指标 50 线与吞没线 K 线组合相结合的要点简要说明一下。

（1）股价或期货合约价格在前面一定要有一段明显的下跌趋势，否则无法构成 K 线反转形态。

（2）K 线组合一定要形成完整的吞没线形态。

（3）指标发出信号的位置不一定要在 50 线，在附近区间也可以，不要太过刻板。

（4）二者匹配后，KDJ 指标线一定要发生金叉，这是对 K 线形态的确认，不可或缺。

4.4.3 KDJ 指标与黄昏星 K 线组合

黄昏星，顾名思义，就是股价到了高位就面临着巨大的风险，一如黄昏后面是黑夜一般，预示着该 K 线组合出现以后股价即见到了顶部，随后将展开下跌。

TIPS：黄昏星其实就是启明星反过来的应用，这也是 K 线理论相对灵活的地方。

在 KDJ 指标中，80 线属于阶段高位，与黄昏星 K 线组合的意义相符，我们在这里着重强调它的重要意义。

图 4-16 所示是理工环科（002322）2018 年 9 月至 2019 年 11 月的周线图。

从图 4-16 中可以看到，在方框框定位置的左侧，股价连续上涨，多头气势很盛。在方框中的第二条 K 线处，多头仍占优势。但空头借助 KDJ 指标线已到达高位的有利时机，从方框右侧的第一周就在 80 线这一关键位置拉出大阴线，形成黄昏星 K 线组合。我们看到，此时 KDJ 指标线在高位发生了死叉现象，确认了 K 线组合的有效性，股价随后展开下跌。

我们再看一个期货市场的实例。图 4-17 所示是上海期货交易所沪银 2012 期货合约 2019 年 8 月至 11 月的日线图。

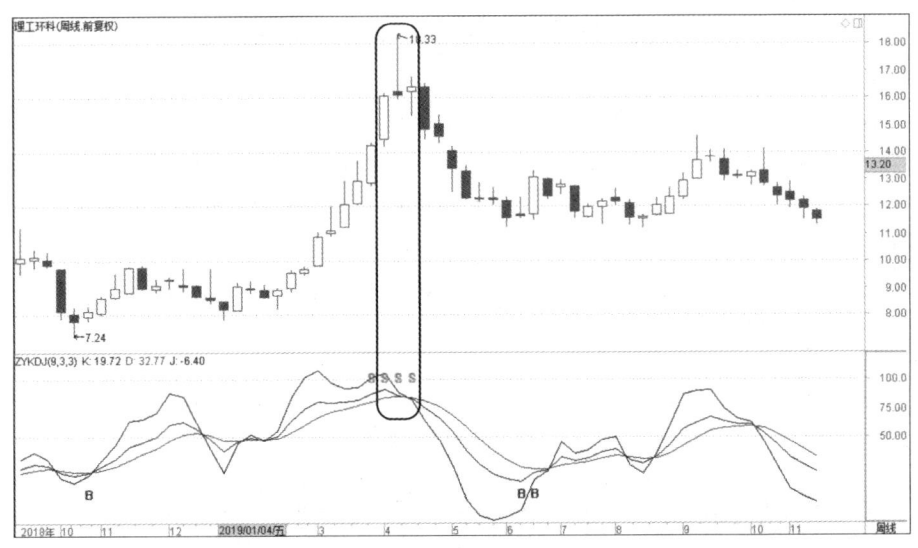

图 4-16 理工环科周线图

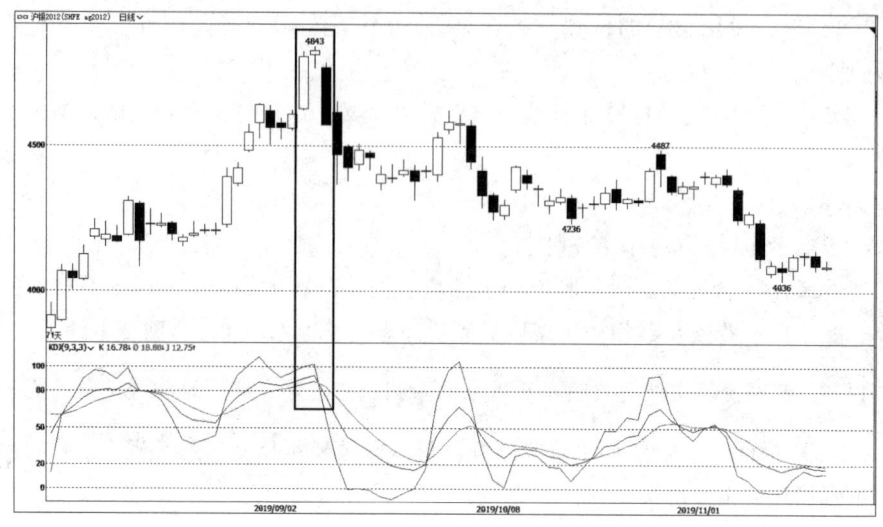

图 4-17 沪银 2012 期货合约日线图

图 4-17 中的实例是空头发力化解多头力量的一个生动实例。多头在方框框定位置拉出一条大阳线,不明就里的投资者或许还以为这是价格继续向上的强势信号,殊不知这是一条冲顶的阳线。空头利用 KDJ 指标高位的优势,在多头利用第二条 K 线进行抵抗后,于第三条 K 线处拉出大阴线,一举化解多头力量,随后 KDJ 指标线在 80 线附近发生死叉现象,确认了 K 线组合的有效性,合约价格之后几乎一路下跌。

这种模式与前面介绍的没什么两样,就是启明星 K 线组合的反向应用,要点如下。

(1)股价或期货合约价格在前面一定要有一段明显的上涨趋势,否则无法构成 K 线反转形态。

(2)K 线组合一定要形成完整的黄昏星形态。

(3)指标发出信号的位置不一定要在 80 线,在附近区间也可以,不要太过刻板。

(4)二者匹配后,KDJ 指标线一定要形成死叉,这是对 K 线形态的确认,不可或缺。

50 线是 KDJ 指标中的多空分界线,要想使价格进入空头控制区域,50 线是关键位置。

TIPS:KDJ 指标线从 80 线滑落到 50 线的过程中,价格在前面一定有过下跌,因此 50 线附近的下跌更多的是起到形成二次卖点的作用。

图 4-18 所示是东软载波(300183)2019 年 2 月至 8 月的周线图。

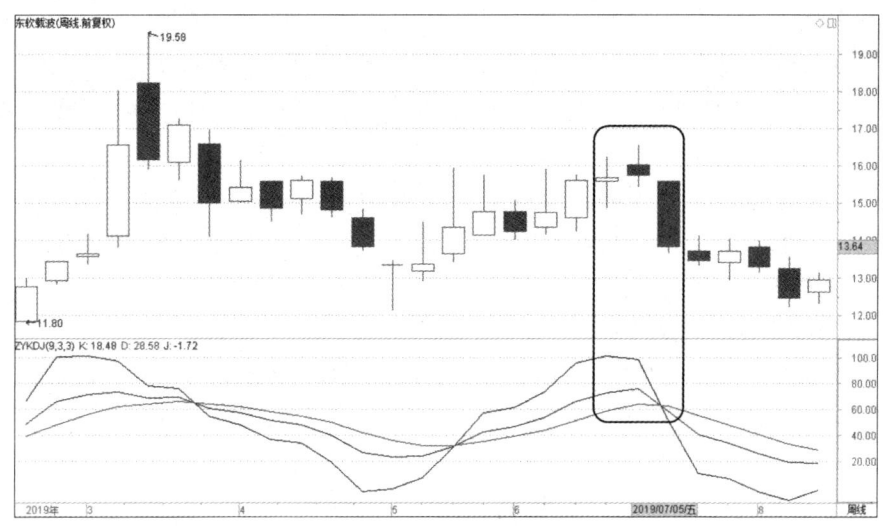

图 4-18 东软载波周线图

从图 4-18 中可以看到，KDJ 指标线虽然从高位滑落，但多头经过蓄势后有重新发力的意味。就是在这种情况下，空头利用 50 线这个关键位置，利用黄昏星 K 线组合并结合 KDJ 指标线在 50 线附近形成死叉的模式，让股价二次下跌。

我们再来看期货市场的实例。图 4-19 所示是上海期货交易所热卷 2101 期货合约 2019 年 9 月至 10 月的日线图。

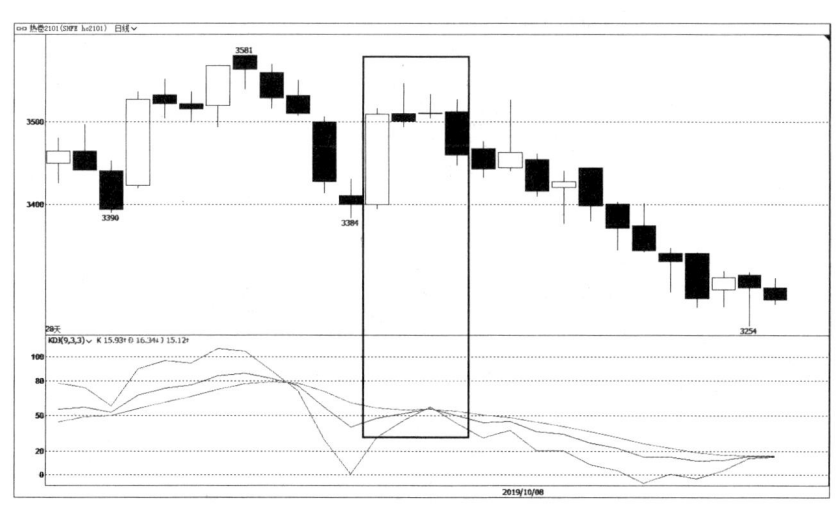

图 4-19 热卷 2101 期货合约日线图

从图 4-19 中我们可以看到，热卷期货合约的价格从 3 581 点开始下跌，多头在图 4-19 中方框第一条大阳线处展开了反击，空头如果没有动作，后续或许会丧失主动权。

正是在这种情况下,空头利用 50 线这一关键位置营造了黄昏星 K 线组合,并结合 KDJ 指标线在 50 线附近形成死叉的模式,化解多头力量,重新占据了优势,让期货合约价格继续下跌。

KDJ 指标 50 线与黄昏星 K 线组合相结合的要点如下。

(1)股价或期货合约价格在前面一定要有一段明显的上涨趋势,否则无法构成 K 线反转形态。

(2)K 线组合一定要形成完整的黄昏星形态。

(3)指标发出信号的位置不一定要在 50 线,在附近区间也可以,不要太过刻板。

(4)二者匹配后,KDJ 指标线一定要形成死叉,这是对 K 线形态的确认,不可或缺。

4.4.4 KDJ 指标与覆盖线 K 线组合

TIPS:覆盖线就是吞没线的反向应用,从多空博弈的角度来说,它最大限度地反映了空头力量的强大,而 KDJ 指标所形成的死叉更加确认了这种力量。

图 4-20 所示是诚迈科技(300598)2019 年 1 月至 5 月的周线图。

从图 4-20 中我们可以看到,多头气势如虹,使得股价连续上涨,看起来会一直持续。但在图 4-20 中的方框标注处,空头营造出覆盖线 K 线组合形态,此时 KDJ 指标线在 80 线附近发出死叉信号且信号得到了确认,股价的上升趋势便戛然而止,随后的暴跌抵消了前面大部分的涨幅。

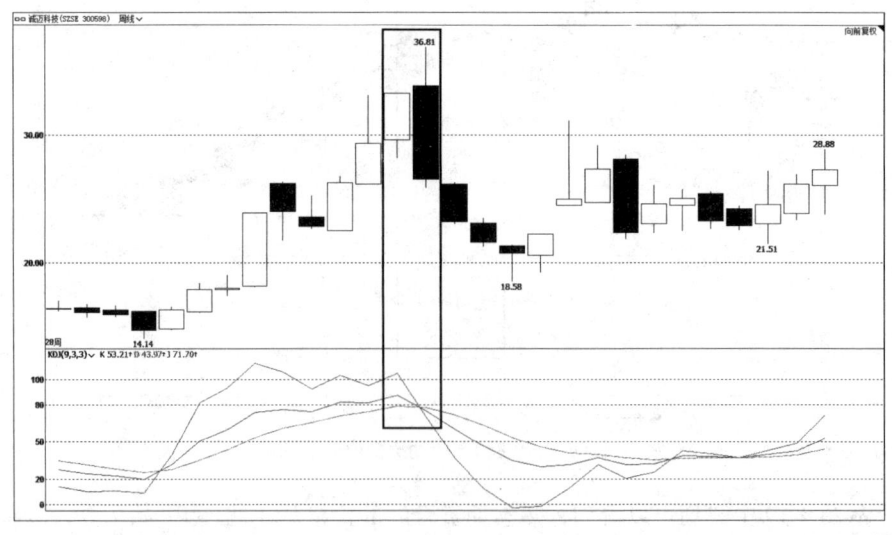

图 4-20 诚迈科技周线图

我们再来看一个期货市场的例子。图 4-21 所示是郑州商品交易所白糖 2101 期货合约 2019 年 7 月至 8 月的日线图。

图 4-21 白糖 2101 期货合约日线图

期货市场除了多头与空头外并没有第三种力量。图 4-21 中左侧是明显的上升行情，但在方框标注的地方，空头利用 KDJ 指标处在高位的有利时机突然发力，一举扭转走势，随后持续发力，使期货合约价格展开了下跌。

KDJ 指标 80 线与覆盖线 K 线组合相结合的要点如下。

（1）股价或期货合约价格在前面一定要有一段明显的上涨趋势，否则无法构成 K 线反转形态。

（2）K 线组合一定要形成完整的覆盖线形态。

（3）指标发出信号的位置不一定要在 80 线，在附近区间也可以，不要太过刻板。

（4）二者匹配后，KDJ 指标线一定要形成死叉，这是对 K 线形态的确认，不可或缺。

最后，我们再看看覆盖线在 KDJ 指标 50 线附近的力量展示。图 4-22 所示是海量数据（603138）2019 年 9 月至 11 月的日线图。

从图 4-22 中可以看到，这是一个下跌反弹形态，多头在方框中跳空高走，看起来是要突破反弹高点，发动一波攻势。此时空头在图 4-22 中方框所指的反弹高位发力，拉出大阴线，营造出覆盖线 K 线组合形态，KDJ 指标线在 50 线附近形成死叉，让 K 线形态得以确立。

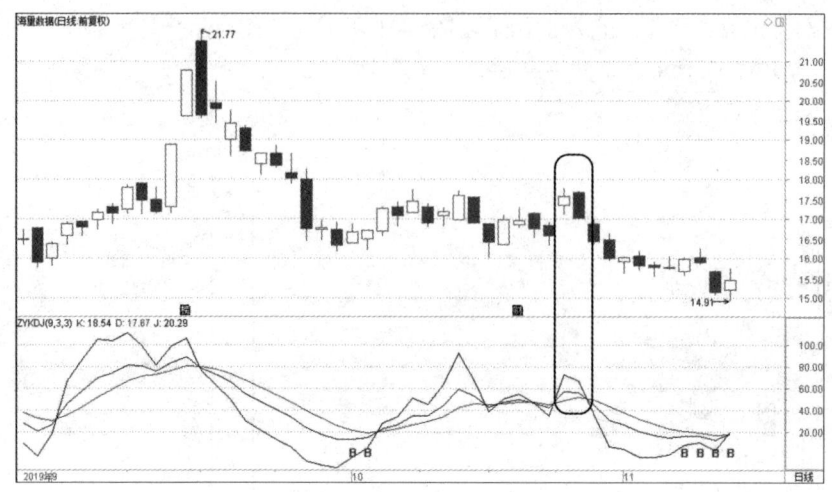

图 4-22 海量数据日线图

TIPS：期货市场与股票市场大致相同，如果说有不同，那么就是在期货市场中一方得势后绝不会半途而废，一定要竞争到底，所以跌幅往往要比股票市场大得多。

图 4-23 所示是上海期货交易所沪锌 2012 期货合约 2019 年 5 月至 9 月的日线图。

在图 4-23 中方框框定的位置，多头在 KDJ 指标 50 线处连拉两条阳线，想要把行情导入多头区域，这是空头所不能容忍的。在这之后，我们看到空头丝毫没有客气，直接用大阴线覆盖了多头最后的阳线，彻底将其力量化解，让 KDJ 指标线在 50 线处形成死叉。这里我们可以再一次感受到多空双方对 50 线的争夺。空头得势后也毫不放松，一直到期货合约价格开始大跌才放手。

图 4-23 沪锌 2012 期货合约日线图

KDJ 指标 50 线与覆盖线 K 线组合相结合的要点如下。

（1）股价或期货合约价格在前面一定要有一段明显的上涨趋势，否则无法构成 K 线反转形态。

（2）K 线组合一定要形成完整的覆盖线形态。

（3）指标发出信号的位置不一定要在 50 线，在附近区间也可以，不要太过刻板。

（4）二者匹配后，KDJ 指标线一定要形成死叉，这是对 K 线形态的确认，不可或缺。

有交易就会有 K 线，但不是所有的 K 线都对我们有帮助。在众多的 K 线中，我们提炼出了最有实战意义的启明星、吞没线、黄昏星和覆盖线 K 线组合，并且结合 KDJ 指标的关键位置形成了 4 种交易模式。这 4 种模式都是经过实战检验的，我们也通过一些发生在股票市场和期货市场上的经典图例为大家进行了讲解，希望它们能够被广大读者所重视，这样 KDJ 指标才算得到了较好的应用。

第 5 章

KDJ 指标与 MACD 指标

MACD 是英文 Moving Average Convergence Divergence 的缩写，即指数平滑异同移动平均线。MACD 指标由杰拉尔德·阿佩尔发明，其与 KDJ 指标有相似的地方，即都通过指标线的交叉、背离等来获取交易信号；不同的是，MACD 指标的两条指标线是分别取值再计算。此外，与 KDJ 指标相比，由于 MACD 指标取值的时间周期较长，因此在反映趋势变化、多空转折、中长期走势等方面比 KDJ 指标表现得更加优异。人们普遍认为，MACD 指标可以反映中长期趋势的变化，因此又被归类为趋势类指标。不管怎样，历经了时间的考验，MACD 指标与 KDJ 指标一样，已经成为市场上的经典指标，深受投资者的欢迎。

5.1 MACD 指标概述

MACD 指标由 3 个部分构成。第一部分即指标中的零轴，它的作用与 KDJ 指标中的 50 线相同，是多空双方的分界线；第二部分即指标中的两条指标线，它们的构造依据的是均线原理，其中快速指标线是计算 12 天指数移动平均线与 26 天指数移动平均线的差值，慢速指标线同 KDJ 指标中的 D 曲线一样，是对快速指标线进行平滑计算，在 MACD 指标中取 9 个交易日的数据进行计算；第三部分即分布在零轴上下的柱状体。由于 MACD 指标是取两条指标线计算差值的结果，因此二者的差值除了正值之外有时候也会产生负值。为了反映这种现象，指标的发明者又将两条指标线的差值用柱状体来表示：两条指标线只要发生金叉现象并产生正值，在实际走势图中红色柱状体便会出现，并且分布在零轴上方；两条指标线只要发生死叉现象并产生负值，在实际走势图中绿色柱状体便会出现，并且分布在零轴下方。

TIPS：MACD 指标中的柱状体反映的其实是均线交叉后的动能强弱，即动能越强，柱状体面积就越大，动能越弱，柱状体面积就越小，因此有的投资者还把 MACD 看作一个动能指标。

图 5-1 所示是 MACD 指标示意图。图 5-1 中上下交叉的就是两条指标线，正立或倒立的线条就是柱状体，在正负柱状体之间的就是零轴。

相对而言，由于 MACD 指标所使用的价格移动平均线采用的是指数移动平均的计算方式，因此对于时间较近的交易数据会给予较重的权值，在计算的过程中又经过了两次平滑处理，在短线上便过滤掉了许多不可靠的信号。

MACD 指标的计算方法是直接采用均线的数值，并且其指标性质又与一般的均线采用短周期与长周期的设置类似，因此均线的特性以及买卖信号在指标上也能够应用。

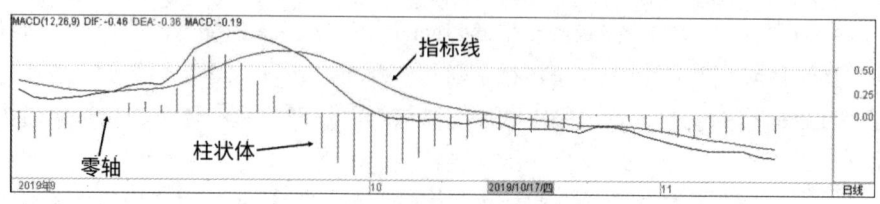

图 5-1 MACD 指标示意图

5.2 MACD 指标常规用法

MACD 指标的用法有很多，也有相应的指标运用法则。由于本书的重点是介绍 KDJ 指标，因此 MACD 指标的相关内容在这里不做过多介绍。但考虑到部分读者是初级投资者，这里就把 MACD 指标与 KDJ 指标相关的内容做一个简单介绍，以方便大家理解后面的内容。至于 MACD 指标的其他功能与作用，感兴趣的读者可以自行查找资料进行学习。

5.2.1 MACD 指标的交叉

交叉是技术指标最常见的使用技巧之一。就 MACD 指标来说，交叉按照位置可分为两种，一是零轴上的交叉，二是零轴下的交叉；交叉按照趋势又可分为两类，即金叉与死叉。

TIPS：零轴是 MACD 指标中很重要的一条分界线，它的作用就好比 KDJ 指标中的 50 线，既是指标的中心轴，又是指标的多空分界线。

MACD 指标中，一般而言，指标线处在零轴上方时我们可以理解为多头处于强势，指标线处在零轴下方时我们可以理解为空头处于强势。这样划分后，我们对指标的交叉就有了更加理性的认识。

将指标线交叉的两种分类结合起来就可以形成一组矩阵，我们对其进行分解，可以得到 4 种结果。

● 零轴上的金叉。

● 零轴上的死叉。

● 零轴下的金叉。

● 零轴下的死叉。

下面我们逐一向大家进行解释。

第一种，零轴上的金叉。

零轴上方属于 MACD 指标中的多头强势区，金叉则代表指标的快速指标线上穿慢速指标线，意味着价格在短期内有走强的可能，所以零轴上的金叉这种模式可以理解为多头趋势下的短线买点。

图 5-2 所示是金桥信息（603918）2019 年 8 月至 10 月的日线图。

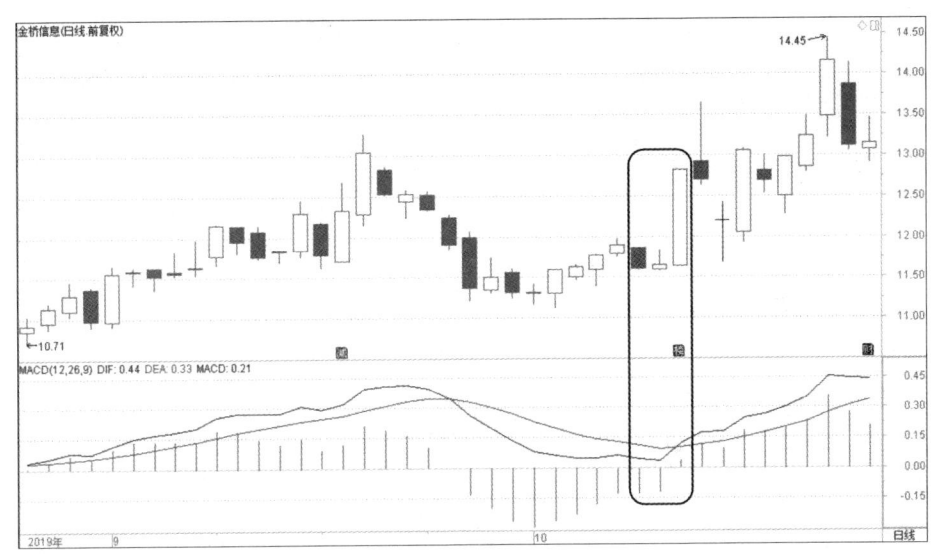

图 5-2 金桥信息日线图

我们可以看到，图 5-2 中先是有一波上涨行情但幅度不大，随着价格的回落，在实际走势图中指标也呈现出绿色柱状体，指标线也在零轴上形成死叉。但就在行情即将消失之际，我们看到多头主力用一个经典的启明星 K 线组合发动了二次行情。这是力度仅次于吞没线 K 线组合的经典反转 K 线组合，并且阳线的收盘价已经高过了阴线的开盘价，属于多头强势转换。

此时 MACD 指标在零轴上形成金叉，预示着股价在保持趋势完好的前提下有短线走强的可能。我们看到，股价在后面强势上涨，短短时间就从 12 元左右上升到了 14.45 元。

TIPS：没有只涨不跌的股市，实战中这种模式首次出现时成功概率较大，但如果升幅已经很大并且上涨次数较多，那么投资者就要提高警惕，即使参与也要提前设好止损价位。

第二种，零轴上的死叉。

零轴上方属于 MACD 指标中的多头强势区，死叉则代表指标的快速指标线下穿慢速指标线，意味着价格在短期内有走弱的可能，所以零轴上的死叉这种模式可以理解为多头趋势下的波段卖点。

波段卖点并不意味着趋势已经遭到破坏，只是趋势进入了修整状态。如果经过整固，指标在零轴上形成金叉，则又进入了零轴上的金叉模式。

图5-3所示是沪电股份（002463）2019年5月至9月的日线图。

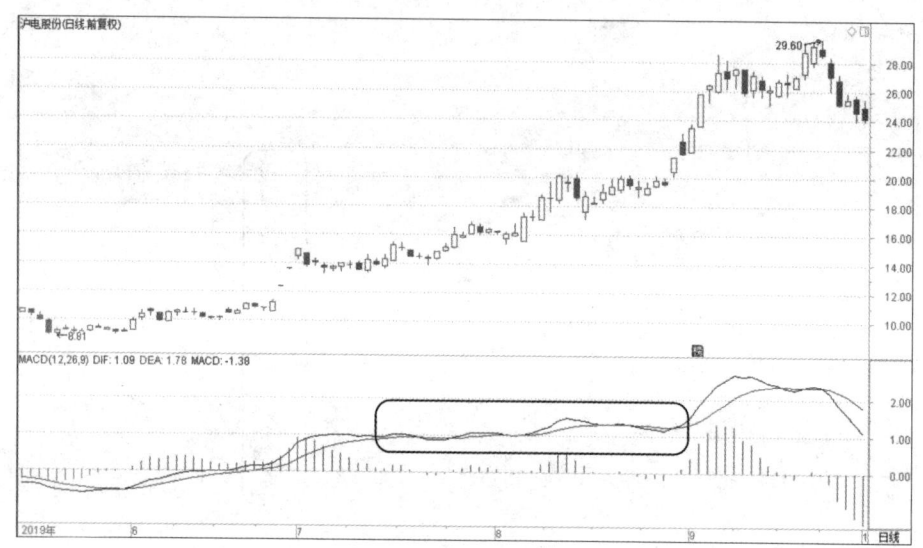

图5-3 沪电股份日线图

从图5-3中我们可以看到，在这一波中级上升行情中，MACD指标在零轴上方出现了3次死叉现象。在第一次和第二次的时候，价格虽有所回落但经过整理后又创出新高，这表明前两次的死叉不过是上升趋势下的波段高点，此时卖出当然可以，不卖即继续持有也没问题。但第三次不同，因为经过前两次的调整，无论是指标还是价格都已经连续上涨到了很高的位置，所谓"事不过三"，到了这个时候，投资者一定要适当抱有警惕。

TIPS：波段的上涨与波浪有密切的关系，这与后面的章节有关，读者只需牢记在第三次出现死叉时卖出就可以了。

第三种，零轴下的金叉。

零轴下方属于MACD指标中的多头弱势区，金叉则代表指标的快速指标线上穿慢速指标线，意味着价格在短期内有走强的可能，所以零轴下的金叉这种模式可以理解为空头趋势下的反弹买点。

图5-4所示是申通快递（002468）2019年7月至11月的日线图。

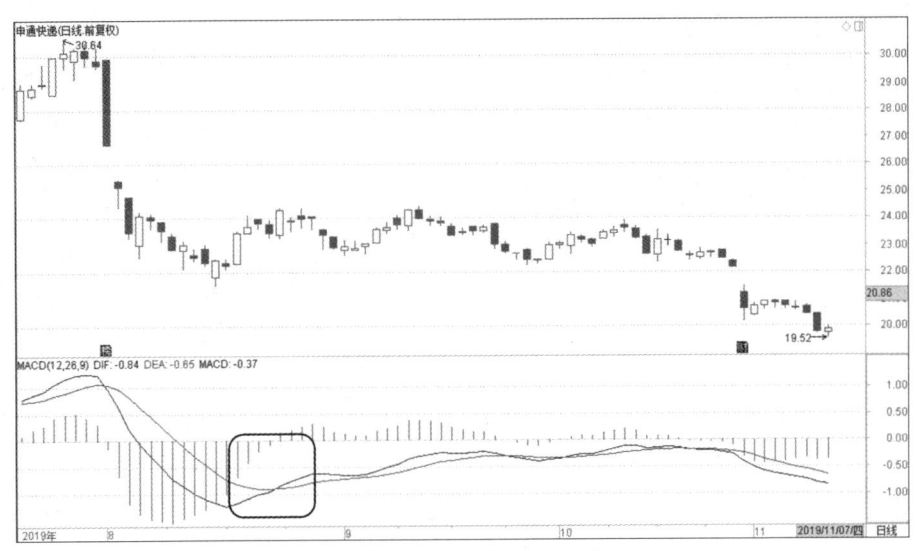

图 5-4 申通快递日线图

我们从图 5-4 中可以看到，股价在之前维持着弱势走势，股价下滑后，MACD 指标在零轴下形成金叉。由于指标当前的整体状态是在零轴下方运行，尚处在空头区域，因此这时形成的金叉只能看作下降趋势中的一个弱反弹，不能对其抱有过高的期望。我们看到股价而后上涨的斜率非常小，指标也没能上穿零轴进入多头区域。这一切都表明这只是一个修复指标的反弹过程，股价经过整理后再次创出了新低。

TIPS：弱势反弹是逢高离场、减少损失的好时机，而绝不是逢低布局的良机，实战中投资者对这种模式一定要有清醒的认识。

第四种，零轴下的死叉。

零轴下方属于 MACD 指标中的多头弱势区，死叉则代表指标的快速指标线下穿慢速指标线，意味着价格在短期内有走弱的可能，所以零轴下的死叉这种模式可以理解为在空头趋势下股价进入主跌段。

这种模式是空头力量最强大的时候，也是股价下跌最快速、跌幅最深的阶段。在这种模式下，投资者绝不能轻易进场，一旦深套其中，再想获利就会很难。

图 5-5 所示是高鸿股份（000851）2019 年 4 月至 8 月的日线图。

我们从图 5-5 中可以看到，该股在漫长的下跌过程中，MACD 指标一共出现过两次零轴下形成死叉的现象。每一次出现死叉现象后，股价都会快速下一个台阶，第二次时股价甚至直接展开暴跌。在这期间，MACD 指标很难有上穿零轴的机会，说明局面一直掌控在空头手中。此时正是空头发力、股价下跌最迅猛的主跌段，投资者一旦进入就很可能被套。

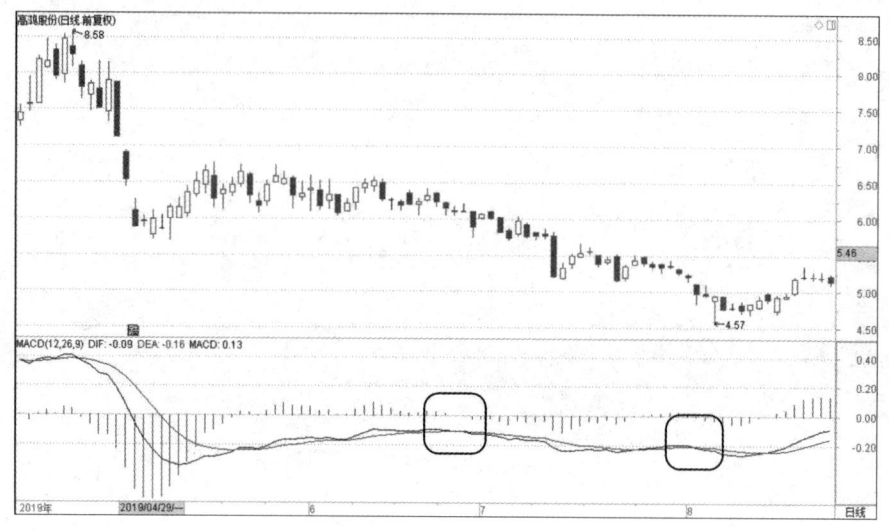

图 5-5 高鸿股份日线图

我们从图 5-5 中可以看到，股价从 8.58 元的高位一直下降到 4.57 元才止住颓势，整个主跌段股价跌幅近 47%，实在是非常惨烈。

一般而言，MACD 指标的交叉模式就是上面所列的这 4 种，但要将它们运用好也不是一件容易的事，因为它们的组合模式不固定。例如，指标可能先发生零轴下死叉现象，随后在零轴下发生金叉现象，再上穿零轴，最后回落，其运行方式可以有很多。读者在实战中要想运用得当，需要多看图，反复揣摩才行。

5.2.2 MACD 指标的背离

背离是 MACD 指标中另一个非常重要的使用技巧。

TIPS：可以这样讲，只要是类似于 KDJ 指标、MACD 指标这样有指标中心点的摆动类指标，在跟随股价运动的过程中就都有可能发生背离这种现象。

在第 2 章中，我们已经了解了如何准确定义 KDJ 指标中的背离概念。那么，面对没有钝化现象的 MACD 指标，我们又该如何界定它是否真的发生了背离呢？是否如市场上常用到的那样，价格创出新高而指标没有创出新高就叫背离呢？当然不是。

从严格意义上来说，MACD 指标背离的表现有两方面：一是快速指标线线与股价产生了背离，二是指标柱状体与股价产生了背离。只要有一条符合就形成背离，两条同时符合则更佳。

其实对于背离的判定有一个很重要的原则，那就是如果股价还在继续按照原有的趋势运动，就不能说指标已经背离。原因是如果股价还在继续按照原有趋势运动，虽然指标在某一个过程中并未跟上股价的走势，但随着走势的不断延伸和发展，指标在后市终会跟上股价的趋势，从而出现股价和指标相互配合的情况，这一点是在判定指标是否背离时必须牢记的。

TIPS：如何判定原有趋势是否改变，在 KDJ 指标中需要看指标是否钝化，在 MACD 指标中需要看指标是否突破相应的趋势线。

如果指标没有突破趋势线，则不能确认指标与价格之间发生了背离，表明趋势只是暂时整固，后面还有机会；如果指标突破了趋势线，则可以认为指标与价格之间发生了背离，此时方可以根据背离的模式进行操作。

背离有 2 种情况。

● 底背离。

● 顶背离。

无论是指标线还是柱状体，只要符合要求，都可认定为底背离。同理，只要符合要求，无论是指标线还是柱状体，都可认定为顶背离。

下面我们逐一为大家说明。

第一种，底背离。

如果 MACD 指标中的快速指标线向上突破了下降趋势线，此时价格创出新低，但指标并未跟随价格创出新低，那么我们说指标与价格之间发生了底背离。

底背离可以帮助我们寻找到价格的底部或相对的底部。如果发生在周线图上，我们可以认为是一个中期的底部。

图 5-6 所示是紫光股份（000938）2018 年 11 月至 2019 年 4 月的日线图。

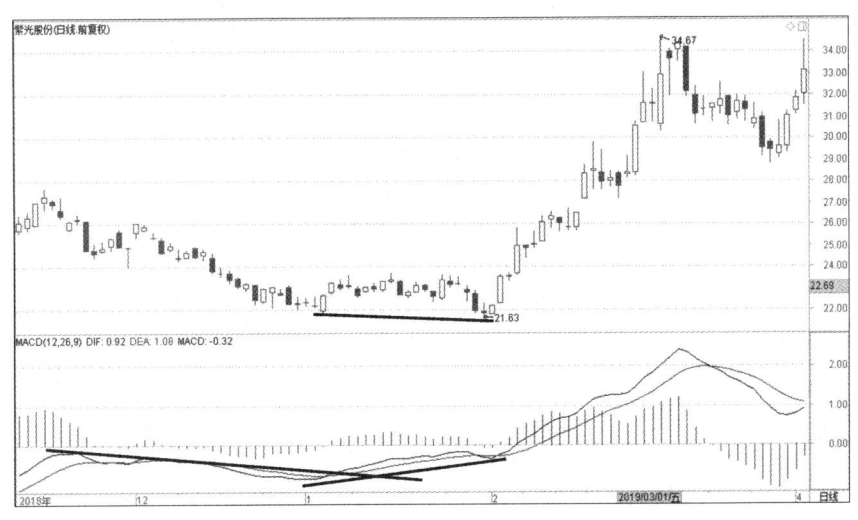

图 5-6 紫光股份日线图

我们从图 5-6 中可以看到，该股在左侧呈现的是一个下降趋势，副图中的 MACD 指标也跟随股价同步下跌。但是当股价创出 21.63 元低点的时候，我们惊喜地发现，此时 MACD 指标并未跟随股价同步下跌，而是形成了底部逐渐抬高的态势。关键是，在 MACD 指标不创新低的同时，快速指标线反而还向上突破了指标的下降趋势线，这一情况符合我们对底背离的定义。此时我们可以认为，该股真正构成了底背离形态，投资者可以进场寻底了。我们看到该股随后走出了强势的上升态势，股价由 21.63 元一路上行至 34.67 元。

如果该股的 MACD 指标没有突破下降趋势线，就算底部抬高形成二次金叉，我们也不认为该股形成了底背离。此时，后续的走势可能也会向好，但会相当滞重，股价一旦回落，有较大概率会再创新低。

我们看一个期货市场的实例。图 5-7 所示是郑州商品交易所郑棉 2101 期货合约 2019 年 4 月至 11 月的日线图。

图 5-7 中左侧的下降趋势清晰可见，在合约价格持续创新低时，MACD 指标却没有下跌，指标线随后发生了金叉现象，确认形成底背离。

图 5-7 郑棉 2101 期货合约日线图

在图 5-7 中，我们需要注意的是，该合约发生底背离时并没有直接发动行情，而是在价格稍稍回落后形成了二次背离，这是更有力度的反转。实战中若是遇到这种情况投资者一定要抓住机会，因为随后的上涨力度会更大。事实也确实如此，我们看到在底背离后合约价格快速拉高，形成趋势的反转。

TIPS：符合规范的底背离是可以进场寻底的基础，否则一切都只是"空中楼阁"，价格很容易回落。

第二种，顶背离。

如果 MACD 指标中的快速指标线向下突破了上升趋势线，此时价格创出新高，但指标并未跟随价格创出新高，那么我们说指标与价格之间发生了顶背离。

顶背离可以帮助我们寻找到合适的价格的顶部或相对的顶部。如果发生在周线图上，则可以认为是一个中期的顶部。

图 5-8 所示是广联达（002410）2019 年 3 月至 11 月的日线图。

图 5-8 广联达日线图

从图 5-8 中可以看到，股价经过两轮上涨后一浪比一浪高，但在副图的 MACD 指标中，无论是指标线还是柱状体都远远没有跟上前面的脚步，形成了错位的态势。最主要的是，指标线还向下突破了上升趋势线，并在这之后发生了死叉现象，这预示着该股已经发生了真正的顶背离，价格已经摇摇欲坠。

我们看到，该股的价格随后快速下跌，尽管跌幅不是很大，但表明顶背离对短期头部的提醒还是有效的。

指标是按照公式进行计算的，反映的是客观事实。相对而言，价格有时会误导人，但指标不会。

图 5-9 所示是上海期货交易所沥青 2112 期货合约 2018 年 11 月至 2019 年 7 月的日线图。

从图 5-9 中可以看到，沥青的这波上涨行情在前期来看还算中规中矩，但到了最后，合约价格突然快速拉升，大有加速之势。在价格以大的斜率上涨的时候，我们发现 MACD 指标线却已经向下突破了上升趋势线，在零轴上方徘徊。随后，指标随着期货合约价格升高在零轴上方形成金叉。如果指标形成金叉后的合约价格的高点能超过前期高点，那么证明最初的上升趋势依然有效，指标并没有发生真正的顶背离。

可惜的是，指标在形成金叉后不久就掉头向下，证明前面的金叉不过是虚张声势而已。此时，顶背离形成，指标形成死叉的地方就是这一波上涨行情的高点。

图 5-9 沥青 2112 期货合约日线图

TIPS：无论是顶背离还是底背离，真正的背离形成后都意味着趋势的改变，作为一名投资者，一定要在趋势改变的时候进行与之相应的操作，如此方能顺应市场，获取利润。

5.3 双指标交易系统

交易系统，英文全称是 Trading System。这个词在 20 世纪 70 年代末期开始流行于华尔街，大约在 20 世纪 90 年代中后期被引入国内投资界。

5.3.1 交易系统概述

什么是交易系统？简单地讲，交易系统是系统交易思维的物化。系统交易思维是一种理念，它体现为在行情判断和分析中对价格运动的总体性和时间的连续性进行观察，在决策中对交易对象、交易资本和交易投资者这三大要素的特征进行全面反映。交易系统是指在交易市场中能帮助投资者实现稳定盈利的一套规则，包括科学的资金管理、有效的分析技术和良好的风险控制。交易系统的最终目的是实现投资者的稳定盈利。

交易系统一般可分为五大类。

● 趋势跟随交易系统。

● 反趋势交易系统。

● 突破交易系统。

● 价格区间交易系统。

● 对冲系统。

TIPS：交易系统很复杂，但对交易系统的要求却很简单；一般而言，市场投资者要求一个好的交易系统必须能够反映交易对象、交易资本和交易投资者的特征，并且能够适应实战的需要。

图 5-10 所示是天夏智慧（000662）2019 年 9 月至 11 月的日线图，图 5-10 中圈注处是朝上和朝下的箭头，这是证券分析软件系统自带的 KDJ 指标交易系统信号。

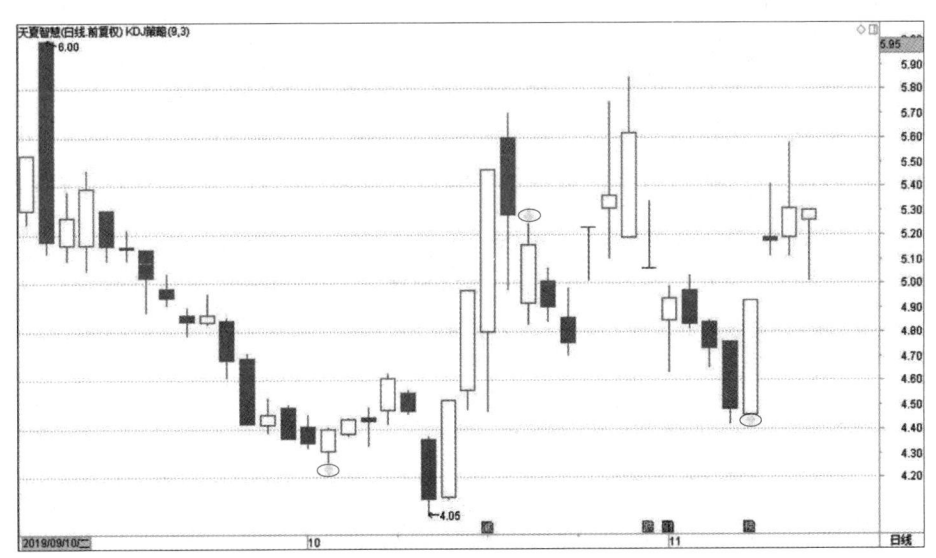

图 5-10 天夏智慧日线图

现在市场上各大券商为投资者提供的免费证券分析软件一般都带有几个交易系统，我们看到的图 5-10 就是如此。图 5-10 中除了两种类型的 K 线，还有几处朝上和朝下的箭头，这些箭头就是系统通过设置一定的条件而自动生成的交易信号。在这里，朝上箭头为买入信号，朝下箭头为卖出信号。

从严格意义上来讲，这样的交易系统只是初级的产品，它只是给投资者提供买卖信号，并不具有自动交易的功能，而且这样的信号也没有经过历史数据的检测，成功率有多高谁也不清楚。但这些都不是我们关心的，作为一名市场上的普通投资者，我们关心的是可不可以借鉴这样的思路将我们拥有的资源进行整合，进而形成我们自己的交易系统。哪怕这个系统是初级的，也没有自动交易的功能，但有一点仍要做到，即它给我们的买卖信号是明确并且具体的。

答案是"有的"。

5.3.2 双指标系统

20世纪80年代中期，美国投资者杰克·伯恩斯坦在一本书中提出了一个交易系统的雏形，即双指标系统。所谓双指标系统，具体来说就是将MACD指标和KDJ指标组合在一起，既利用MACD指标的稳定性，又利用KDJ指标的灵敏性，充分发挥这两种指标的长处，将它们发出的交易信号进行过滤和统一，以此形成对投资者有利的交易信号。

这本书出版后，引起了相关软件公司的重视。这些软件公司从书中发现了巨大的商机，开始大量招募编程技术人员。他们以杰克·伯恩斯坦阐述的理念为参考，对一些可以具体量化的技术特征进行了程序上的处理。在经过大量实证研究后，交易系统的理念逐渐得到了市场人士的认可。

考虑到本书的读者大多是新入市的投资者，或者是希望提高自己技术的、有一定经验的投资者，我们以双指标组合这一独特的技术回馈广大读者。

TIPS：这套交易系统虽然简单，但其反映出的交易理念却与现在成熟的交易软件是一样的，因为所有的交易系统最初的蓝本就是杰克·伯恩斯坦的双指标系统。可以这样说，我们现在学习的就是最初的交易系统。

图5-11所示是上证指数2019年6月至11月的日线图，也是我们提到的双指标系统示意图。其主图中除了K线没有任何标记，副图选用了两个指标，由上到下分别是KDJ指标和MACD指标，它们共同组成了我们所需要的双指标系统。

需要说明的是，杰克·伯恩斯坦在书中提到双指标系统时，认为只有两个指标的交叉信号组合在一起才具有明确的交易指示功能；至于指标本身的其他附属功能，如背离、形态等都不重要，因为它们不符合交易系统的特性，也就是不能够量化。鉴于此，杰克·伯恩斯坦在使用这个系统时把两个指标的其他附属功能全部去掉了，只保留了指标线。

只保留指标线的做法其实需要一定的技术手段才能在图上呈现所需要的效果，但本书读者或许还不具备这样的函数知识，也许会不适应。鉴于此，我们并没有把指标进行技术上的改动，而只是把两个指标简单地组合在一起。我们希望通过这样原始的方式，让大家也能够接受双指标系统的理念，进而掌握其中简单、明确的交易法则并且应用到实战中。在我们看来,这才是最重要的。

图 5-11 上证指数日线图

5.3.3 双指标系统的买点

双指标系统具有交易简单、信号明确的优点,这也符合交易系统必须可以量化的原则。可以量化,就说明信号是比较客观的,摒弃了那种主观的人为设定,这样投资者的工作量就会减少,可以把更多的精力投入其他工作中。

双指标系统的买点有两个。

● 信号共振的第一买点。

● 趋势未变的第二买点。

下面我们通过几个图例向大家解释这两种具体的情况。

第一种,信号共振的第一买点。这里的信号指的就是 KDJ 指标和 MACD 指标中指标线发出的交叉信号。

TIPS:一般而言,MACD 指标代表中长期的技术走势,而 KDJ 指标则代表中短期的技术走势,当两种指标同时发出金叉信号时,我们可以说目标交易品种恰好处在中长期趋势向好并且中短期也向好的技术形态之中,这种机会值得把握。

图 5-12 所示是中国国贸(600007)2019 年 4 月至 10 月的日线图。

图 5-12 中国国贸日线图

我们看到，图 5-12 的左侧是一段下跌趋势。在图 5-12 中方框框定的地方，MACD 指标发出了金叉信号，预示价格趋势有走强的可能。此时 KDJ 指标也几乎同步形成金叉，表明价格短期内会有所表现，加上 K 线组合上形成了低位启明星形态，三者合力将价格向上推，短时间内价格就从 12.95 元上涨到 18.35 元，涨幅约 42%，可谓惊人。

我们再来看一个期货市场的实例。图 5-13 所示是大连商品交易所乙二醇 2101 期货合约 2019 年 6 月至 9 月的日线图。

从图 5-13 中我们看到，在第一个底部的时候，KDJ 指标率先发生金叉，预示短线价格有可能走强。此时我们看到 MACD 指标几乎没有跟随的动作，说明中期趋势还有待确认。在图 5-13 中方框框定的地方，KDJ 指标第二次发生金叉，而且是在 20 线的位置。此时我们看到 MACD 指标同时发生金叉，表明期货合约行情的中期趋势开始扭转，合约价格也开始震荡上行。

需要指出的是，实战中两个指标的信号有时候并不会同步发出，这时又该怎么办呢？我们说，面对这种现象时需要客观看待，二者毕竟不是同一属性的指标，走势上有微小的差异是可以理解的。

TIPS：在 5 个交易周期内，两个指标能共振发出交易信号，我们说这种信号都在可接受的范围之内，"双指标"共振发出的买入信号是可以相信的。

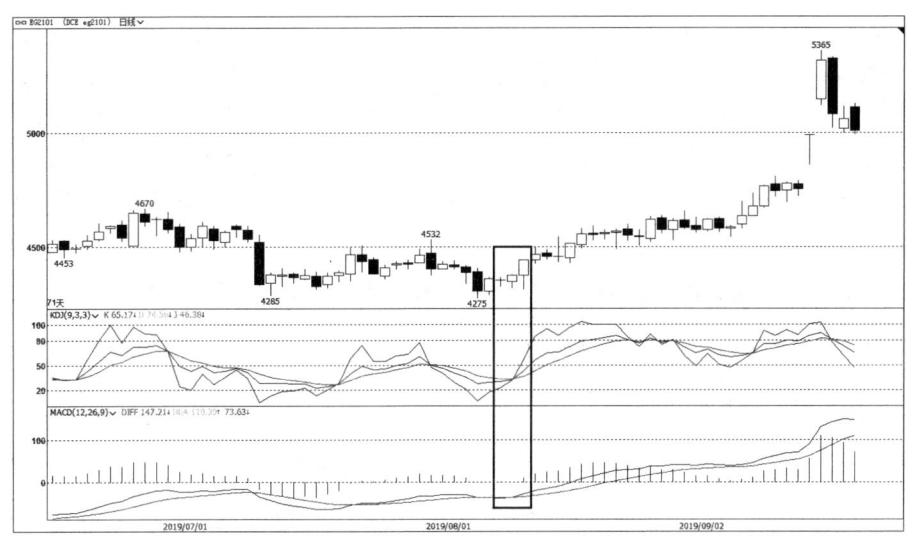

图 5-13 乙二醇 2101 期货合约日线图

第二种,趋势未变的第二买点。

一般而言,在 MACD 指标没有发出趋势看淡的死叉信号时,我们可以说目标交易品种处于维持趋势或横向整固之中。如果代表中短期技术走势的 KDJ 指标此时刚好发生金叉,说明交易品种趋势未变并且短线向好,属于趋势中的二次买入机会,值得我们参与。

图 5-14 所示是沪电股份(002463)2018 年 6 月至 2019 年 11 月的周线图。

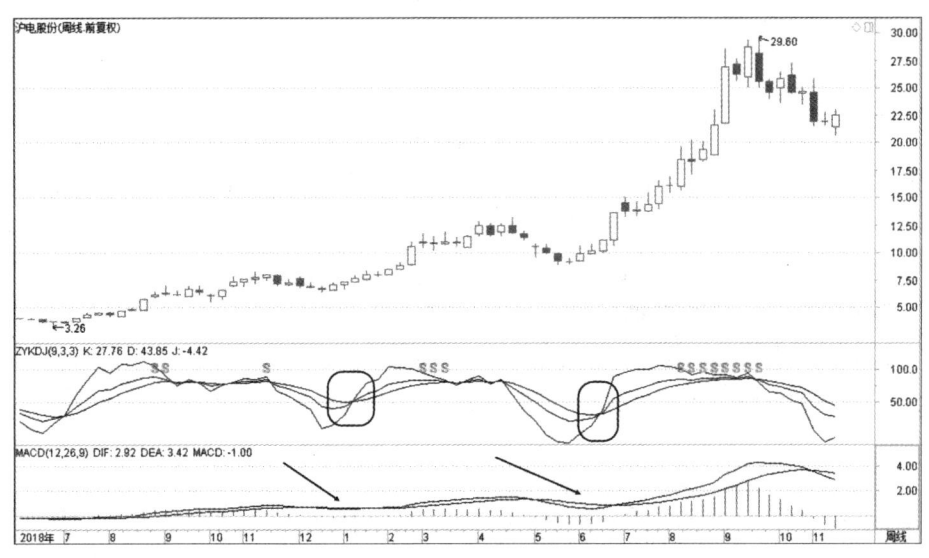

图 5-14 沪电股份周线图

我们看到，图 5-14 中有一段涨幅惊人的上升趋势，尽管如此，该股的上涨也不是一帆风顺的。在图 5-14 中箭头所指的地方，MACD 指标有两次走弱的迹象，都表明在这一时刻，股价原有的上涨趋势正在经受考验。庆幸的是，多头主力最后顽强地挺了过来。我们随后看到，KDJ 指标在方框框定的位置形成了金叉信号，表明行情经过整固后迎来了第二次、第三次的买入机会，股价也确实如我们所愿，恢复了上涨。

我们来看看期货市场又是如何表现的。图 5-15 所示是大连商品交易所棕榈 2101 期货合约 2019 年 7 月至 9 月的日线图。

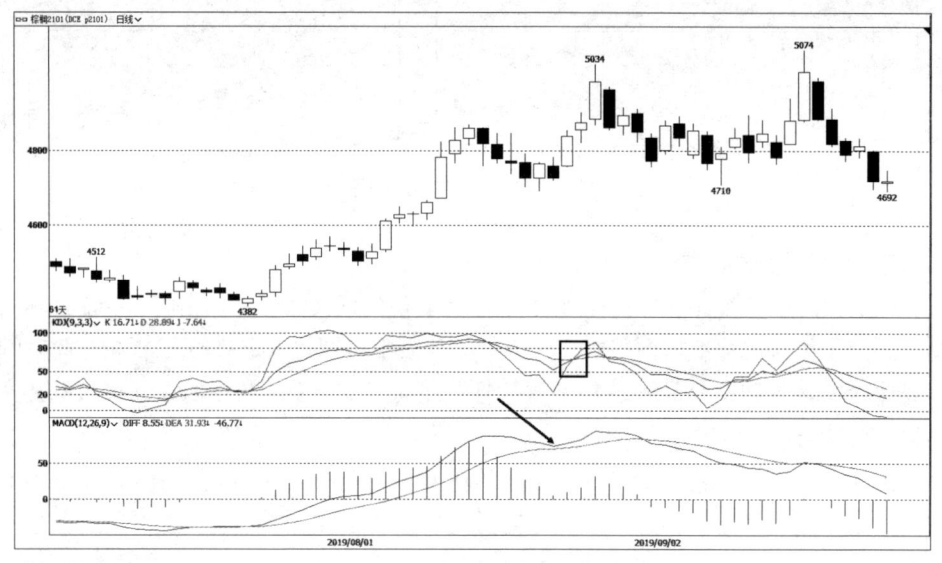

图 5-15 棕榈 2101 期货合约日线图

图 5-15 很简单，技术上没什么难点，就是合约价格在启动第一波上涨后进入了整固行情之中。趋势能否维持，行情能否继续，主要看 MACD 指标能否在零轴上方维持强势状态。我们看到，在图 5-15 中箭头标示的地方，MACD 指标尽管摇摇欲坠且柱状体在逐渐萎缩，但并没有形成死叉，这就表明多头主力还一直在场中维持着盘面。

我们随后看到，在中短期指标——KDJ 指标调整到位后，在 50 线附近发生了金叉。按照我们以前介绍过的知识，这表明主力在 50 线进行了多头表态，同时完成了双指标系统的第二种买点形态。后面的走势一目了然，多头用两条大阳线彻底击败了空头的抵抗。

双指标系统中的两种技术上的买点已经向大家介绍了，看起来很简单，但关键还是在于应用。交易系统的信号应该是简单明确的，如果发出过多的信号，就很可能让投资者无所适从，也不符合交易系统的定义。因此，第一种买点中两个指标信号的一致性非常重要。我们可以接受一定的误差，但绝不能脱离规定的范畴，这一点要牢记。至于第二种买点，它既可以让我们避免过早退出、错失后面的行情的情况（行话叫"卖飞"），又给了我们第二次获利的机会。

TIPS：假如投资者错失了第一波行情，那么第二种买点多少会给我们一些安慰，但有一点要切记，一定要等到KDJ指标形成金叉之后再入场。

5.3.4 双指标系统的卖点

双指标系统的卖点同样有两个。
- 信号共振的第一卖点。
- 趋势未变的第二卖点。

中国A股市场目前只能通过做多赚钱，还未开通做空交易。其实在国际市场中，做空也是一种常态。无论采取什么做空方式，在多头崩塌的一瞬间，该方式在技术上还是有迹可循的。双指标系统的量化可以确定卖点，或许能帮上我们的忙。

下面我们通过几个图例向大家解释这两种具体的情况。

第一种，信号共振的第一卖点。这里的信号指的也是KDJ指标和MACD指标中指标线发出的交叉信号。

TIPS：一般而言，MACD指标代表中长期的技术走势，而KDJ指标则代表中短期的技术走势；当两种指标同时发出死叉信号时，我们可以说这个交易品种恰好处在中长期趋势趋坏并且中短期也看淡的技术形态之中，若不能做空则投资者对这种局面一定要回避，若能做空则这种机会值得把握。

图5-16所示是众应互联（002464）2016年10月至2019年3月的周线图。

相较于日线图，周线图所展现的趋势更加稳定，一旦逆转，短时间内就很难再扭转，需要长时间的消化才能酝酿新一波行情。图5-16中方框框定的地方KDJ指标先行发生了死叉，在时隔两个交易周期后，MACD指标同步发生了死叉。这就表明，无论是中期趋势还是短期趋势，该股整个结构都发生了逆转，下跌态势已经明确。这种情形一旦出现，在不能做空的条件下投资者一定要先行退场，保存实力，等待以后再参与。倘若一直坚守，我们会看到股价从25.36元一直跌到4.15元，跌去21.21元，跌幅近84%。这种跌幅，投资者在后市要想回本需要使股价翻倍才行，困难可想而知。

股票市场不能做空，我们只能先行离场，但期货市场不一样，这种现象发生时，或许正是做空者最好的入场时机。

图5-17所示是上海期货交易所燃油指数期货合约2019年10月18日至2019年11月6日的60分钟图。

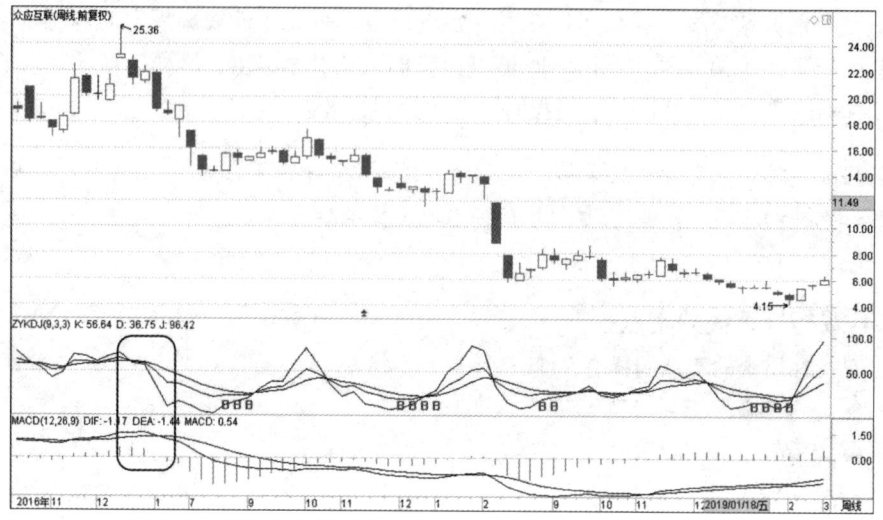

图 5-16 众应互联周线图

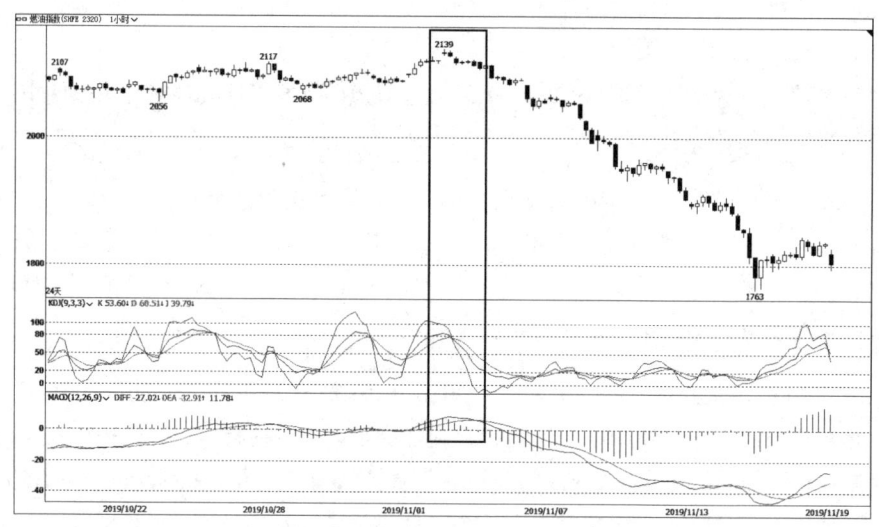

图 5-17 燃油指数期货合约 60 分钟图

不要小看 60 分钟图，由于期货市场每份合约交易的时间相对较短，所以大部分投资者都以 60 分钟图作为操作的主要时间周期，而把日线图作为观察趋势的主要时间周期。

我们看图 5-17 中方框框定的位置，KDJ 指标与 MACD 指标几乎同步发生死叉，这表明在 60 分钟的时间周期内趋势已经完全倾向于空头，期货合约价格未来极有可能大幅下跌。此时，做多的投资者一定要平仓出局，而做空的投资者则可以顺势进场。

我们看到,图 5-17 中燃油期货价格由 2 139 点开始暴跌,跌到 1 763 点才告一段落,共跌去 376 点,扣除中间的休市日,实际此段下跌只经过了 10 个交易日。燃油期货合约采用点位计算,每一点对应 10 元人民币,据此计算,这波下跌共跌去:

376 点 ×10 元 = 3 760 元

期货市场是对等交易,一个人亏损的金额就是另一个人赚取的金额。倘若一名投资者于方框框定处进场做空,按 8% 的保证金计算,保证金为:

2 139 点 ×10 元 ×8% = 1 723.2 元。

用 1 711.2 元赚取 3 760 元的利润,收益率 219.73%,并且不过 10 个交易日,无论是获利时间还是收益率都是十分惊人的,这就是期货市场的魅力。

同买入信号一样,双指标系统共振发出的卖出信号有时也不会同时发出,只要在交易周期内,我们说这种信号也在我们可接受的范围之内。

TIPS:需要说明的是,交易周期不等于交易日,是不同时间周期图内的交易周期,如果是日线,当然就是指交易日;当然,指标发出信号时越是同步,则后续的作用力越大,而二者间隔的交易周期越长,由于力道的相互制约,效果会稍差。

第二种,趋势未变的第二卖点。

一般而言,在 MACD 指标没有发出金叉信号表明趋势向好时,我们可以说该交易品种正处于维持下降趋势或横向整固之中;如果代表中短期技术走势的 KDJ 指标此时刚好发生死叉现象,说明交易品种趋势未变并且短线有向下的动力,属于趋势中的二次卖出机会,投资者依然需要回避。

我们来看几个图例。图 5-18 所示是山西证券(002500)2019 年 3 月至 5 月的日线图。

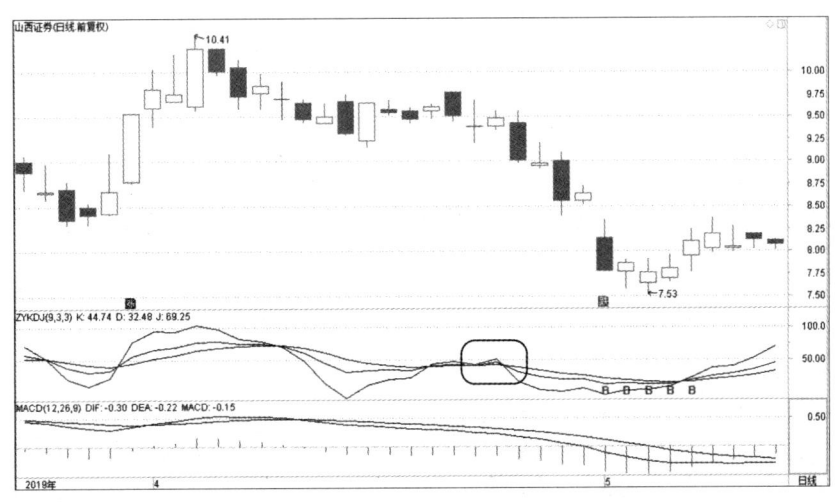

图 5-18 山西证券日线图

图 5-18 的中间部分是股价的一段下跌走势,在方框框定的位置,我们看到 MACD 指标对应之处没有任何走强的迹象,表明下跌趋势依然在延续。此时 KDJ 指标在 50 线附近发生了死叉现象,预示多头抵抗失败,股价短线会继续走弱,随后我们看到股价快速下跌。

我们再看期货市场的实例。图 5-19 所示是上海期货交易所沪镍主连期货合约 2019 年 9 月至 11 月的日线图。

这也是一幅经典的图例,在期货合约价格的下降趋势中,MACD 指标一直都处在弱势的状态中,没有向好的迹象。或许有的读者会说,在图 5-19 中次高点 136 630 的位置,MACD 指标曾经有过一天的短暂翻红。事实确实如此,那一天多头曾有主动试探,试图扭转被动局面的行为,但空头转天就将指标形态破坏了。这种形态在 MACD 指标中有个专属名词,叫作"风洞"。

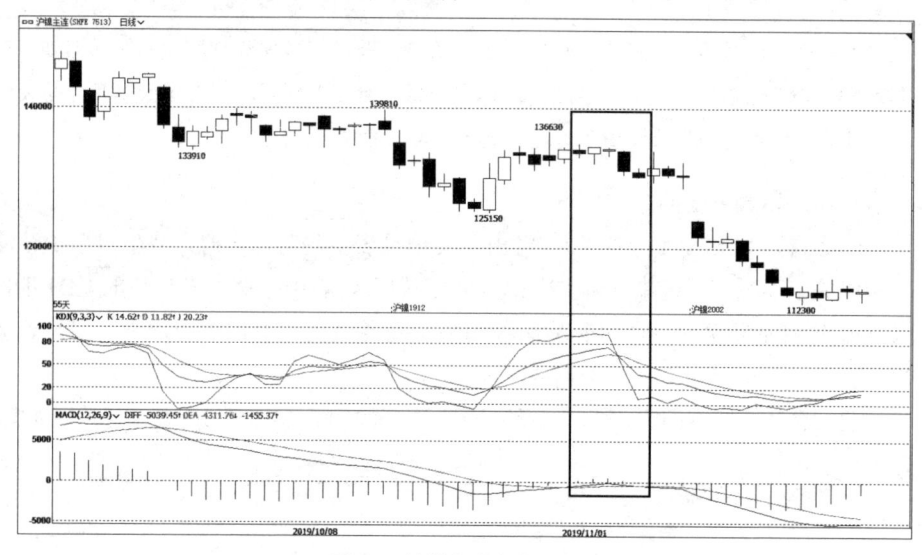

图 5-19 沪镍主连合约日线图

TIPS:关于"风洞"的意义和应用,感兴趣的读者可以自行阅读相关资料,这里想说的是,MACD 指标在零轴下方产生风洞这种形态其实是空头力量强大的一种表现。

从图 5-19 中我们看到,合约价格随后一直处在慢慢下跌的过程之中,在右侧方框框定的位置,KDJ 指标又出现一次死叉现象,再次将多头反弹的意图破坏,形成双指标系统的二次卖点,加剧了合约价格的跌势。

双指标系统中的两种卖点模式已经给大家介绍完了。从股票市场看,它只是起到一个警醒的作用,让我们远离头部或避免过早进场;但从期货市场来看,这两个卖点其实都是进场进行做空交易的好时机。

5.4 双指标错位纠正

无论是买还是卖,给出的信号必须是明确的,这是交易系统存在的前提。从理论上来说,关于双指标系统的内容介绍到这里已经足够了,但实战中千变万化,有时候系统的信号非但不明确,反而还会发生指标错位的现象,让投资者很是苦恼。其实这种现象也很正常。在本章的最后,我们再为大家剖析一下指标错位这种现象,帮助大家更好地理解双指标系统。

图 5-20 所示是山西证券(002500)2019 年 3 月至 5 月的日线图,在图 5-18 处用过,但这不妨碍我们再用它来说明问题。

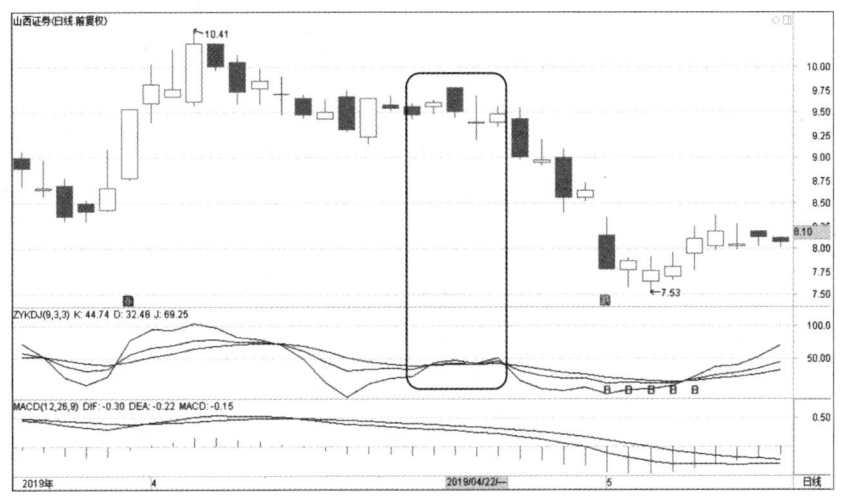

图 5-20 山西证券日线图

指标发生错位时投资者不要慌乱,既然是两个指标的组合,那么根据各指标的特性进行解读即可。图 5-20 中,MACD 指标一直呈现弱势行情,表明中期趋势一直是看淡的。此时 KDJ 指标产生金叉,说明股价短期内有向好的可能。我们在向大家介绍双指标系统时谈到,MACD 指标代表中长期的技术走势,而 KDJ 指标则代表中短期的技术走势,只要记住这两点,指标的错位就很好理解了。本例就是中长期行情看淡下的短线向好,也就是下降趋势中的超跌反弹。既然是反弹,说明空间不会很大,时间也不会很长。这个时候不是买进的好时机,而是逢反弹高点出局的时候,可以减少投资者被套牢的程度。

我们再看一个例子。图 5-21 所示是大连商品交易所棕榈 2101 期货合约 2019 年 7 月至 11 月的日线图。

图 5-21 棕榈 2101 期货合约日线图

学习了图 5-20 的例子后,图 5-21 的例子其实就很好理解了。我们看 MACD 指标一直处在强势状态,预示中期趋势看好,而 KDJ 指标形成死叉自然是短线看淡。把二者结合起来,可以理解为这是上升趋势中的短线高抛。既然是短线高抛,那么后面自然就有低位再次买进的机会,毫无疑问,再次买入的时机就是 MACD 指标呈强势状态且 KDJ 指标二度形成金叉的时候。

TIPS:指标的错位就如同中继形态一样,是原有趋势的连接点,如果读者能够通过这两个实例做到举一反三,将指标的错位与同步融会贯通,那么也就掌握了波段操作的奥秘。

第6章

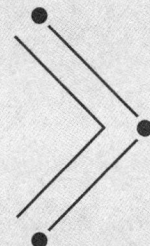

KDJ 指标与均线

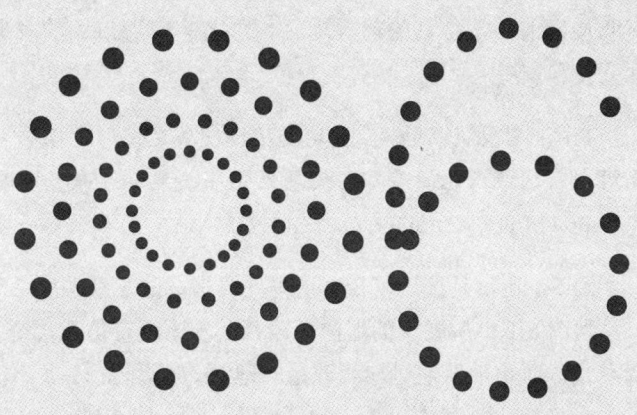

均线是英文 Moving Average 的缩写，全称为移动平均线。

均线是在固定的时间周期内，表示平均变动价格的技术指标，它利用了统计学中对数字进行描述的一种技术。均线的优点在于，其代表的数字虽然只有一个，但群组中的每一个数字都会被采样，可以对变化较快的数字进行平滑处理；缺点是采集数据的群组中，少数特别大或特别小的数值会影响其整体的代表性。均线的魅力是无穷的，也是目前市场上较为投资者认可的一个趋势类指标。自诞生之日起，均线指标就深受投资者的欢迎，并与 MACD 指标、KDJ 指标一起被称为市场三大经典指标。

6.1 均线指标种类

均线指标现在已经成为市场上投资者使用频率最高的指标之一，各大证券公司为投资者提供的免费证券分析软件中也都有均线指标。问题在于，随着计算方法的不同，均线的种类呈现日益增多的趋势。以往人们只是计算 MA 这样简单的移动平均线，但随着投资理念的发展，有人认为近期的数据采样对价格变化影响较大，于是赋予近期数据较大的权重，开发出 EMA 这样的指数移动平均线。再后来，有人又开发出 CYC 这样的成本均线，更有甚者在使用均线的时候，通过技术手段将均线的时间周期前移，称其为前置均线。总之，随着市场的发展，均线指标自身也在不断地变化和发展。

TIPS：需要提及的是，在均线指标发展变化的过程中，澳大利亚的投资者戴若·顾比对现有均线理论的丰富与发展做出了一定的贡献，其独创的顾比复合移动平均线（Guppy Multiple Moving Average，GMMA）让人眼前一亮。

图 6-1 所示是顾比复合移动平均线指标的示意图。

如图 6-1 中所展现的那样，戴若·顾比没有仿效传统的单一或长短搭配的均线组合方式，而是根据他对均线理论的理解，采用了 12 条不同时间周期的均线共同构成了一个均线组。其中，由 3 日、5 日、8 日、10 日、12 日、15 日这 6 条相对短周期的均线组成短期均线组，以此代表市场上的短线交易者；此外，由 30 日、35 日、40 日、45 日、50 日和 60 日这 6 条相对长周期的均线组成长期均线组，以此代表市场上的中长期投资者。

戴若·顾比认为，这样的均线组合方式可以有效避开传统的均线设置的缺点，并能通过均线组的变化清楚地观察到市场上短线交易者和中长期投资者的群体反应，以此做出相应的投资决策。根据均线的特性，围绕着这两组均线的变动，戴若·顾比丰富并完善了他的均线使用技巧,将其打造成了一套完整的投资逻辑,并依据他的 GMMA 均线组合广泛参与全球的金融市场交易,取得了不菲的业绩。

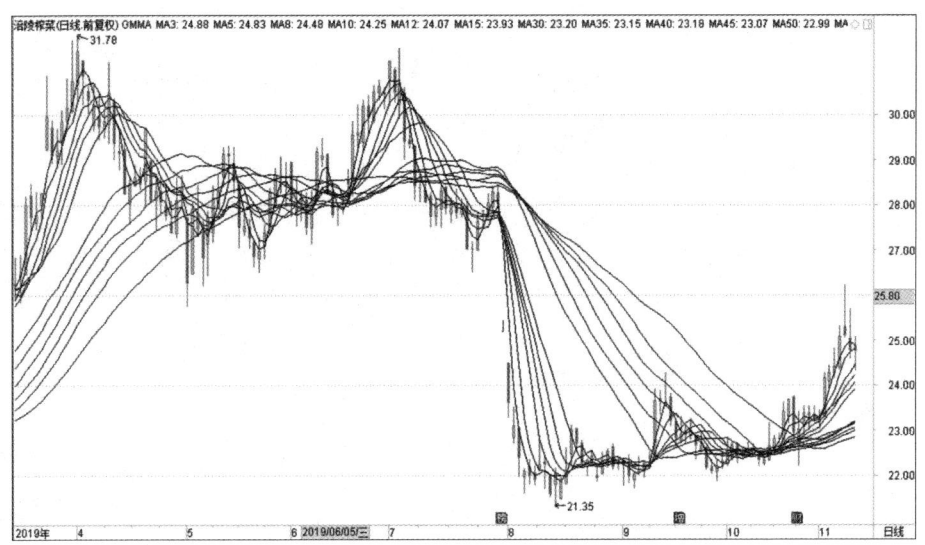

图 6-1 顾比复合移动平均线指标示意图

TIPS:有一点需要说明,有些 GMMA 均线指标采用的是 EMA 指数移动平均线。

究竟哪一种均线在实战中表现得更优异呢?这是一个见仁见智的问题,关键还取决于具体的使用者。

就本书而言,由于我们重点讲解的是 KDJ 指标,因此对使用哪一种类型的均线不进行过多讲解,本书还是使用十分普遍的简单移动平均线(MA)指标。

6.2 均线指标特性

均线的主要作用就是将变化频繁的价格进行平滑处理,从中观察到某种具有规律性的东西。如果说价格是一匹烈马,毫无疑问均线就是管控这匹烈马的缰绳。根据统计与实证研究的结果,相对于价格而言,均线在实战中体现出以下 4 种特性。

- 趋势的特性。
- 稳定的特性。
- 助涨的特性。
- 助跌的特性。

这 4 种特性都很重要，尤其是在与 KDJ 指标的配合中，更能凸显它的价值。下面我们简单给大家介绍一下。

6.2.1 趋势的特性

自查尔斯·亨利·道发明道氏理论之后，趋势交易就已经成为市场交易的主流，各种关于趋势的论断与理念也层出不穷。随着计算机的普及和人工智能的突破性发展，量化交易逐渐成为市场的主流，而人的主观交易在逐渐减少。

不管是新兴的量化交易还是传统的主观交易，趋势类交易依然是市场上的主流，而均线就是其中不可或缺的工具之一，因为均线是能反映趋势变化的非常好用的技术指标。

图 6-2 所示是上证指数 2018 年 12 月至 2019 年 5 月的日线图。

图 6-2 上证指数日线图

TIPS：一般而言，在均线的使用过程中，市场人士普遍把时间周期为 30 ~ 60 日的参数定义为中期均线，认为这个时间周期内的均线能充分反映价格的中期趋势，图 6-2 搭配的就是一条 60 日均线。

我们可以看到，图 6-2 中的均线一直保持向上的态势，而均线的方向就代表趋势的方向，所以我们说上证指数在这一段时间的趋势就是向上的。尽管上证指数的价格有多次反复，但均线的方向几乎没变，因此这一阶段的普遍策略就是逢低买进。

6.2.2 稳定的特性

相较于价格忽高忽低的频繁变动和上下震荡，均线由于已经经过平滑计算，因此表现得相对稳定。如果我们把短期均线和长期均线进行对比就会发现，时间周期较长的均线，由于其采用的收盘价样本较多，经过计算后的平滑程度就更高，起伏的程度就更小，稳定性也就更佳。

图 6-3 所示是上证指数 2018 年 12 月至 2019 年 11 月的日线图。

图 6-3 上证指数日线图

在图 6-3 中，我们添加了两条均线，一条是 20 日均线，一条是 120 日均线。不用参看价格，单纯观察两条均线就能发现，短期均线的起伏变动相较于长期均线更加频繁，有时甚至会改变原有的运行方向。但不可否认的是，短期均线更贴近于市场价格，与价格结合得也更加紧密，能充分反映价格的变化。

至于长期均线，它对价格短期变动的反应就显得非常迟钝，甚至不理会短期价格的变动，短期均线的变动对它的影响也相对较小。也正是因为变动迟缓，其稳定性才更加优异，也充分反映了"趋势一旦形成就不会轻易改变"的市场格言。

凡事有利必有弊，也正是由于长周期时间参数的均线表现稳定，因此给投资者提供的交易机会也相对较少，这也是它的一大特性。如何权衡与取舍，在实战中还需要投资者自己决定。

6.2.3 助涨的特性

助涨是均线的一大特性，现在这一特性已经演变成均线的重要使用技巧之一。

均线的助涨作用体现在两个方面，一是均线对价格的助涨，二是长期均线对短期均线的助涨。

均线对价格起助涨作用的市场表现：价格由下至上穿越均线，此时均线受价格的影响开始向上运行；当价格回落至均线附近时，均线对价格产生支撑作用，支持股价再次上涨。

TIPS：需要说明的是，均线对价格的助涨作用主要发生在中期均线上，这是因为长期均线对价格不敏感而短期均线又过于贴近价格，因此二者的作用不大。

图 6-4 所示是浦发银行（600000）2019 年 8 月至 10 月的日线图。

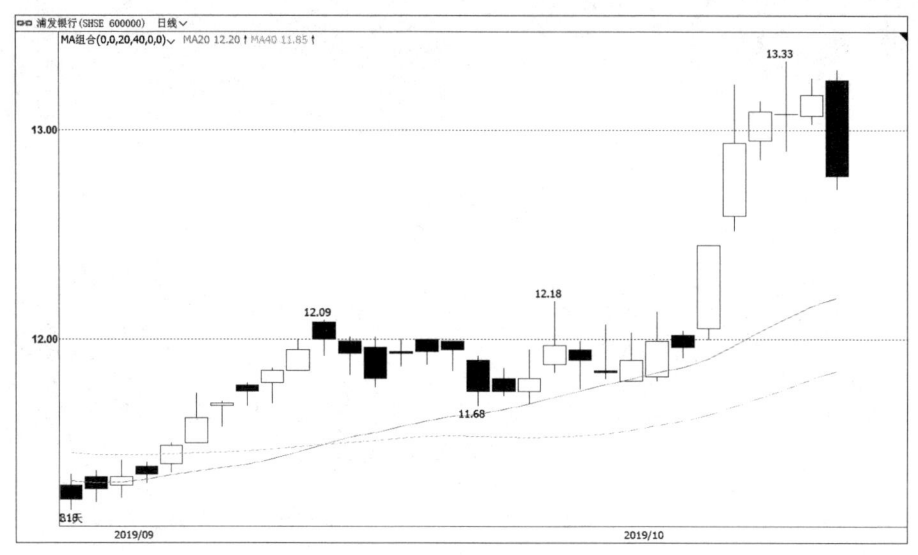

图 6-4 浦发银行日线图

我们从图 6-4 中可以看到，在价格上穿均线后，均线对价格形成了两次有效的支撑，使价格恢复了上涨。

长期均线对短期均线起助涨作用的市场表现：价格由下至上穿越均线，受价格的影响，短期均线也开始由下至上运行并穿越长期均线；当价格回落并带动短期均线向下接近长期均线时，长期均线对短期均线产生支撑作用，进而支持股价再次上涨。

图 6-5 所示是中国国贸（600007）2019 年 6 月至 11 月的日线图。

我们从图 6-5 中可以看到，短期均线受价格带动向上穿越长期均线，当价格回落并带动短期均线靠近长期均线时，长期均线的助涨作用得以体现，支持短期均线再次走高，同时支持股价再次启动了上涨行情。

均线的助涨作用我们在之后还会用到，希望大家好好体会。

图 6-5 中国国贸日线图

6.2.4 助跌的特性

助跌同样是均线的一大特性,也是我们在实战中规避风险的重要手段。

均线的助跌作用也体现在两个方面,一是均线对价格的压制,二是长期均线对短期均线的压制。

均线对价格起助跌作用的市场表现:价格由上至下穿越均线,此时均线受价格的影响开始向下运行;当价格反弹至均线附近时,均线对价格产生压制作用,让股价再次下跌。

TIPS:与均线的助涨原理一样,均线对价格的压制作用主要发生在中期均线上,这也是因为长期均线对价格不敏感而短期均线又过于贴近价格,因此二者的作用不大。

图 6-6 所示是上海机场(600009)2019 年 9 月至 11 月的日线图。

从图 6-6 中我们看到,价格从高点滑落,跌到了均线下方,进而带动均线改变方向并向下运行。此时,反向均线对价格产生了压制作用,在图 6-6 中方框框定的地方,均线 3 次让价格的反弹失败,说明反映趋势的均线一旦向下运行,趋势就不是短时间内可以改变的。

长期均线对短期均线起助跌作用的市场表现:价格由上至下穿越均线,受价格影响,短期均线也开始由上至下运行并且穿越长期均线;当价格反弹并带动短期均线向上靠近长期均线时,长期均线对短期均线产生压制作用,使得价格再次下跌。

图 6-6 上海机场日线图

图 6-7 所示是包钢股份（600010）2019 年 5 月至 11 月的日线图。

图 6-7 包钢股份日线图

从图 6-7 中我们看到，价格深跌引发长期均线向下转向后，就意味着趋势已经彻底步入下跌态势之中，此时长期均线的稳定性会使得价格总体趋势向下，即使中间有反复，短期均线也不敢轻易越雷池半步。最主要的是，当短期均线靠近长期均线而不能向上形成穿越时，容易引发价格的二次暴跌。

均线的特性是由它的计算方式决定的，尤其是长期均线，几乎将个别的异常数据都给平滑处理掉了。或许有的读者看到这个地方会觉得均线的特性平淡无奇，其实不然，正是因为有了这些特性，才会有著名的葛兰碧均线八大法则。

6.3 葛兰碧八大法则

1960 年，美国投资者葛兰碧出版了《每日股票市场获最大利益的战略》一书。在这本书中，葛兰碧公开发表了他个人根据波浪理论观察美国市场，进而形成的以均线为交易依据的均线买卖法则。由于这套法则共涉及 8 个具体的买卖点，并且都是围绕均线来展开的，因此后人将这套法则命名为葛兰碧八大法则。

TIPS：在书中，葛兰碧公开提出，200 日均线就是他整套理论的核心与框架。

我们将八大法则的要点罗列如下，便于大家学习。

● 法则 1：移动平均线在下降后逐渐走平或上扬，而股价由下向上突破移动平均线的时候，是买入信号。

● 法则 2：移动平均线持续上扬，股价虽一度跌到移动平均线下方，但很快又回到移动平均线上方的时候，是买入信号。

● 法则 3：价格持续上扬，在远离移动平均线以后突然下跌，但并没有跌破上升的移动平均线，当价格再次上升的时候，可以加码买进。

● 法则 4：价格跌到移动平均线下方，突然连续暴跌并远离移动平均线的时候，由于负乖离过大，股价有向上反弹靠近移动平均线的要求，此时是买入信号。

● 法则 5：移动平均线在上扬后逐渐走平或下跌，而股价由上向下突破移动平均线的时候，是卖出信号。

● 法则 6：移动平均线持续下滑，股价虽一度涨到移动平均线上方，但很快又回到移动平均线下方的时候，是卖出信号。

● 法则 7：价格持续下滑，在远离移动平均线以后突然上涨，但并没有突破下滑的移动平均线，当价格再次下跌的时候，可以加码放空。

● 法则 8：价格升到移动平均线上方，突然连续暴涨并远离移动平均线的时候，由于正乖离过大，股价有向下回落靠近移动平均线的要求，此时是卖出信号。

如果我们理解了均线的使用原理就会发现，葛兰碧八大法则其实是一体两用，后面 4 项法则不过是将前面 4 项法则反过来运用而已。但不管怎样，葛兰碧毕竟为我们指明了具体的交易原则，接下来就需要我们进一步优化和细化，并将其运用到具体的实战中去。

葛兰碧八大法则其实是一种理想状态。实战中，在 1 个交易品种上很难将 8 个买卖点完全体现出来,这里我们通过 2 个不同的交易品种,让大家领悟一下均线的 8 个买卖点。

图 6-8 所示是中铁工业(600528)2018 年 11 月至 2019 年 7 月的日线图。这幅图比较经典,它揭示了均线法则中的 3 个买点和 1 个卖点,我们来具体看一下。

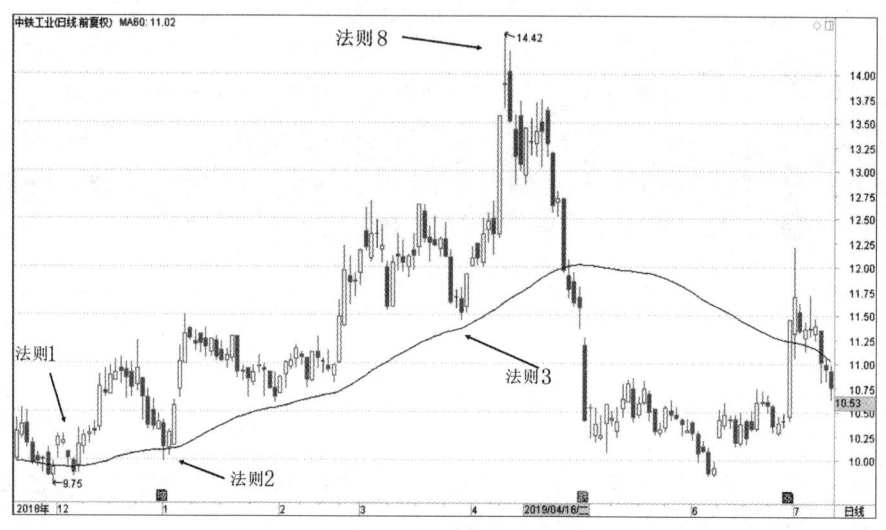

图 6-8 中铁工业日线图

在图 6-8 中标注"法则 1"的地方,我们看到股价向上突破了已经走平的均线,这是第一个买点。在标注"法则 2"的地方,价格虽然跌破均线但幅度不大,并且跌破后又被快速拉回,说明均线向上的支撑力度在加强,这是第二个买点。在标注"法则 3"的地方,价格从高处快速回落,但此时均线已经大幅度上扬,说明支撑力度进一步加强,此时价格也没有跌破均线,而均线的助涨作用也让股价得以再次启动,这是第三个买点。在标注"法则 8"的地方,价格已经远离均线,此时均线正乖离已经偏大,价格有向均线靠拢的要求,现在的局面符合法则 8 的内容,算是卖点。

我们看下一幅图。图 6-9 所示是科大讯飞(002230)2019 年 3 月至 6 月的日线图。

在图 6-8 中,我们能看到剩余几个法则的体现。其中标注"法则 5"的地方,价格突破了均线,尽管均线还是保持上扬的姿态,但只要读者打开软件来查看均线的全貌,就会发现此时均线的上涨力度已经减弱。在标注"法则 6"的地方,股价虽然一度冲破了均线,但方向向下的均线说明趋势已经下行,这绝不是价格短时间内的表现就能够逆转的。至于标注"法则 7"的地方,均线的下行已经越来越快,说明下跌趋势正在不断强化,均线的助跌作用完全压制住了价格的表现。标注"法则 4"的地方,价格经过连续深跌后已经远离均线,此时均线负乖离已经偏大,价格有向均线靠拢的要求。

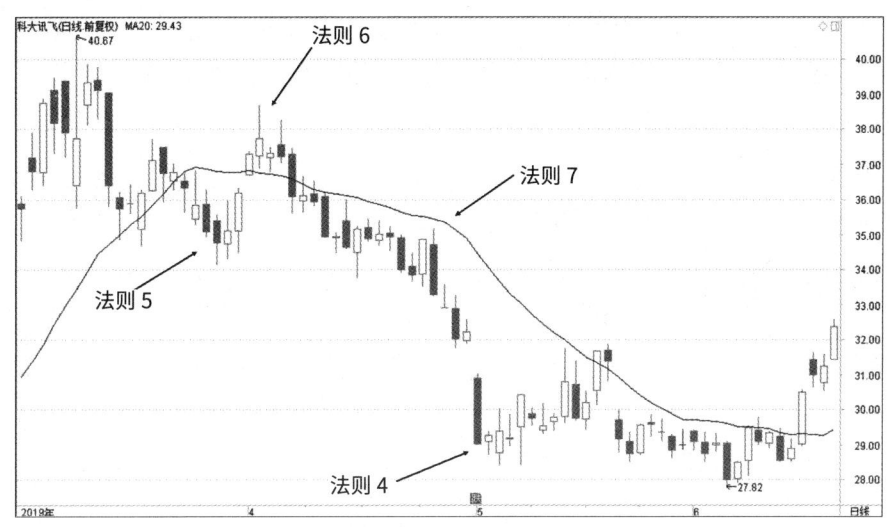

图 6-9 科大讯飞日线图

通过这两个实例，我们进一步了解了葛兰碧八大法则的内容。如果是对均线使用技巧有深入了解的投资者，自然可以驾轻就熟，但对 KDJ 指标的使用者而言，均线的这些交易规则还是有些宽泛，像法则 1、法则 4、法则 5、法则 8 等在实战中都很难清晰地辨识出来。为此，我们有必要对均线的交易法则进行筛选，进而寻找到 KDJ 指标与均线指标相互融合的共振点。

6.4 均线设置

葛兰碧的均线八大法则为我们提供了具体的交易时机，像这种清晰又确定的买卖点在金融书籍中是不常见的，由此可见，均线指标确实有它的独到之处。

只是有一点我们要清楚，葛兰碧所观察和研究的是美国市场，那里盛行各类投资基金、养老基金等中长期资金，因此它的 200 日均线在美国市场中可以很好地应用。如果我们不结合国内市场的特点，贸然采用葛兰碧的方法，或许就会发生"淮南为橘，淮北为枳"的事。

相比缓慢的 200 日均线，国内市场的价格变化要激烈得多，这一点从居高不下的换手率就能看出来。因此，我们要结合国内市场的实际，适当调整均线参数，使其更加符合我们的需要，如此方能做到有的放矢。

目前，国内市场价值投资取向逐渐抬头，这在 2017 年上半年的"漂亮 50"行情中可见一斑。尽管如此，短线交易依然很有市场，所以我们在设置均线时要将两方面因素都考虑进去。

TIPS：目前市场上均线使用者的主流声音是中短期均线以 20 日为佳，中期均线以 60 日为佳，本书跟随市场绝大多数人的投资习惯，将这两条均线作为分析中所使用的均线。

图 6-10 所示是上证指数 2019 年 8 月至 11 月的日线图，其中的两条均线分别是 20 日均线和 60 日均线，副图则搭配 KDJ 指标。二者相结合，构成了交易框架的标配。

图 6-10 上证指数日线图

完成了技术上的配置，下面我们就看一看，KDJ 指标与均线的结合会带给我们怎样的交易选择。

6.5 KDJ 指标与均线的买点

均线的买点一共有 4 个，其中法则 1 是单纯的价格穿越均线，由于二者已经定性，KDJ 指标的作用已经不大，所以我们放弃这个买点。

法则 4 的主要内容是利用负乖离过大来形成超跌反弹的行情，由于此时均线已经向下运行，预示着价格整体走势已经步入下降趋势，此时进场有逆向交易的可能，这种方法不适合技术不成熟的投资者，所以我们把它也排除在外。

从 4 个买点中排除掉 2 个后，剩下的就是我们需要的、确定性非常大的技术买点：法则 2，均线上扬，价格跌破均线的买点；法则 3，均线上扬，价格不破均线的买点。

当然，除此之外，还有一类买点我们也一定要重视，那就是均线的助涨买点。

下面我们逐一进行阐述。

6.5.1 跌破均线买点

跌破均线买点主要是利用葛兰碧八大法则的法则 2 的技巧,下面我们再来温习一遍法则 2 的内容。

法则 2:移动平均线持续上扬,股价虽一度跌到移动平均线下方,但很快又回到移动平均线上方的时候,是买入信号。

这里有两个要点,一是均线必须是上扬的。由于法则 1 中价格刚刚突破均线,因此均线在此时上扬的角度不会很大,但必须保持向上的态势。二是价格回落时虽然跌破均线,但持续的时间不长。

我们将两条均线作为技术上的标配,那么这种模式主要针对其中的哪一条均线呢?前面我们谈过,均线代表着趋势,既然我们进行的是趋势交易,当然要等 60 日均线拐头向上且趋势明朗化才行。有向上的趋势作为保证,我们逢低买入才能尽快获利,因此本模式主要针对 20 日均线。至于什么时机买入,投资者就需要依靠 KDJ 指标来判断了。

图 6-11 所示是华能水电(600025)2018 年 10 月至 2019 年 1 月的日线图。

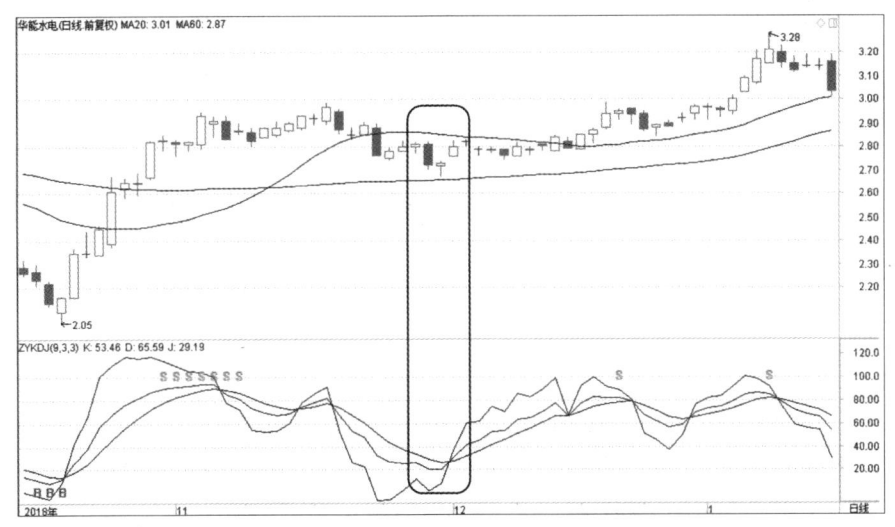

图 6-11 华能水电日线图

从图 6-11 中我们可以看到,价格探底回升,在逐渐站稳 20 日均线和 60 日均线后开始向上拉升,带动均线上扬。20 日均线上穿 60 日均线后,均线已经彻底拐头向上,标示着趋势行情的来临,随后价格短期回落,跌破了均线,符合法则 2 的内容。

就在价格跌破 20 日均线的第七天,我们看到 KDJ 指标在低位即 20 线附近发生金叉。这是非常难得的时机,因为价格在之前已经上涨过一段,指标此时回到低位,说明未来启动的会是第二波行情。作为趋势行情确定下的二次启动,后面的行情大概率看好,此时的买点也是安全、具有确定性的买点。

我们看到价格在 20 日均线之下又持续了一段时间,但都是小幅度的震荡,然后就一路向上。感兴趣的读者可以打开软件自己查看,买入的位置大概在 2.80 元,价格最后达到了 3.28 元,涨幅达 17%。

TIPS:比起股票市场,期货市场的价格变化要快得多,因此均线的时间周期也设置得更加短,不过考虑到本书的一致性,期货市场的实例中我们依然选择 20 日均线和 60 日均线。

图 6-12 所示是大连商品交易所棕榈 2101 期货合约 2019 年 10 月 18 日至 11 月 5 日的 60 分钟图。

图 6-12 棕榈 2101 期货合约 60 分钟图

图 6-12 中发生了两次均线上扬、价格短期跌破均线的场景,这对于因对趋势判断不清而没来得及进场的多头而言是难得的开仓机会,对于已经持仓的多头来说,则是再一次加码的机会。我们看到 KDJ 指标两次发生金叉现象的位置都在 50 线附近,这充分说明多头信心十足和想要彻底化解空头力量的决心。

TIPS:这种交易模式虽然相对简单,但却是市场中经常出现的形态,值得投资者好好揣摩;价格跌破均线、看起来是弱势的时候,其实正是多头酝酿再次启动行情的时机,而价格由弱转强的那一刻就是我们进场的良机。

6.5.2 不破均线买点

"价格持续上扬,在远离移动平均线以后突然下跌,但并没有跌破上升的移动平均线,当价格再次上升的时候,可以加码买进。"这是葛兰碧八大法则的法则3的内容,不破均线的买点就是它最好的写照。

相比跌破均线买点,不破均线买点对均线没有任何限制,哪一条均线都可以,只要均线保持上扬的态势,都算符合要求。

图6-13所示是万东医疗(600055)2018年11月至2019年4月的日线图。

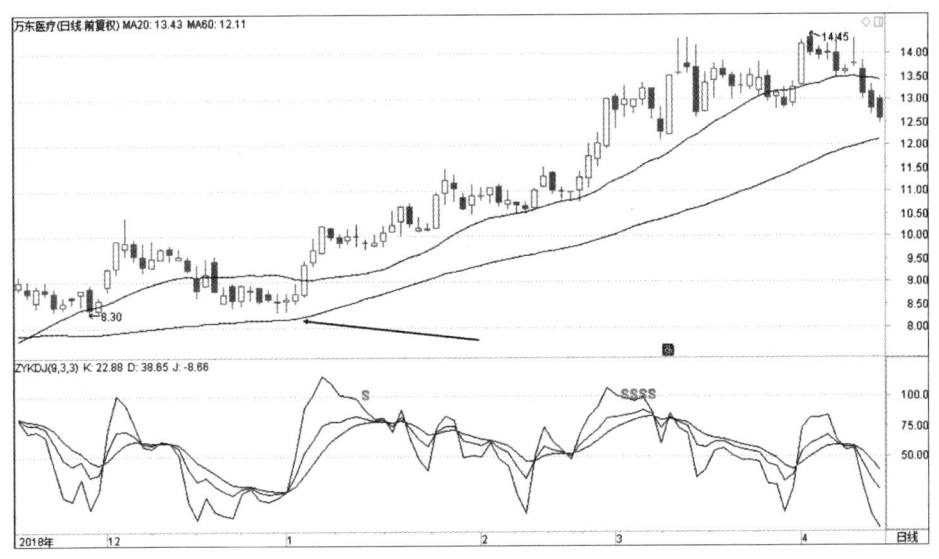

图 6-13 万东医疗日线图

从图6-13中我们可以看到,随着价格的上扬,均线已经拐头向上,表明趋势行情已经确立。在图6-13中箭头标注的地方,从中短期均线的角度而言,这是一个短期跌破均线,符合法则2的买点;从中长期均线的角度而言,这是一个不破均线,符合法则3的买点。

TIPS:像这种一个地方,同时符合多重信号的机会出现的次数很少,一旦出现,投资者要敢于参与、勇于进场。

我们再看一个期货市场的例子。图6-14所示是郑州商品交易所郑油2101期货合约2019年10月29日至11月1日的60分钟图。

图6-14中的例子相对简单一点,就是一个标准的价格不破均线买点的例子。在方框所标注的地方我们看到,价格先小幅拉升再回落后,靠近20日均线但没有跌破

均线。此时 KDJ 指标在 50 线位置发生金叉现象，对这种模式进行了确认，合约价格随后开始上涨。

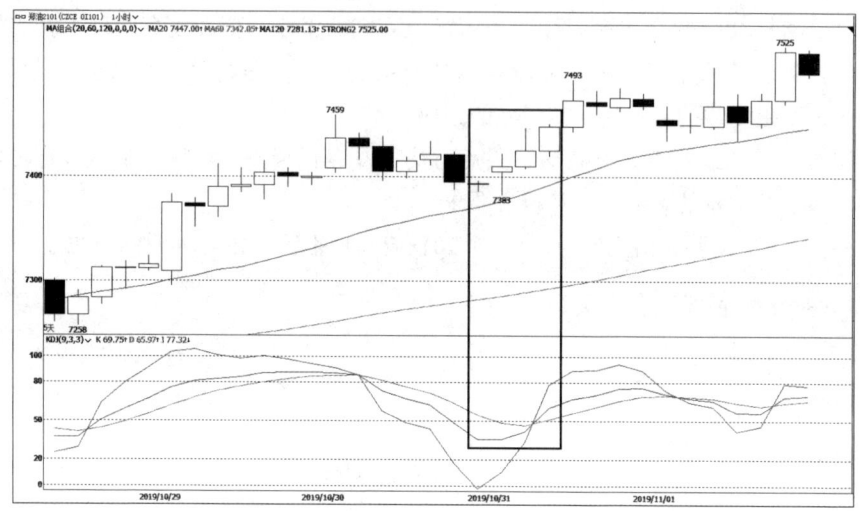

图 6-14 郑油 2101 期货合约 60 分钟图

TIPS：价格与均线之间的买点我们就选择了这两种，其模式看起来简单，但非常具有实战性，多头趋势一旦确立，价格与均线之间无非就是这两种关系，区别仅在于主力看中哪一条均线而已。

6.5.3 均线助涨买点

市场上对均线的使用没有过多的要求，完全凭投资者个人的喜好。少数人喜欢单独使用 1 条均线，还有一部分人会同时使用短、中、长 3 条均线，但绝大多数投资者常见的还是 2 条均线长短搭配的使用模式，这样既可兼顾短期走势，也可兼顾中长期走势。

使用 1 条均线的除外，只要均线的选择是 2 条或者 2 条以上，在实战中都会发生均线的助涨现象，这一类买点也是需要我们重点掌握的，因为它实在是太普遍了。

图 6-15 所示是贵州茅台（600519）2019 年 3 月至 11 月的日线图。

图 6-15 中是两个标准的均线助涨买点。短期均线在上升一段时间后受到价格持续回落的影响而改变原来的走向，在相对高位拐弯向下方的长期均线靠拢。此时长期均线依然延续原有的上升态势，表明中期上升趋势依然完好，并且在短期均线靠近时发生了助涨作用。我们看到副图中的 KDJ 指标此时在 50 线附近发生金叉，对这种模式进行了验证，预示后市大概率会向好。短期均线受到支撑后再次拐弯向上，刺激行情再次启动并向上走高。

TIPS：均线的这种助涨作用是金融市场的普遍规律，所以我们一定要引起重视。

我们再看一个期货市场的实例。图 6-16 所示是大连商品交易所乙二醇 2101 期货合约 2019 年 8 月 16 日至 9 月 11 日的 60 分钟图。

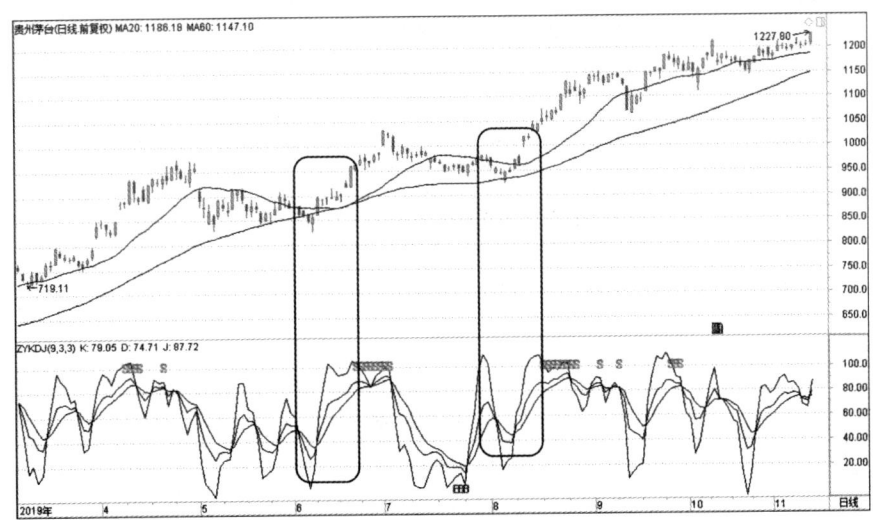

图 6-15 贵州茅台日线图

图 6-16 乙二醇 2101 期货合约 60 分钟图

均线助涨现象在市场当中很普遍，对普通投资者而言是非常好的交易时机。只要 KDJ 指标在关键位置发生金叉现象，对这种模式进行了验证，投资者就可以开仓买入。

下面我们对 KDJ 指标结合均线寻找买点的模式进行总结。

（1）价格跌破均线的交易模式的关键在于时间，一旦时间延长，多头不能够轻易收复失地，就说明上方阻力太大，多头的投资计划有可能发生改变。

（2）价格不破均线的交易模式要求均线要保持一定的上扬斜率，这样才能凸显均线强有力的支撑作用。

（3）均线助涨模式有两个要点，一是短期均线一定要有一个高位向下拐弯的过程，二是短期均线不能跌破长期均线。

6.6 KDJ 指标与均线的卖点

对卖点的甄别与买点一样，都建立在对葛兰碧八大法则内容的深刻理解的基础之上。

均线的卖点也是 4 个，其中法则 5 是单纯的价格穿越均线，由于二者已经定性，KDJ 指标的作用已经不大，所以我们放弃这个卖点。

法则 8 的主要内容是利用价格与均线的正乖离过大来形成高抛的行情，虽然此时均线向上运行且支持价格上涨，但上涨过快预示着价格整体走势已经与均线脱节，有向均线靠拢的要求。它要求投资者在一个合适的位置高抛，这对技术的要求很高，不适合技术不成熟的投资者，所以我们也把它排除。

从 4 个卖点中排除掉 2 个后，剩下的就是我们需要的、确定性非常大的技术卖点：法则 6，均线下行，价格涨破均线的卖点；法则 7，均线下行，价格不破均线的卖点。

此外，均线的助跌卖点我们也一定要重视，它同均线的助涨买点一样，都是市场中普遍存在的现象，可以帮助我们有效地规避一些风险。

下面我们逐一进行讲解。

6.6.1 涨破均线卖点

价格涨破均线卖点其实就是价格跌破均线买点的反向运用，都是失败的一方不甘心对盘面失去控制，想要通过发动一波行情来扭转对自己不利的局面。只是此时代表中期趋势的均线已经完全转向，预示着下跌趋势已经形成，尽管价格偶有反复，但并不影响趋势的改变。

我们还是将均线参数设定为 20 日均线和 60 日均线，以保持本书的一致性。

TIPS：需要说明的是，此处涨破的均线同买点一样，主要针对 20 日均线，至于 60 日均线，主要用来观察趋势，而卖点的时机选择还要依据 KDJ 指标。

图 6-17 所示是中天科技（600522）2019 年 4 月至 8 月的日线图。

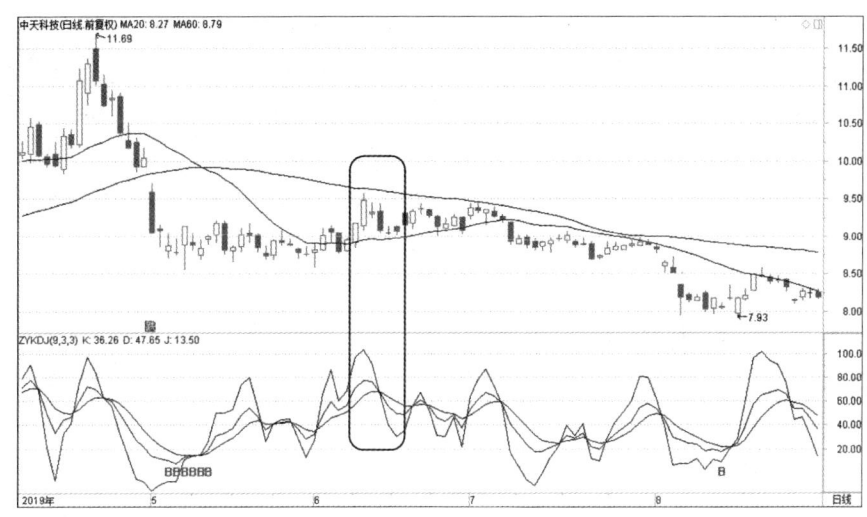

图 6-17 中天科技日线图

从图 6-17 中我们可以看到,价格连续下跌带动均线转向,在方框框定的地方,短期均线已经由上至下运行,说明下跌趋势已经形成。此时多头不甘心失败,进而形成了一个类似小双底的形态,向上突破了均线,妄图扭转颓势。但趋势形成后上方抛压沉重,空头发力,使价格短时间内又回到均线下方,此时 KDJ 指标在 50 线附近形成死叉,确认了信号的有效性。我们看到,价格在后面继续下跌并且跌幅较大。

我们再看一个期货市场的实例。图 6-18 所示是大连商品交易所乙二醇 2101 期货合约 2019 年 7 月至 8 月的日线图。

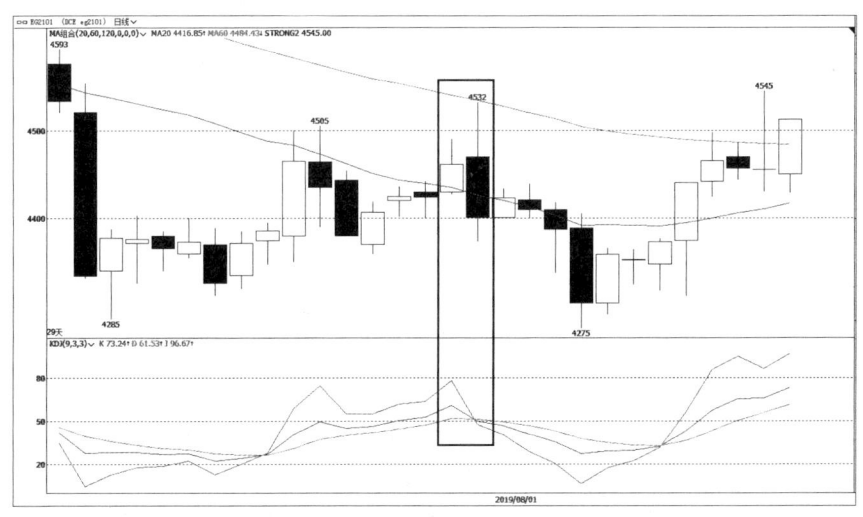

图 6-18 乙二醇 2101 期货合约日线图

从图6-18中我们可以看到，在下跌趋势形成后，期货合约价格已经有过几段跌幅。尽管如此，在图6-18中方框框定的地方，多头想要扭转被动局面，发力上攻并且突破均线，此时空头依然毫不手软，坚决回击。我们看到副图中的KDJ指标在50线附近发生死叉现象，又将局势导入了空头势力范围，确认了信号的有效性。

从图6-17、图6-18中的两个实例来看，这种卖出信号发出后，价格一般都会再跌一段。至于期货投资者，倒不妨看准这个时机轻仓去做空。

6.6.2 不破均线卖点

相比前面的涨破均线，如果是同一时间周期的均线，譬如20日均线，那不破均线的卖点会让价格的弱势更加明显。但如果是不同时间周期的均线，譬如价格这一次仅突破20日均线而下一次居然能够突破60日均线，则说明多头的力量开始增强，这之间的差别大家一定要注意，多空力量的转换往往就在这些细微之处。

图6-19所示是卓郎智能（600545）2019年3月至7月的日线图。

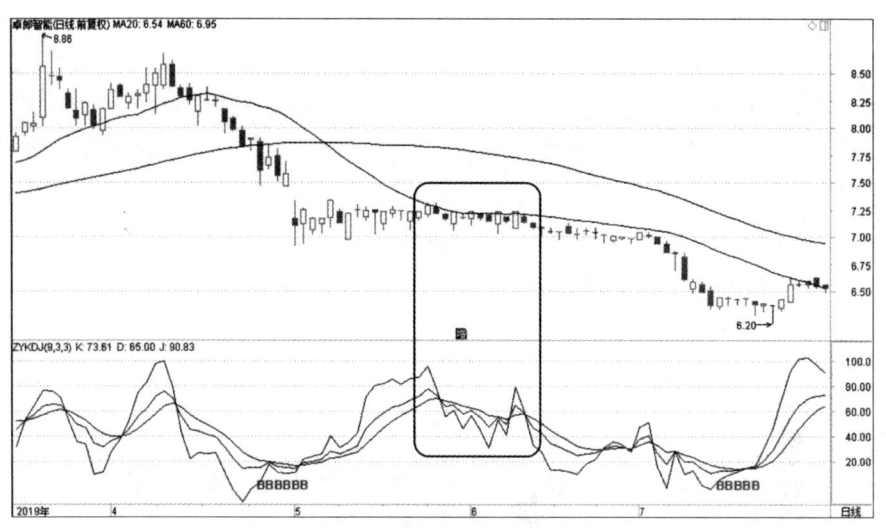

图6-19 卓郎智能日线图

从图6-19中我们可以看到，随着价格和短期均线相继下穿60日均线，均线的方向已发生改变，下跌趋势已经形成。尽管多头不甘心失败，接连两次想要化解不利的局面，但价格碰触到均线时都无功而返，说明在均线处市场上有较大的抛售压力。多头的每一次挣扎其实都给予了空头更好的压低机会，我们看到在指标的配合下，价格在后面继续深幅下跌。

我们来看期货市场的实例。图6-20所示是郑州商品交易所燃油2101期货合约2019年10月10日至10月19日的60分钟图。

图 6-20 燃油 2101 期货合约 60 分钟图

在图 6-20 中方框框定的地方，我们看到多头想发动行情扭转颓势，但并不成功。空头借助 KDJ 指标在 50 线这一多空分界的关键位置所发生的死叉现象将多头的攻势化解，让期货合约价格继续下跌。

TIPS：这种多空双方力量此消彼长的地方，是看盘时一定要重点关注的。

均线的这两个卖点就是买点的反向运用，大家只要多看图并加以理解，应该可以很快掌握。下面我们看一下均线的助跌卖点。

6.6.3 均线助跌卖点

均线的助跌卖点模式其实是很清晰的，如果再加上 KDJ 指标发出死叉的信号对其进行确认，后市就有很大的概率会继续下跌。对股票投资者来说，期望均线形成金叉的想法或许会误导大家，而此时指标的动向就成了关键所在，这也是大家最应该注意的地方。

图 6-21 所示是济川药业（600566）2019 年 8 月至 11 月的日线图。

从图 6-21 中我们可以看到，20 日均线有一个明显的向上的动作，倘若能够与 60 日均线形成金叉，这个地方或许可以再次筑底成功，但走平且向下倾斜的 60 日均线好似一张大网将 20 日均线罩住。在 20 日均线接近 60 日均线的时候，空头利用 KDJ 指标在高位的有利时机发出了死叉信号，引导价格向下运行。我们看到均线助跌模式一旦开启，价格随后就发生了急跌。

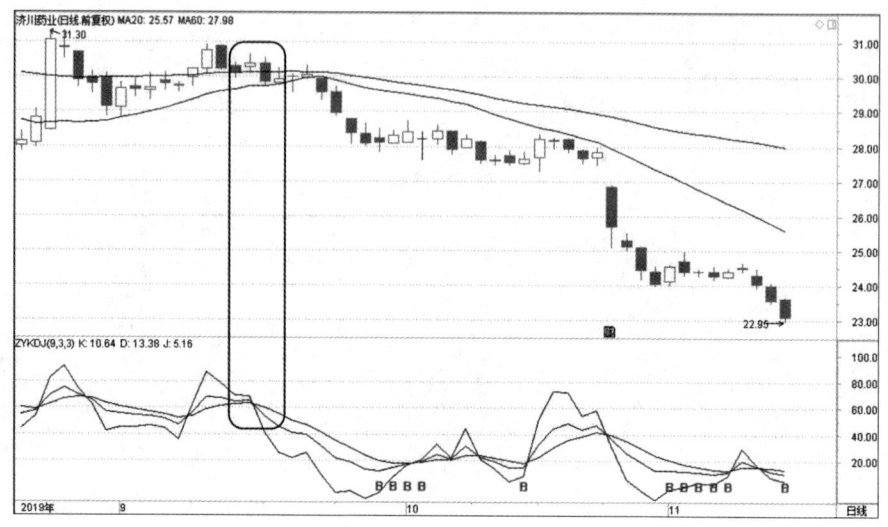

图 6-21 济川药业日线图

我们再看一个期货市场的例子。图 6-22 所示是郑州商品交易所燃油 2101 期货合约 2019 年 10 月 14 日至 11 月 7 日的 60 分钟图。

图 6-22 燃油 2101 期货合约 60 分钟图

期货市场没有犹豫,因为多与空的较量每时每刻都在进行。我们从图 6-22 中看到,多头几次启动行情,想冲破上方均线的束缚。而空头也毫不手软,利用均线助跌模式压制多头,彻底让多头的希望破灭。在关键时刻,KDJ 指标无疑充当了助跌的动力,每一次都在高位用死叉信号引导期货合约价格回落,并且每一次都会出现较大的阴线。

最后，我们对 KDJ 指标结合均线寻找卖点的模式进行总结。

（1）价格涨破均线的交易模式的关键在于时间，一旦时间延长，空头不能够有效收复失地，就说明买盘力量强大，多头有可能逆袭成功。

（2）价格不破均线的交易模式要求均线要保持一定的下行斜率，这样才能凸显均线强有力的助跌作用。

（3）均线助跌模式有两个要点，一是短期均线一定要有一个向上拐弯的过程，二是短期均线不能突破长期均线。

均线的功能是强大的，在为我们指明趋势的时候，还为我们提供了清晰而简明的买卖原则。如果均线与 KDJ 指标中短期的明确信号相结合，对我们的实战交易将会有巨大的帮助。

本章内容就是对这一理念的具体阐述，希望读者能够有所收获。

第 7 章

KDJ 指标与成交量

成交量是股市的基础，有人甚至说过这样的话：股市中唯独成交量是最真实的。此话虽有夸张的成分，但成交量在股市中的作用的确不能否认。可以这样讲，如果说价格的变化是观察股市的一个维度，那么成交量就是另一个维度。透过成交量，我们可以了解市场的冷热、人气的集聚与衰减以及后市的强弱。它就如同一个体温计，可以反映股市的"温度"是否异常。

7.1 成交量指标概述

与价格的变动不同，观察成交量的变动并不能直接带给投资者收益。即使是这样，市场上很大一部分投资者依然把成交量的变化看得很重，甚至有"量在价先"的说法。究其原因，还是因为成交量代表了市场上真实的成交数据，反映了资金进出的状况，可以从另一个角度验证价格变化的真伪。

TIPS：成交量的作用主要体现在股票市场中，因为交易所要延后一天才公布期货市场的成交量数据，它在期货市场中的参考价值已经降低，只是作为复盘的分析工具而存在。

期货投资者在交易时重点参考的日内即时成交量由于变化太过繁杂，并且很不规范，所以本章并没有选取期货市场的实例，而是全部选用了股票市场的实例。

成交量是反映价格变化真伪的工具，因此它与指标一样，都依附于价格而存在。与指标不同的是，成交量与价格是一一对应的关系，这就决定了成交量既可以进行单独分析也可以进行整体分析。

图 7-1 所示是上证指数 2019 年 8 月至 11 月的日线图上的成交量指标。

成交量是以柱状体的方式呈现，并与主图上的价格一一对应。在实际趋势图中，当价格上涨收出阳线时，成交量柱状体用红色表示，此时称"阳量"；当价格下跌收出阴线时，成交量柱状体用绿色表示，此时称"阴量"。

除柱状体之外，我们看到成交量指标上面还有两条曲线，这是成交量指标线。目前，各大券商为投资者提供的证券分析软件中都有成交量指标，并且系统自带两条指标线，默认时间周期是 5 日与 10 日。成交量指标线计算的方法非常简单，以 5 日曲线为例，就是取任意 5 个交易日的数值，用简单平均的方式计算，然后绘制在当天的成交量柱状体上。依此类推，将连续的数值相连，就是我们看到的结果。

同 KDJ 指标一样，证券分析软件也为投资者提供了参数调整的便利条件，读者只需按照之前的内容，先选择任意一条曲线，然后单击鼠标右键，选择"修改指标参数"选项，在弹出的对话框中调整出自己所需要的时间周期，最后单击"确定"即可。

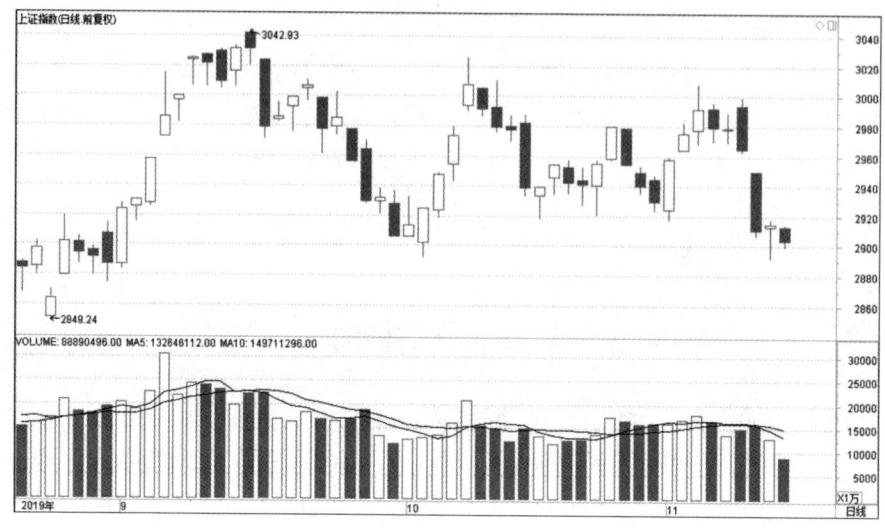

图 7-1 上证指数日线图

TIPS：需要注意的是，修改后的成交量指标线只适用于之前选定的时间周期图，即你在日线图下面修改成交量曲线参数，它只对应日线图，不涉及其他时间周期的图。

成交量指标不能单独应用，需要结合价格进行综合研判。由此，投资者也把成交量和价格结合在一起的分析称为量价分析。

7.2 量价基本法则

量价基本法则是人们通过实战总结出的具有普遍性的几种基本的量价关系，它可以帮助投资者快速浏览盘面，辅助投资者进行投资决策。

成交量有增加、持平、减少这3种变化，价格也有上涨、持平、下跌这3种表现形式，如果把它们两两对应，相互组合，可以组成9种模式。

- 量增价涨。
- 量增价平。
- 量增价跌。
- 量平价涨。
- 量平价平。
- 量平价跌。
- 量缩价涨。

- 量缩价平。
- 量缩价跌。

TIPS：这 9 种模式是量价关系的基本变化模式，也是市场当中常见的变化模式。尽管如此，每一种模式的背后也都有不同的实战意义和因果关系，如果读者能够熟练运用，那么这些模式可以为投资者研判大盘或个股未来可能发生的涨跌变化提供重要的参考。

图 7-2 所示是中小板指（399005）2019 年 7 月至 9 月的日线图，也是一幅经典的量增价涨图例。

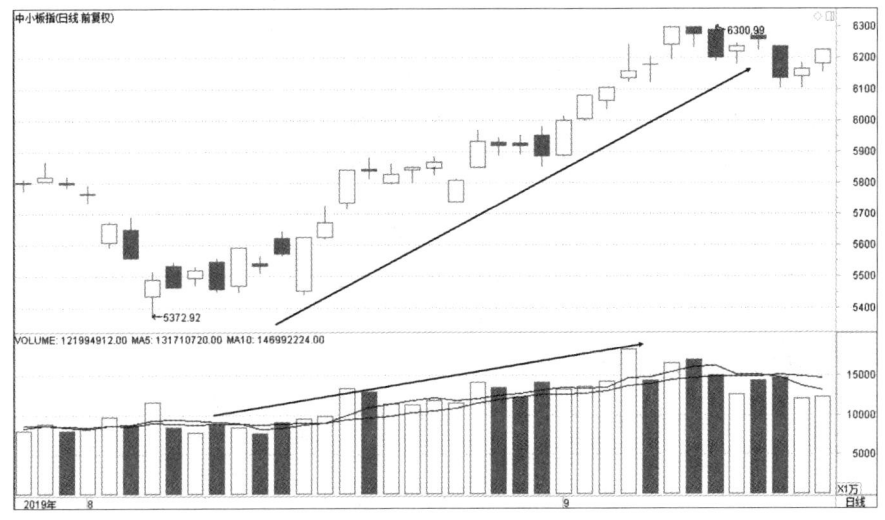

图 7-2 中小板指日线图

从图 7-2 中我们可以看到，伴随着价格的不断上升，成交量指标也配合价格呈现不断放大的态势。这是最理想的一种量价模式，它表示市场投资者对行情的上涨预期达成一致，并且不断地投入资金进场交易。此时，买盘远远大于卖盘，所以价格才会不断上行。可以说，正是有了不断增加的成交量支持，价格走势才显得更健康、稳健。

在量增价涨的模式下，市场会自发地聚集人气，吸引投资者，只有出现买盘枯竭、成交量大幅萎缩的情况时，行情才会终结。

由于本书是讲解 KDJ 指标，因此这里对于量价关系不做过多讲解，对量价关系感兴趣的读者，可以自行寻找学习资料进行研究。

成交量可以验证价格变化的真伪，并且由于它与价格不是从属关系，因此成交量对于价格的变化就保持着相对客观与中立的验证作用。成交量不仅可以直接验证价格，还可以验证 KDJ 指标这类依据价格计算产生的指标。

7.3 成交量验证指标买点

在 KDJ 指标中,最常见的交易信号不是形态、背离或钝化,而是指标线所形成的交叉。不管是作为看涨信号的金叉,还是作为看跌信号的死叉,在指标线交叉的那一刻其实都是一个点,并且此种交叉最多在一两个交易日就能完成。如果我们想用成交量去对 KDJ 指标的交叉信号进行验证,其实也不需要过多的量价模式。

7.3.1 量增价涨原理

KDJ 指标发出金叉信号就预示价格在短周期内大概率会上涨。对照 9 种量价关系,我们发现价格上涨时量的变化有 3 种情况,即量增、量平与量缩。无论是量平还是量缩,其实蕴含的道理都是一样的,即主动性买盘已经不强,向上发展的力量已经匮乏,后市要么会形成反弹行情,要么就会发生量价背离的现象,结果都不会很理想。

既然 KDJ 指标形成金叉是一个明确的向上信号,那么量平价涨和量缩价涨这两种量价关系就不是我们想要的了。如此一来,剩下唯一可以匹配 KDJ 指标的量价关系就是量增价涨。

TIPS:量增价涨是明确的多头格局,其背后的原理是,价格在上涨过程中投资者对后市的预期持乐观态度,参与热情高涨,进场进行追价交易的意愿强烈,造成多头气势不断被加强,市场筹码稳定性良好,换手率健康,因此价格才会稳步上升。

图 7-3 所示是上港集团(600018)2018 年 12 月至 2019 年 4 月的日线图。

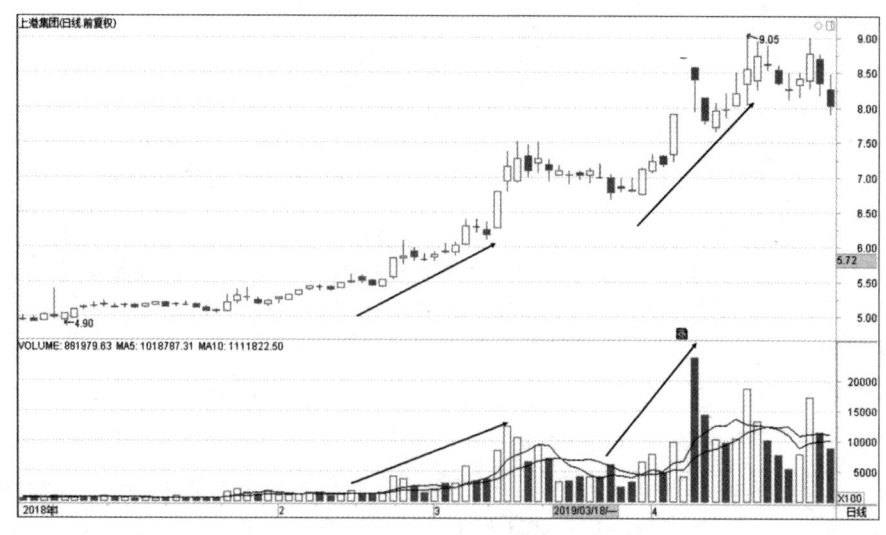

图 7-3 上港集团日线图

从图 7-3 的主图中可以很清楚地看到，在箭头标注的区域，价格稳步上升。与此同时，副图上的成交量指标也相应地同步放大，表明场外投资者看好后市，愿意进场交易，换手率和成交量也逐级抬高，这从成交量柱状体的高度和成交量指标线的变化中都可以直观地看到。

这样量增价涨的格局是我们乐于见到的，就算我们没有看到 KDJ 指标，但通过观察盘面，我们也能想到此时的 KDJ 指标应该也是金叉向上的。但有一个问题我们要弄明白，那就是量增价涨的标准是什么呢？

7.3.2 量增价涨标准

经过大量的数据统计，我们得出如下结论。

量增标准：大盘或个股当日的成交量要比前一个交易日的成交量增加 20% 以上。假设大盘前一个交易日的成交量是 1 000 亿手，则当天至少达到 1 200 亿手的成交量，我们才可以说出现了量增的局面。

价涨标准：指数当日收盘价相比前一个交易日上涨 0.4% 以上，个股当日收盘价相比前一个交易日上涨 1% 以上，此时我们可以说价格出现了上涨的局面。

价格的上涨很好辨识，我们在这里主要向大家介绍一下量增。图 7-4 所示是中原高速（600020）2019 年 9 月到 10 月的日线图，我们通过此图为读者具体说明量增的标准。

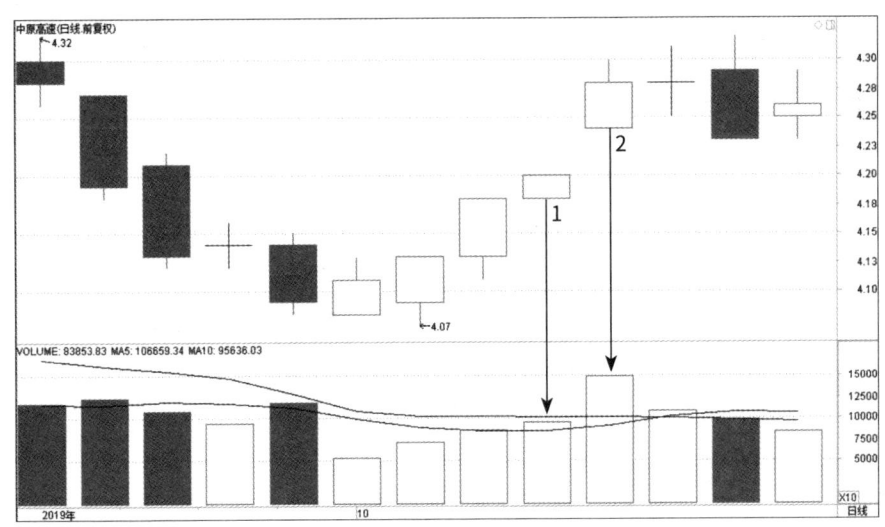

图 7-4 中原高速日线图

在图 7-4 中箭头所指的位置，我们看到的是相邻的两条 K 线和成交量，它们是一一对应的关系。我们假设左侧的 K 线为 1，右侧的 K 线为 2，通过图我们能够直观地看到二者相比较的结果。K 线 2 的成交量比 K 线 1 的成交量多 20% 以上，因此可以认定 K 线 2 相较于 K 线 1 是量增的格局。

TIPS：在特定时刻，成交量的增加幅度不是缓慢而匀速的，而是非常突兀地释放出来，其柱状体相比前一个交易日有非常明显的变化，我们称这样的成交量为"巨量"。

巨量的定义：大盘或个股当日的成交量比前两个交易日内最大的成交量都放大了 50% 以上。假设大盘前两个交易日最大的成交量是 1 000 亿手，则当日至少达到 1 500 亿手的成交量，我们才可以说当日出现了巨量的局面。

图 7-5 所示是中远海能（600026）2019 年 8 月的局部日线图。

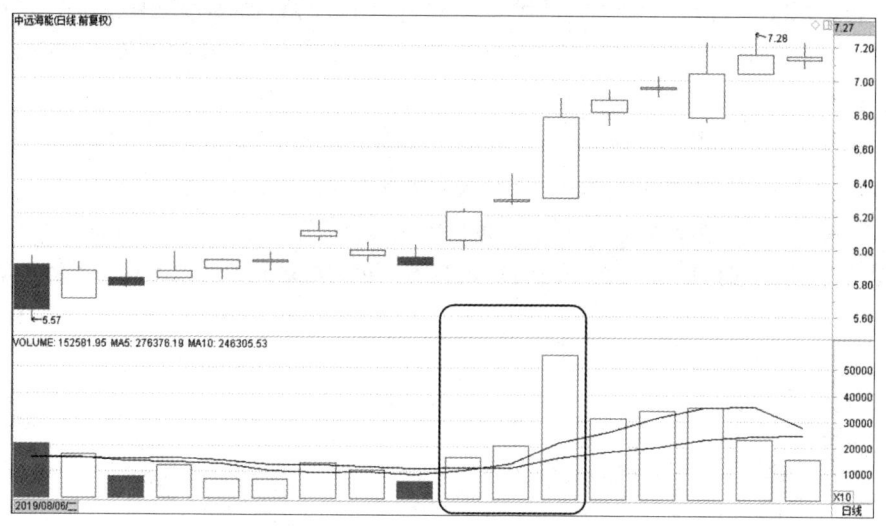

图 7-5 中远海能日线图

在图 7-5 中方框框定的位置我们看到，最右侧的 K 线对应的成交量比前两个交易日最大的成交量放大了 2～3 倍，我们说这一天的成交量叫巨量。

明确了量增价涨的标准，我们就可以将 KDJ 指标与量价指标进行匹配，看看成交量是如何验证 KDJ 指标所发出的金叉信号的。

7.3.3 KDJ 指标低位买点验证

在本书的第 1 章中我们曾经谈到过，KDJ 指标有 3 条水平空间轴线，分别是 20 线、50 线和 80 线，它们在 KDJ 指标中有非常重要的作用。

TIPS：在实战中，多头或者空头主力往往在 20 线、50 线、80 线这些关键地方发力，这也使得指标线的交叉大都发生在这些地方。

20线处在KDJ指标的下方,是指标的低位。多头要想发动行情,那么20线附近的买点应该算是第一买点,我们看看这个地方的KDJ指标与量价关系是怎样匹配的。

图7-6所示是华电国际(600027)2018年7月至12月的周线图。

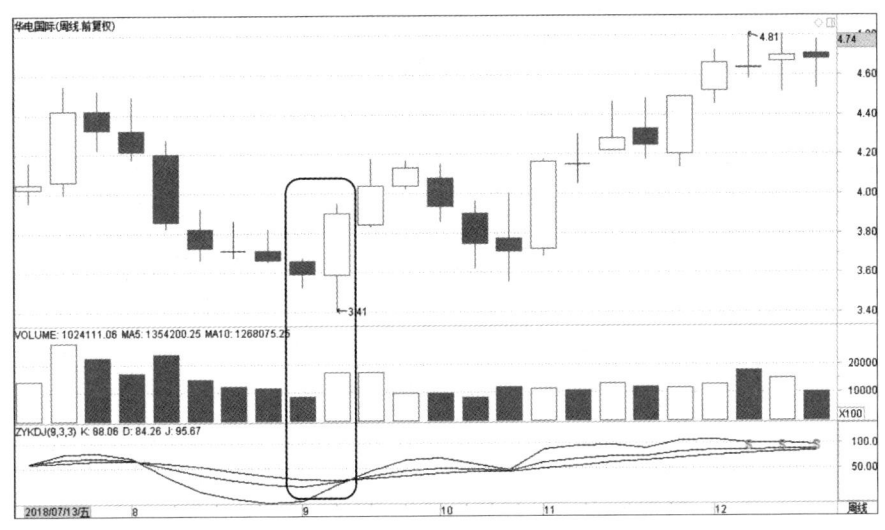

图7-6 华电国际周线图

为了便于大家观察,我们通过技术手段将成交量指标线去掉,只保留了成交量柱状体。在图7-6中方框框定的地方,我们看到KDJ指标在20线位置发出了金叉信号,预示价格在后面大概率会上涨。至于是不是这样,我们需要具体的量价关系来加以验证。方框中对应两条周K线的成交量符合量增的标准,价格上的阳线实体也远远高于阴线实体,这一切都表明KDJ指标的金叉是一个健康的、积极的信号,价格的后续走势也验证了我们的判断,即价格开始大幅上升。

图7-7所示是中国石化(600028)2019年7月至9月的日线图。

实战中经常发生这样的情况,即KDJ指标所发出的金叉信号与量价关系不同步。在图7-7中第一个方框框定的位置,我们看到KDJ指标在20线附近发出了金叉信号,预示价格后市有看好的可能。观察量价关系我们发现,多头主力配合指标做出了一个低位吞没线形态,但成交量并不能达到增量的标准,即量价关系并未与指标同步。我们看到,股价在随后两个交易日仍然维持一个整理的态势,没有任何表现。

在图7-7中第二个方框框定的位置,也就是KDJ指标发出金叉信号的第三天,我们看到KDJ指标依然维持着多头的状态,此时量价关系达到了量增价涨的理想模式,验证了前几日KDJ指标所发出的金叉信号的有效性。我们看到,股价随后多日拉出阳线,将价格推到了5.29元。

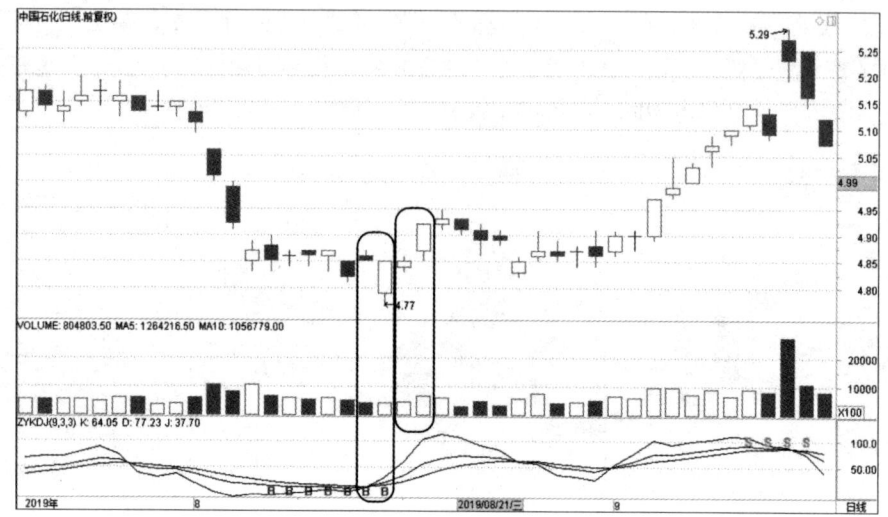

图 7-7 中国石化日线图

量价关系与指标不同步的现象在市场中很普遍，这也从一个侧面表明市场上参与的主体越来越多，很难有单独一股力量能够掌握行情，想要发动一波行情，需要各方面合力才行。

KDJ 指标的时间周期是 9 日，如果这种不同步现象持续的时间较长，建议投资者要果断地放弃，它表明多头无力掌握盘面走势，影响其投资的因素太多。

TIPS：我们规定，从 KDJ 指标发出金叉信号到量价关系配合以验证指标的有效性这一过程，前后一般不能超过 5 个交易日，否则指标所发出的金叉信号无效。

7.3.4 KDJ 指标中位买点验证

50 线是 KDJ 指标的中心轴线，也是多空双方必争的关键位置，这个地方的指标信号可以称为中位信号。由空转多的那一刻，多空双方的竞争势必会非常激烈，因此这个地方的量价关系的配合尤为重要。

图 7-8 所示是川大智胜（002253）2018 年 8 月至 2019 年 3 月的周线图。

我们看到，在图 7-8 中方框框定的地方，KDJ 指标在 50 线附近也就是指标的中位发生了金叉。由于这是代表中期趋势的周线图，因此这个地方的指标发生金叉预示着股价后市大概率会向上。我们再看量价关系，K 线形成了吞没线形态，这是最强有力的反转 K 线组合；再看成交量，方框内框定的 3 条量柱既符合量增的标准，又满足了巨量的要求，最右侧的成交量量柱比前两周最大的成交量放大了 50% 以上。

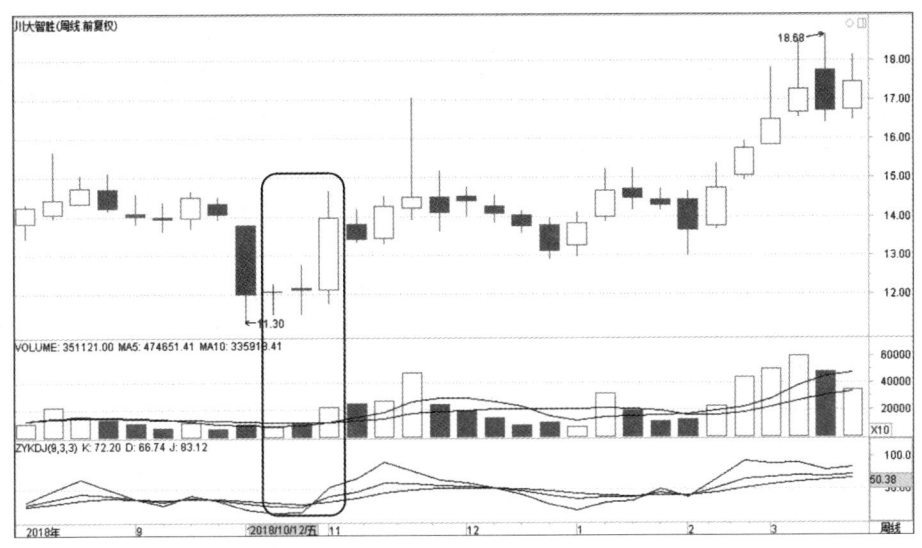

图 7-8 川大智胜周线图

应该说,这是一个双重的放量,表明多头主力在这个地方启动行情的决心与勇气,我们看到股价随后一路上升,由低点 11.30 元起,最后涨到 18.68 元,涨幅超过 65%,很是惊人。

我们再看一个图例。图 7-9 所示是亚联发展(002316)2019 年 1 月至 5 月的周线图。

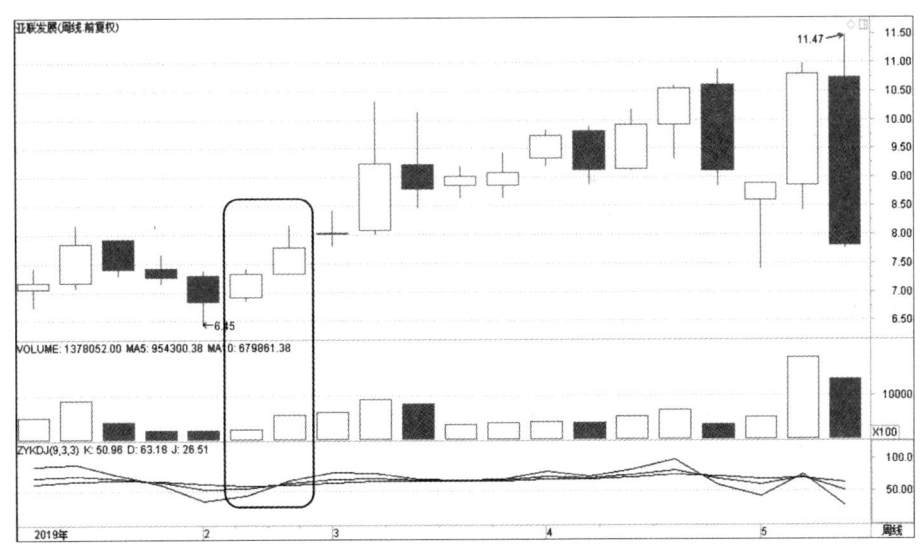

图 7-9 亚联发展周线图

在图 7-9 中方框框定的地方，KDJ 指标在 50 线附近发生了金叉，预示多头想要在这个位置发动一波行情，让价格运行到多头区间。这个想法是否能如愿，关键就在于量价关系是否能符合量增价涨的标准，进而验证、配合指标所发出的信号。

方框中第一条 K 线的成交金额是 1.7 亿元。按照我们关于量增的标准，后一条 K 线的成交量至少应该达到前一条 K 线的成交量的 120% 才算符合要求，计算下来成交金额应该是 2.04 亿元。方框中第二条 K 线的成交金额是 4.3 亿元，超过了需要的 2.04 亿元，符合量增的标准。K 线图上，一条大阳线拔地而起，也显示了强烈的上涨欲望，标准的量增价涨的量价关系验证了 KDJ 指标的有效性，股价后续得以维持强势。

通过上述实例，我们向大家介绍了量价关系对 KDJ 指标所发出的金叉信号的有效性验证。这样的验证不管是在指标的低位还是指标的中位都是有效的。至于 80 线，由于其处在指标的高位，更多的作用是揭示风险，所以我们在这里就不再介绍了。

TIPS：实战中，获取利润其实是次要的，主要的还在于有效地防控风险，任何一种操作模式都有它适用的条件，离开了这个条件，无论多好的模式都有失败的可能。

下面我们看一个多头启动行情失败的实例，算是给大家提个醒——任何方法的准确率都不可能达到 100%。图 7-10 所示是世纪鼎利（300050）2019 年 4 月至 8 月的日线图。

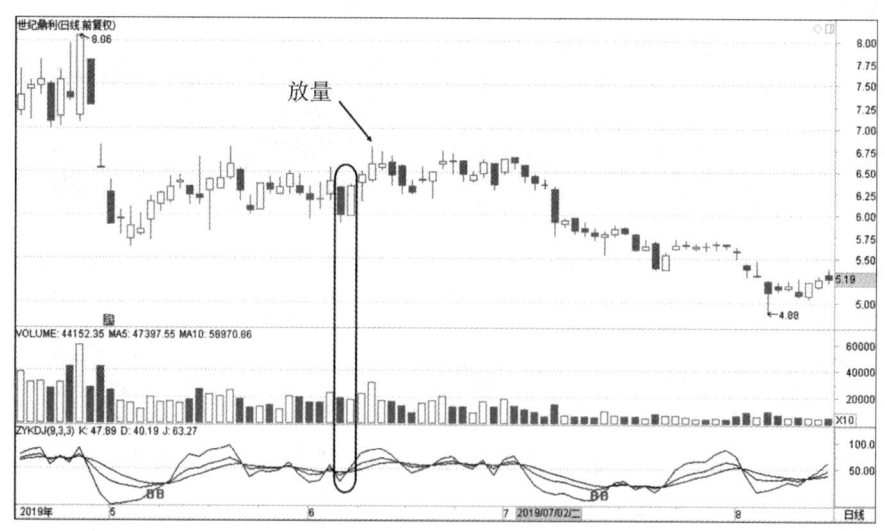

图 7-10 世纪鼎利日线图

在图 7-10 中方框框定的地方，KDJ 指标发生了金叉，预示着后市行情有向好的可能。本例中我们看到，后续行情震荡了一段时间后价格连续下跌，在后续行情与我们的预判不相符时，应立刻止损。

KDJ 指标金叉信号的买点验证我们就介绍到这里，下面我们对这种模式进行总结。

（1）在价涨的模式中我们只采用量增价涨这一种量价关系。

（2）无论是指标的低位还是指标的中位，量增价涨的量价关系对 KDJ 指标所发出的金叉信号都有验证作用。

（3）量价关系与指标同步最好，若不同步，一般二者相差不能超过 5 个交易日。一旦超过 5 个交易日，就建议投资者此时需要放弃。

7.4 成交量验证指标卖点

相比于"百日筑底"，"三日见顶"的卖点确实不好把握，难怪股市上会流传"会买的是徒弟，会卖的是师傅"这种俗语。

TIPS：股票本身是有重力的，这也是价格上涨时为何需要成交量不断放大并在背后支持的原因；但价格下跌却不需要成交量的推动，一旦买盘枯竭，有时候股票本身的重力就足以使价格下跌，所以寻找卖点确实比寻找买点更复杂。

在基本的 9 种量价关系中，涉及价跌的量价关系一共有 3 种，它们分别是量增价跌、量平价跌和量缩价跌。如何进行选择，这就需要我们深刻地了解这 3 种量价关系背后的原理。

7.4.1 量增价跌原理

量增价跌就是投资者经常提及的放量下跌。放量下跌是一种很可怕的现象，它表示市场原有的趋势极有可能发生了改变。放量，意味着市场上的参与者对后市的判断产生了分歧，有大量对后市看好的人不断买进，同时有大量对后市看淡的人不停卖出。只有这样，成交量才会放大。

价格是买卖双方力量的直接对比，价格下跌则意味着卖出的力量最终大于买入的力量，这表明当时买进的人已经看错了行情，被套在了里面。假如这些人选择止损出局，则又是一股潜在的做空力量，价格后续还会下跌。

图 7-11 所示是鼎捷软件（300378）2018 年 12 月至 2019 年 11 月的周线图。

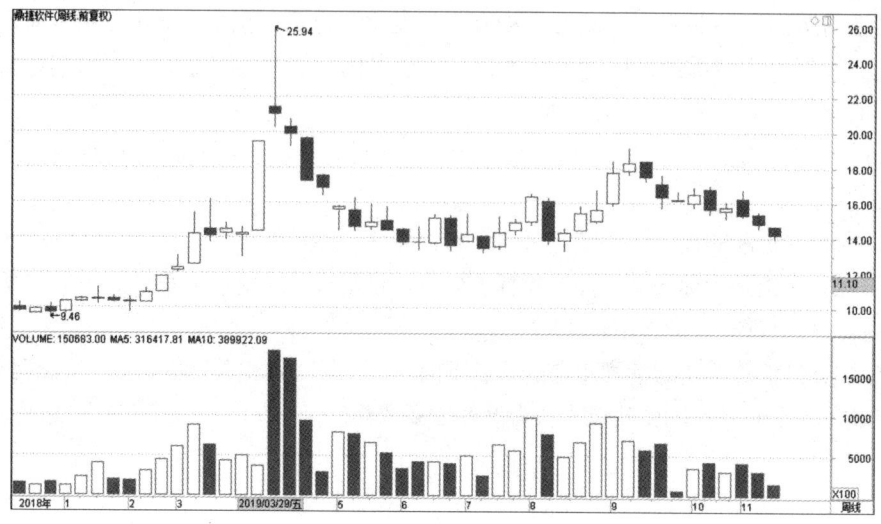

图 7-11 鼎捷软件周线图

不用过多说明，图 7-11 中突兀的巨量柱状体是最吸引人眼球的。这是代表中期趋势的周线图，这样的巨量柱状体配合很长的上影线，足以说明多空双方的竞争是多么激烈。如果多方力量强大，上影线部分全部是阳线实体，则这条周阳线是加速向上的信号。但现在是多方守不住阵地，可想而知，空方的力量有多强，如此强大的力量足以使得原有趋势逆转。我们看到股价随后展开下跌，由 25.94 元下跌到最低 13.11 元，下跌幅度非常惊人，并且未有止跌迹象。

KDJ 指标形成死叉是一个向下的信号，而通过上面的分析我们知道，量增价跌的量价关系会导致股价持续下跌，那么我们就可以这样理解，即一旦盘面出现量增价跌的现象，它就可以验证 KDJ 指标所发出的死叉信号，因此量增价跌的量价关系我们予以保留。

7.4.2 量平价跌原理

TIPS：量平价跌的量价关系很复杂，通常难以判断。

从价格的角度考虑，价格既然下跌了，就说明空头的力量更强一些，但持平的成交量又说明市场的抛压并不是很沉重，未来反弹的概率很大；从成交量的角度考虑，没有放大的成交量不能说明原有趋势的改变，因为市场依然有一定的活跃度。

图 7-12 所示是万集科技（300552）2019 年 6 月至 8 月的日线图。

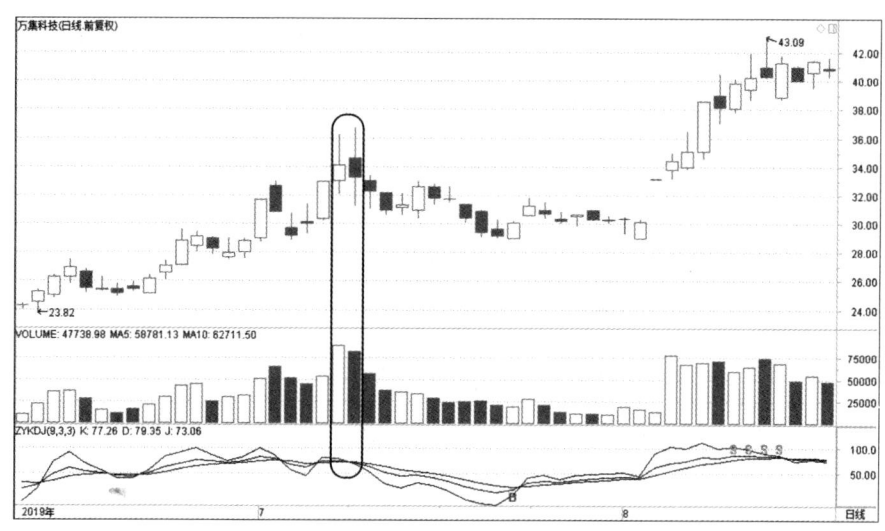

图 7-12 万集科技日线图

我们看图 7-12，其左侧是一段上涨行情，在方框框定的地方 KDJ 指标形成了死叉，K 线组合也形成了反转力度较强的覆盖线形态，一切迹象好像都表明趋势反转就在眼前。但我们观察成交量发现，方框内的成交量其实是一个平量状态，相较于前一个交易日，后一个交易日的成交量变化不大，这就为我们判断后面的走势制造了障碍。

如果判断走势会下跌，起初的行情似乎印证了我们的判断，股价随后真的有所下跌。但这种下跌幅度很小且持续时间不长，股价稍做整理后又创出了新高，这更像是一个中途的整理。

这种模棱两可的模式不符合我们的要求，因为有许多不确定的东西在里面，而任何一种不确定都不是个人投资者所能把握的，所以量平价跌的量价关系我们放弃不用。

7.4.3 量缩价跌原理

TIPS：缩量是可怕的，因为一旦缩量，就意味着市场上的投资者对后市的看法趋于一致。

一致性的看法背后就是市场交易的清淡，场外的投资者不愿意进场交易，场内的投资者想交易却没有对手盘。缩量上涨还好说，一旦遇上缩量下跌，后市下跌的幅度不论大小，下跌的时间都会很长，因为没有外力来打破，所以缩量下跌会形成一种惯性。

原本交易活跃的市场不可能一下子就冷清下来，因此缩量往往是在放量之后，这就意味着它代表的可能是二次下跌的开始。

图 7-13 所示是宇信科技（300674）2019 年 9 月至 11 月的日线图。

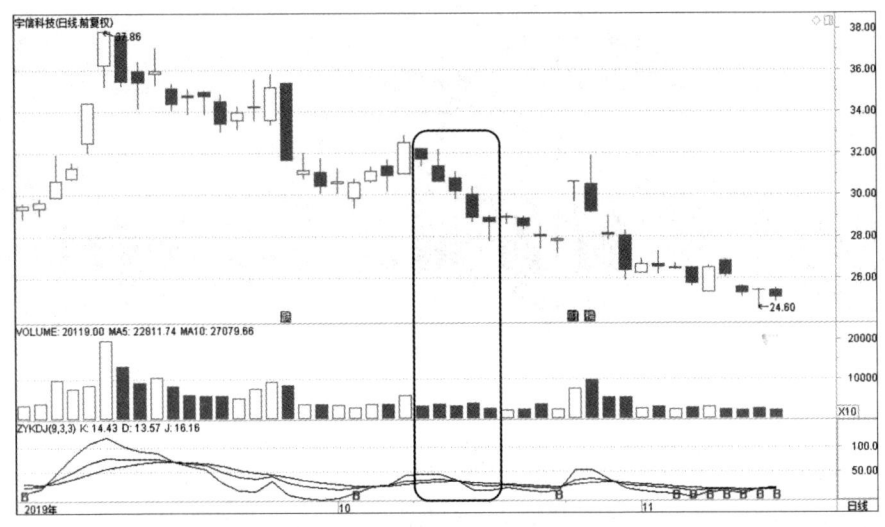

图 7-13 宇信科技日线图

我们可以看到，图 7-13 中股价的高点在 37.86 元，并不是在方框框定的位置。而方框框定的位置则是股价二次下跌的波段，指标形成了死叉。最主要的是，成交量不再如以往那样有放有缩，而是一直都在缩量，这是一段可怕的缩量阴跌走势。我们看到在方框框定的部分，在投资者对后市达成一致预期的情况下，股价没有丝毫反弹的迹象，连跌了 5 天。

TIPS：缩量下跌的结局往往是阴跌不止，伴随这种现象，KDJ 指标也会有一个形成死叉的过程。

我们可以这样理解，量缩价跌的量价关系会导致股价持续下跌，一旦盘面出现这种量价关系，它可以用来验证 KDJ 指标所发出的死叉信号，所以量缩价跌的量价关系我们予以保留。

现在我们有了明确的结论，在 3 种价跌的量价关系中，我们保留量增价跌和量缩价跌两种情况，放弃量平价跌的量价关系，以此对 KDJ 指标所发出的死叉信号予以验证。

7.4.4 量缩价跌标准

经过大量的数据统计，我们给出如下结论。

量缩标准： 大盘或个股当日的成交量要比前一个交易日的成交量缩减 20% 以上。假设大盘前一个交易日的成交量是 1 000 亿手，则当日只要少于 800 亿手的成交量，我们就可以说成交量出现了缩量。

价跌标准： 指数当日收盘价比前一个交易日下跌 0.4% 以上，个股当日收盘价比前一个交易日下跌 1% 以上，此时我们说价格出现了下跌。

图 7-14 所示是金证股份（600446）2019 年 8 月至 11 月的日线图。

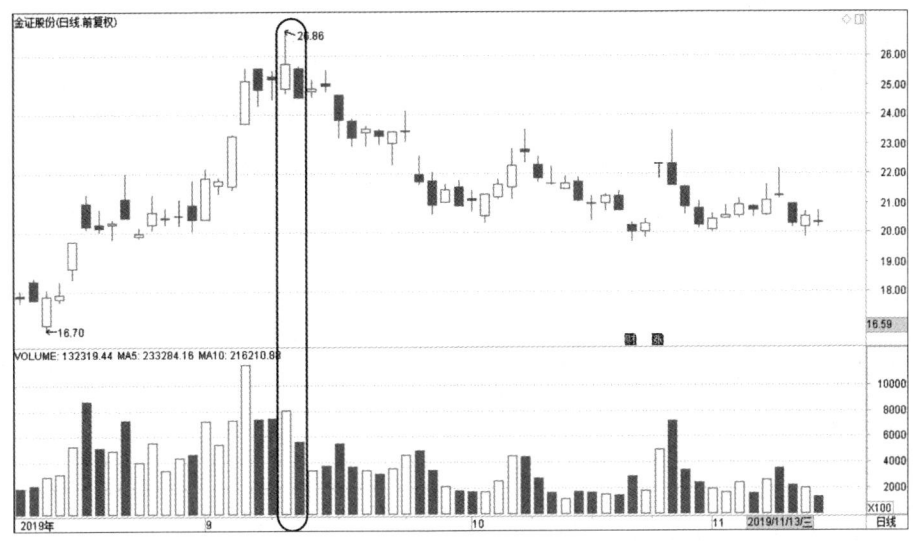

图 7-14 金证股份日线图

在图 7-14 中方框框定的地方，左上方是一条阳线，将成交量换算为成交金额约为 20 亿元；右上方是一条阴线，跌幅明显超过 1%，并且与左侧 K 线形成了一个覆盖线形态。右侧 K 线成交量换算为成交金额约为 14 亿元，缩减幅度明显大于 20%，因此我们说这是一个标准的量缩价跌的量价关系。

TIPS： 在某些时刻，成交量是急剧减少的，减少的幅度让人不敢想象，好像市场上突然之间无人交易一样，其柱状体相比前一个交易日有非常明显的缩减的成交量称为窒息量。

窒息量定义： 大盘或个股当日的成交量比前两个交易日内最小的成交量缩减 50% 以上。假设大盘前两个交易日最小的成交量是 1 000 亿手，若当日缩到少于 500 亿手的成交量，我们这时可以说当日出现了窒息量的局面。

图 7-15 所示是南天信息（000948）2019 年 8 月至 9 月的日线图。

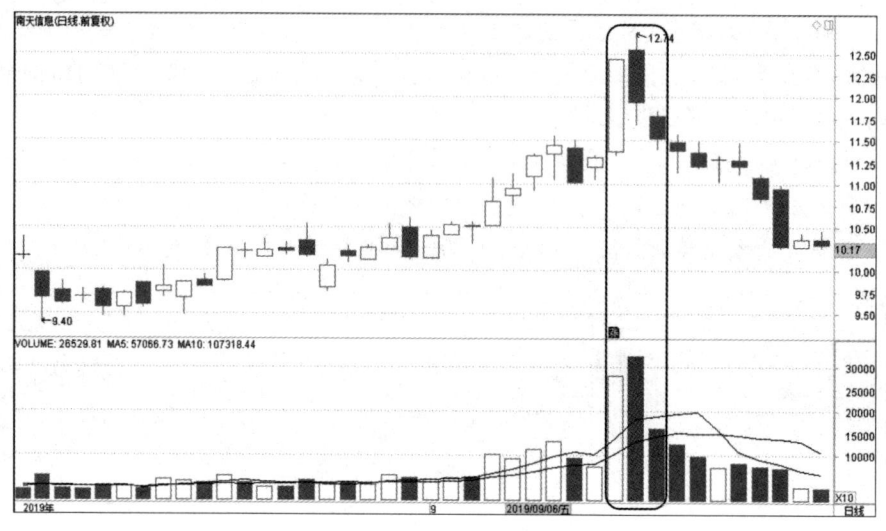

图 7-15 南天信息日线图

图 7-15 中方框框定了 3 条 K 线，其中最右侧 K 线的成交量相比前两日最小的成交量缩减了 50% 以上。

明确了缩量和价跌的标准，我们就可以将 KDJ 指标与量价指标进行匹配，看看成交量是如何验证 KDJ 指标所发出的死叉信号的。

7.4.5 KDJ 指标高位卖点验证

80 线处在 KDJ 指标的高位，指标线在这个位置形成死叉，股价后市大概率会下跌，这也是空头发动攻势的第一个卖点位置，我们在这里通过某种量价关系对指标所发出的死叉信号加以验证。

我们先来看第一种，量增价跌的量价关系对指标在高位所发出的死叉信号的验证。

图 7-16 所示是理工环科（002322）2018 年 12 月至 2019 年 11 月的周线图。

在图 7-16 中方框框定的地方，我们看到 KDJ 指标在 80 线的高位形成了死叉，这预示着股价在后市有较大的概率要下跌。这种现象会不会发生，我们需要通过量价关系对指标死叉的有效性进行验证。可以看到 K 线组合是一个流星线形态，这种 K 线组合做空的力量相比高位覆盖线有所减弱，但也是一个非常具有"杀伤力"的组合。再看成交量，很明显是放量的状态，说明在高位有大量的人卖出，并且卖空的力量占据优势，压倒了买入的力量，形成了标准的量增价跌的量价关系，验证了 KDJ 指标在高位所发出的死叉信号，股价随后也应声下跌。

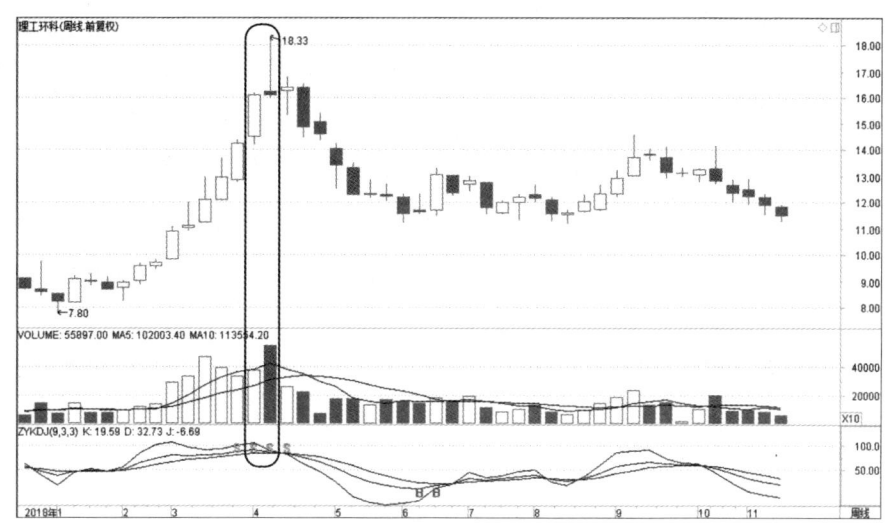

图 7-16 理工环科周线图

下面我们看一个 60 分钟图的实例。图 7-17 所示是美亚柏科（300188）2019 年 9 月 30 日至 11 月 13 日的 60 分钟图。

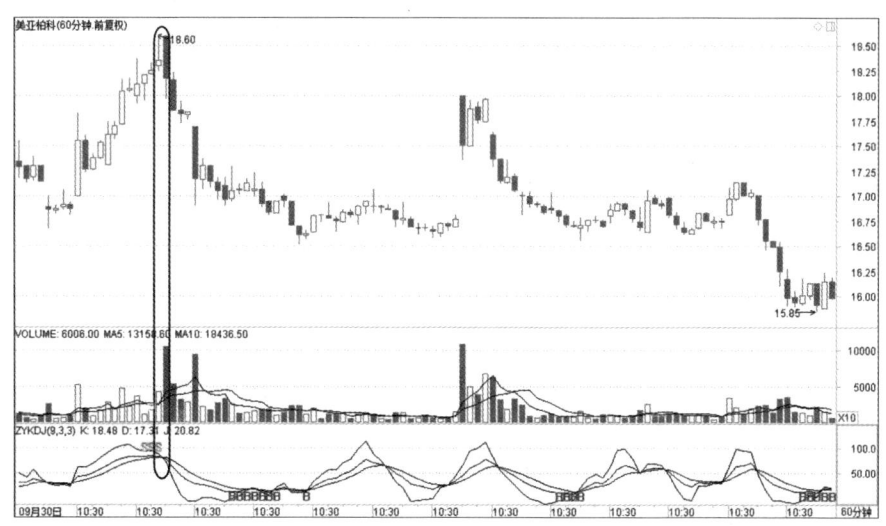

图 7-17 美亚柏科 60 分钟图

在股票市场，使用 60 分钟图的人相对而言比较少，但是在期货市场，绝大部分进行当日结算的人几乎都用 60 分钟图。这种图之所以会流行，就在于它兼具了稳定性和灵活性的双重优势，因此很受投资者欢迎。

不管在哪一个时间周期的图中，技术手段的应用都不会受到影响。我们看到在

图 7-17 中方框框定的地方，KDJ 指标在 80 线这一高位形成了死叉。与此同时，K 线形成了覆盖线形态，成交量也放大到倍量的水平，远远大于增量的标准，是一个双重放量。量价关系验证了指标所发出的死叉信号的有效性，我们看到股价随后展开了两波下跌走势，从 18.60 元一直跌到 15.85 元才算止住了跌势。

TIPS：不管是哪一类时间周期的图，量增价跌的量价关系都不是一个好的现象，增长的成交量说明筹码已经松动，量增价跌是最能验证 KDJ 指标在高位所发出的死叉信号的一种交易模式。

我们再看第二种，量缩价跌的量价关系对 KDJ 指标在高位所发出的死叉信号的验证。

图 7-18 所示是美亚柏科（300188）2019 年 8 月至 11 月的日线图。

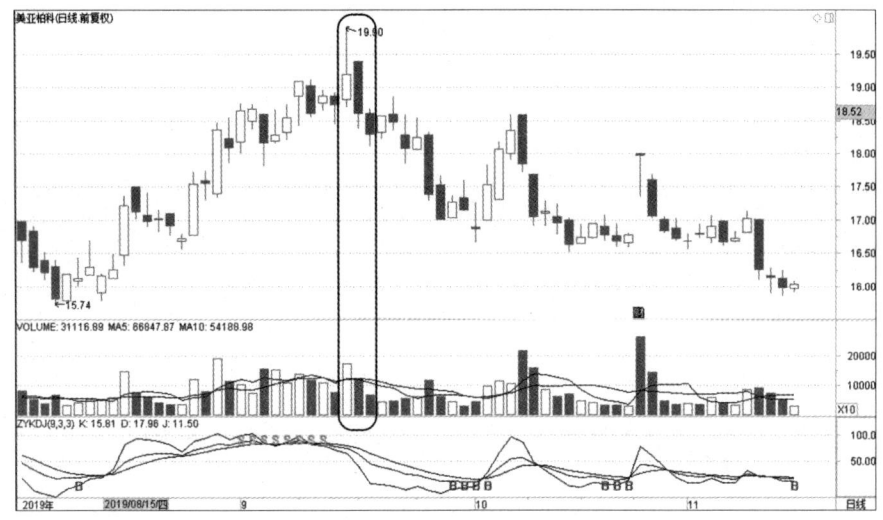

图 7-18 美亚柏科日线图

图 7-18 包含的内容很丰富，值得大家好好体会。图 7-18 中方框内有 3 条 K 线，其中最左侧 K 线与中间的 K 线形成了高位覆盖线形态，并且成交量也符合缩量的标准，这构成了第一组验证信号。随后股价继续走低，中间 K 线与最右侧 K 线形成了持续下跌的接力状态，对成交量进行比较，又是一组缩量状态，再次构成了量缩价跌的量价关系。

在方框下方我们可以看到，KDJ 指标在 80 线这一高位附近已经形成死叉，发出卖出的信号，而成交量用两组量缩价跌的量价关系对其进行了双重验证，足以说明指标信号的有效性。我们看到股价随后通过波浪的形式下跌。

我们再来看一个实例。图 7-19 所示是朗玛信息（300288）2019 年 4 月至 8 月的日线图。

图 7-19 同样是一个用两组量缩价跌的量价关系对 KDJ 指标在高位所发出的死叉信号进行双重验证的图，其中左侧的 K 线与中间的 K 线构成一组，中间 K 线再与右侧的 K 线构成一组。在双重验证的条件下，确认了指标所发出的死叉信号的有效性，股价在后面展开了下跌。

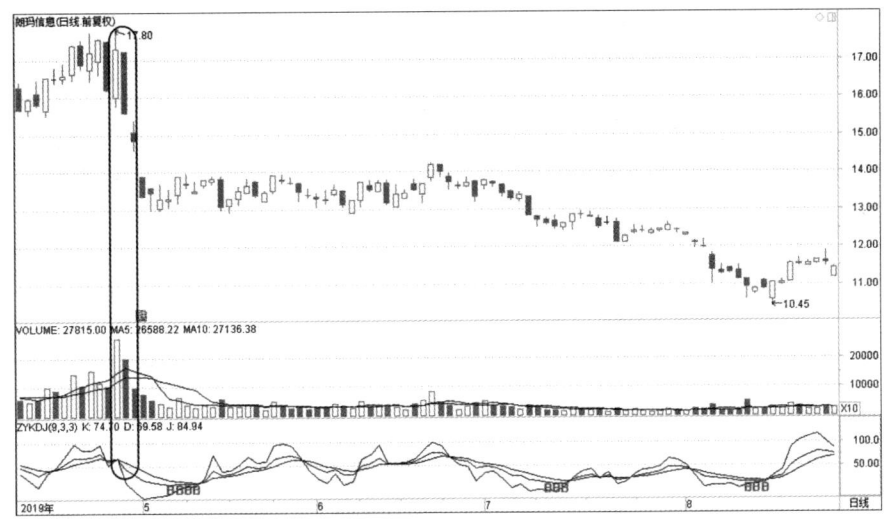

图 7-19 朗玛信息日线图

为什么在验证指标所发出的信号时往往需要两组量缩价跌的量价关系呢？这还得从缩量背后的意义讲起。我们通过图 7-18、图 7-19 中的例子可以发现，股价在到达高位前，往往都有一个冲高的过程，投资者普遍会认为这个时候的量缩价跌是一个技术上的正常调整，指标所形成的死叉往往也被理解成是指标的修复，没有人会想到这是一个阶段性的顶部，毕竟股价在前期表现为强势状态。如何协调市场各方面的力量，使之能形成合力，进而让股价回落呢？空头较好的方式就是用盘面语言来告诉大家，这就是两组量价关系的由来。

TIPS：市场上先知先觉的投资者对盘面任何微小的变化都是很敏感的，特别是同一种行为的反复出现，一定会引起他们的警觉，他们也会因此在第一时间改变操作策略，进而与空头主力合拍；当市场上的力量形成合力时，盘面就会发生改变。

由于有两组量价关系可以对 KDJ 指标在高位所发出的死叉信号进行验证，所以我们分别对其进行总结，以免读者混淆。

KDJ 指标高位死叉信号的卖点验证要点总结如下。

（1）在价跌的模式中我们采用量增价跌和量缩价跌的量价关系对指标所发出的信号

进行验证。

（2）量增价跌的量价关系对 KDJ 指标所发出的死叉信号有良好的验证作用。

（3）量缩价跌的量价关系比较特殊，在对 KDJ 指标所发出的死叉信号进行验证时最好不要单独使用，要看后续是否有其他量价关系的配合。

（4）股价见顶时间较短，量价关系最好与指标几乎同步；若不同步，也不能超过 5 个交易日，否则就要放弃本次机会。

7.4.6 KDJ 指标中位卖点验证

TIPS：中位指的是 KDJ 指标中的 50 线，像这种多空平衡的位置，通常是多空双方最重视也是竞争最激烈的地方；不管是哪一方，要想实现其目的，50 线都是必须突破的。

我们先看第一种，量增价跌的量价关系对 KDJ 指标所发出的死叉信号的验证。

图 7-20 所示是恒华科技（300365）2019 年 7 月至 8 月的日线图。

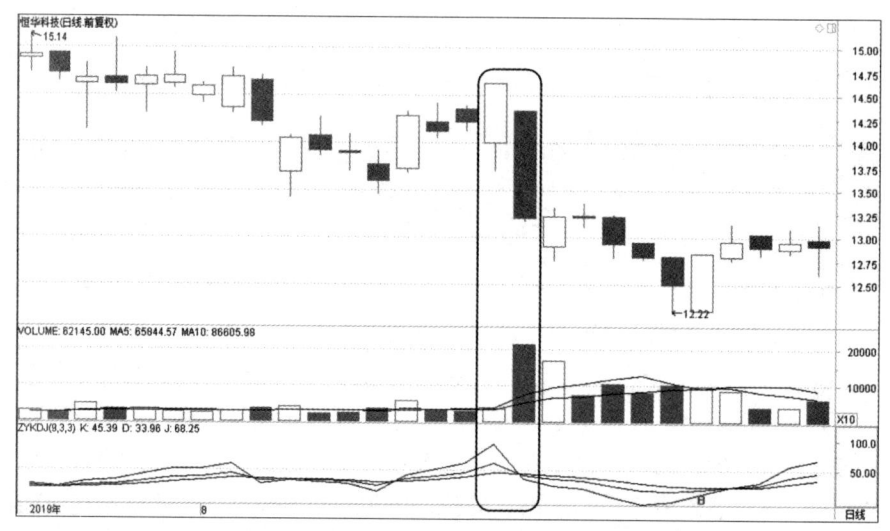

图 7-20 恒华科技日线图

50 线是 KDJ 指标的中心轴线，一般而言，无论是多空哪一方，发生在 50 线附近的竞争都应该属于第二波。至于第一波，早在 20 线或者是 80 线的位置就应该完成了。

回到图 7-20 中，我们看到恒华科技这只股票同样符合规律，在方框的左侧，股价从 15.14 元的高点下来，已经有过一波下跌走势了。在方框框定的地方，KDJ 指标在 50 线附近发生死叉，同框的 K 线是一个覆盖线组合形态，成交量也放大了 1 倍有余，远超 20% 的标准，构成了量增价跌的量价关系，有力地支持了指标所发出的死叉信号，确认了其有效性。尽管已经是第二波竞争，但我们看到，股价后续的跌幅依然很大。

我们再看一个实例。图 7-21 所示是国农科技（000004）2019 年 6 月至 11 月的日线图。

与图 7-20 的情形类似，在方框的左侧，股价同样有过一波下跌。这再次表明，发生在 50 线附近的多空竞争大部分时候已经是第二波，属于二次买点或卖点的交易。我们看方框里面的变化，KDJ 指标在此处发生死叉，预示后市行情依然看淡。至于这样的信号是真是假，我们当然还需要借助量价关系进行验证。长上影线的阴线和放大的成交量，二者构成了标准的量增价跌的量价关系，确认了指标所发出的死叉信号的有效性。我们看到，尽管股价在前面已经有过一波下跌，但二次下跌依然显得相当强势，体现为快速向下。

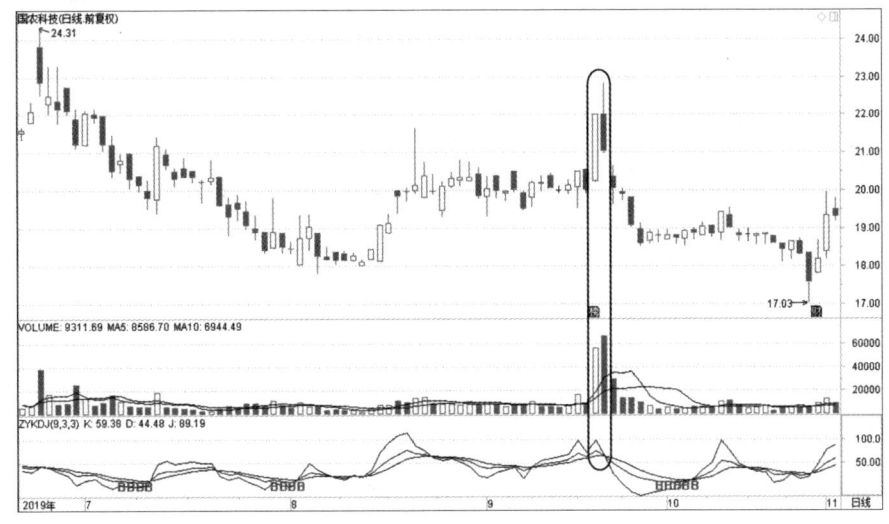

图 7-21 国农科技日线图

相对而言，经历过前面的下跌后，投资者对后市的预期已经没有那么乐观，场内的投资者不会再进行交易，场外的投资者担心后面会继续下跌，因此也不愿意进场交易。这个时候，一个很小的量就可以使股价下跌，而交易的清淡又会造成持续缩量的局面，所以量缩价跌或者说缩量阴跌可能更适合 KDJ 指标在 50 线附近形成的死叉局面。

我们再看第二种，量缩价跌的量价关系对指标所发出的死叉信号的验证。

图 7-22 所示是世纪星源（000005）2019 年 8 月至 11 月的日线图。

在图 7-22 中，左侧的方框框定的是量缩价跌的量价关系对 KDJ 指标在 50 线附近所发出的死叉信号的验证，右侧的方框则是股价后续缩量阴跌的过程。

我们先看图 7-22 左侧的方框，在 KDJ 指标发生死叉的时候，下跌 K 线和缩减的成交量共同构成量缩价跌的量价关系，验证了指标所发出的死叉信号的有效性。对本图感兴趣的读者可以打开软件自行查看，你会发现其实股价在前面其实已经有过一波下跌走势了。对后市的看淡让投资者达成了一致的预期，以至于再也没有人愿意主动交易。我们看右侧方框，成交量一直处在缩量的状态，股价也不温不火，就那样一直持续而缓慢地下跌。过程中也有过阳线，但都没有成功扭转局势，KDJ 指标也以低位反复钝化的现象显示着这样一种弱势的局面。

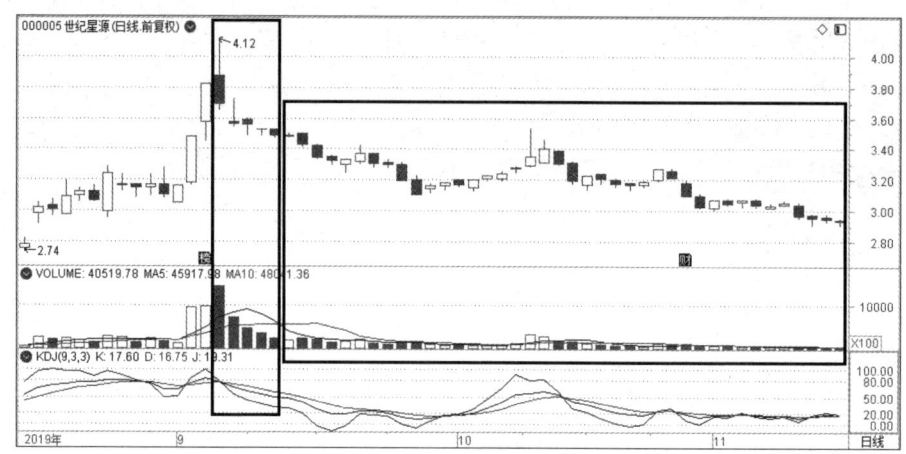

图 7-22 世纪星源日线图

我们再看一个图例。图 7-23 所示是神州高铁（000008）2019 年 9 月至 11 月的日线图。

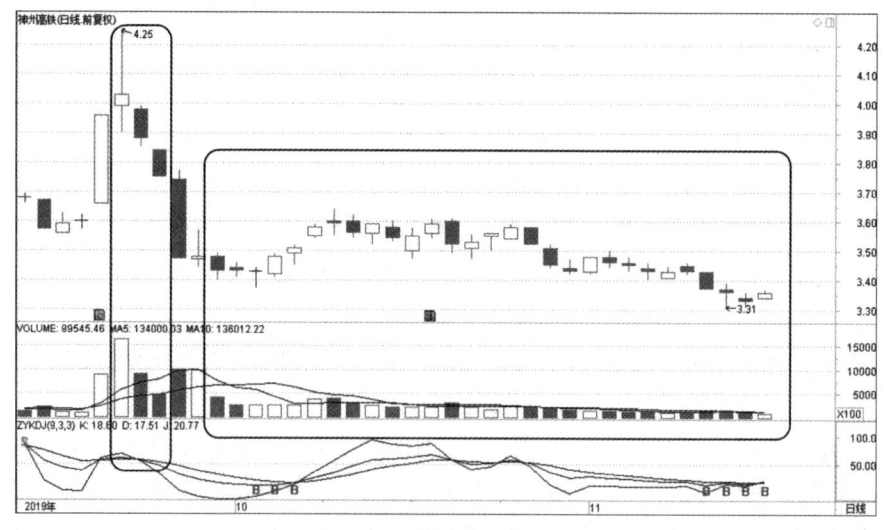

图 7-23 神州高铁日线图

图 7-23 的看点在于量价关系与指标发生了错位的现象，这是大家需要注意的地方。

我们看到左侧方框框定的地方，左侧的两条 K 线的量价关系首先出现了量缩价跌的局面，KDJ 指标在 50 线的上方发生了死叉。在随后的盘面中我们可以看到，成交量再没有有效放出，表明投资者对该股的后市达成了一致的预期，交易开始变得清淡，股价也进入了缩量阴跌的局面。由二次下跌高点 4.25 元算起，股价一直跌到 3.31 元才结束了跌势，下跌幅度达 22.12%。

有两组量价关系可以对 KDJ 指标在中位所发出的死叉信号进行验证，所以我们也分别对其进行总结，以免与前面的内容混淆。

对 KDJ 指标在中位所发出的死叉信号进行验证的要点总结如下。

（1）在价跌的模式中我们还是采用量增价跌和量缩价跌的量价关系对指标所发出的信号进行验证。

（2）量缩价跌的量价关系对 KDJ 指标在中位所发出的死叉信号有良好的验证作用。

（3）KDJ 指标在中位所发出的死叉信号多半是二次下跌的开始，很容易形成缩量阴跌的局面，投资者在这个阶段不要轻举妄动。

（4）由于是二次下跌，量价关系与指标有不同步的可能；若不同步，也不能超过 5 个交易日，否则需要放弃本次机会。

TIPS：由于成交量不能单独使用，所以我们引入 K 线，主要目的就是想通过这样一种方式告诉大家，指标只有结合量价才能更好地发挥作用，二者可以起到相辅相成的效果。

KDJ 指标结合成交量的技巧我们就介绍到这里。

第 8 章

KDJ 指标与波浪理论

波浪理论是美国人艾略特发明的。从1930年开始研究股价的波动原理，到1938年第一次公开发表《波浪理论》这一著作，再到1946年发表进阶的《自然法则——宇宙的奥秘》这一著作，艾略特整整用了16年的时间不断完善其理论的逻辑性以及完整程度，终于使波浪理论形成了一套完整的框架。波浪理论虽然是对道氏理论的补充与完善，但却脱离了道氏理论的范畴，形成了自己独特的体系与法则，这是非常不容易的。尽管艾略特本人并没有留存任何实战的记录，但波浪理论的光辉却照亮了后世投资者前进的路，现在有众多的投资者在金融市场中将波浪理论应用于实战，并获得了丰硕的成果。

8.1 波浪理论概述

波浪理论的基础是道氏理论。在道氏理论中，市场的变化被比喻成海洋中的潮汐，然而潮汐起伏时的轮廓却相当模糊，投资者很难识别。艾略特做的就是帮助识别的工作，他对潮汐中细微的变化予以统计、归纳，从而证明了波浪确实是属于潮汐的一部分。

既然如此，市场上价格的起伏就应该如同潮汐、波浪的起伏一样，呈现出一种规律性的变动。如果没有规律，价格的变动就没有准则可以依据，如此将导致市场的消失。

波浪理论有自己的基本守则，其中有3个重要的概念。
- 形态。
- 波幅。
- 时间。

TIPS：3个概念当中最重要的是形态，因为它可以周而复始、循环往复地出现，这就给我们提供了可以操作的时机；而波幅与时间则不会重复出现，它们的作用是将不同的形态进行连接，使其形成更大级别的波浪，由此周而复始地使价格的运动进行下去。

本章中，我们着重向大家介绍波浪的形态带给我们的操作机会。至于波幅与时间，感兴趣的读者可以在了解波浪的形态的基础上自行查找资料学习和研究，这里就不展开论述了。

图8-1所示是中国宝安（000009）2019年7月至2020年3月的日线图，也是一幅完整的波浪基本形态示意图。

多头市场是由5个波浪组成的，其中包含3个向上的推动浪，即示意图8-1中的1、3、5浪，还有2个向下的调整浪，即图8-1中的2、4浪；空头市场是由3个波浪组成的，即图中的A、C浪以及1个向上的修正浪，B浪。

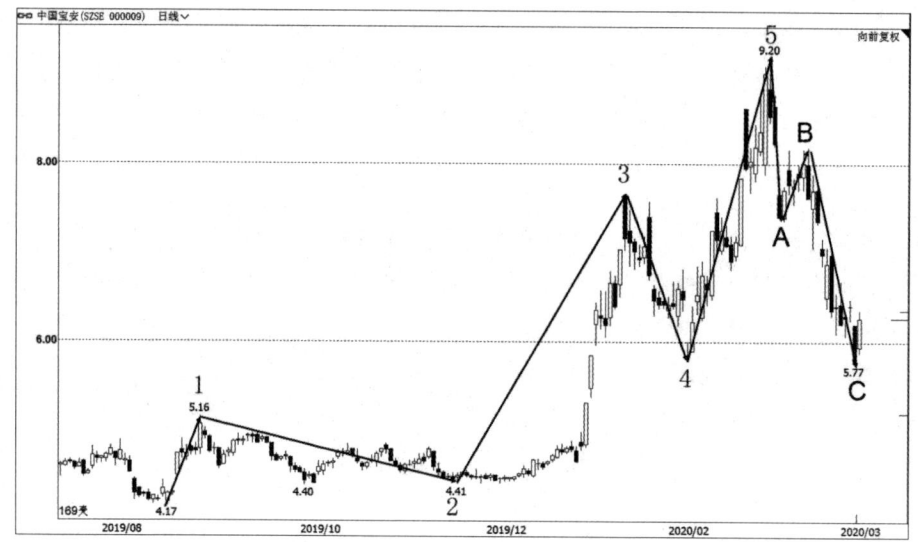

图 8-1 中国宝安日线图

波浪理论中，5 个上升浪与 3 个下跌浪共同组成了 8 个波浪的完整周期。上升浪中，2 浪是对 1 浪的调整，4 浪是对 3 浪的调整，5 浪结束整个上涨周期。下跌浪中，B 浪是对 A 浪的修正，运行完 C 浪，则整个下跌周期结束。

8 个波浪构成了一个完整的循环，这种现象存在于各个时间周期当中，其中每一个波浪都包含有小周期的波动，每一个波浪也都被上一个大周期所包含。

TIPS：8 个波浪完成后，市场就完成了一个循环，下一个循环同时开启，波浪的层级也得到了提升，步入一个更大的循环当中。

图 8-1 只示意了波浪的基本形态，想要在云谲波诡的市场上获胜，单纯依靠理论是远远不够的，我们还需要找到最适合自己的方法。

8.2 波浪细分拆解

波浪的形态是永远不变的，8 个完整的波浪周而复始、循环往复，只不过所处的级别不同罢了。好比日线图上的 5 个主升浪，看起来已经完成了自己的循环，但如果把它放在周线图上观察，也不过是其中的 1 个浪而已。同理，日线图上的 A、B、C 下跌 3 浪走完，看起来是要启动一个新的循环，但如果在周线图上观察，或许也不过是一个调整的子浪而已。

我们用图 8-2 来说明问题。图 8-2 所示是卫士通（002268）2018 年 10 月至 2019

年 6 月的日线图。

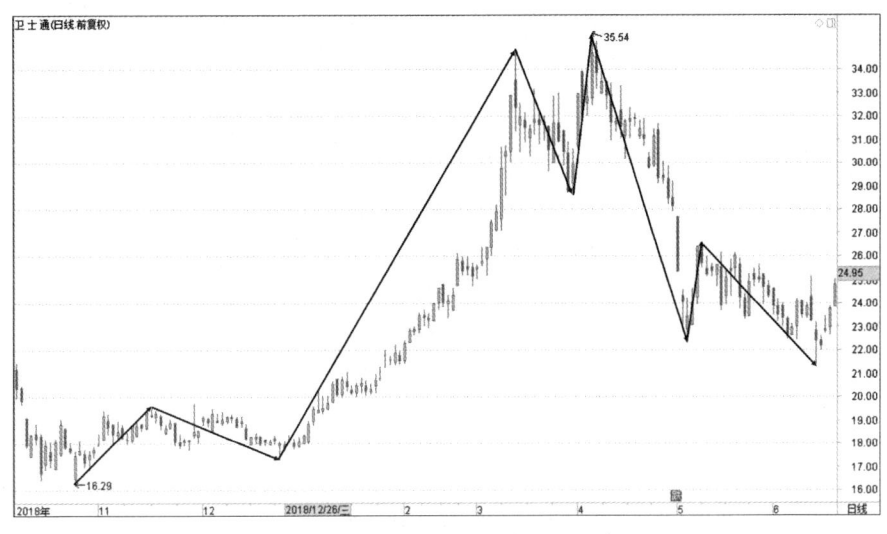

图 8-2 卫士通日线图

从日线级别的角度来说，5 个上升浪和 3 个下跌浪运行完毕后，一个完整的波浪循环就结束了，后面的行情将步入一个新的循环当中。但如果我们把这段行情放到周线图上去观察，或许就会有不一样的结论。

图 8-3 所示是卫士通（002268）2018 年 9 月至 2019 年 8 月的周线图，其中用箭头标注的部分就是日线图上相同时间段的行情。

图 8-3 卫士通周线图

我们通过周线图可以观察到，日线图上完整的波浪循环在周线图上不过是上升的一个推动浪和下跌的一个调整浪。这个结论很重要，它构成了我们细分、拆解波浪的基础。

或许有的读者会问，这样的观察有意义吗？对我们的实战操作会有帮助吗？我们的结论当然是肯定的，因为这是我们利用 KDJ 指标进行实战交易的理论基础。

TIPS：指标的运用是需要时机的，不是每一次指标形成金叉时我们都要买入，也不是每一次指标形成死叉时我们都要卖出，不要说没有精力与时间持续看盘的业余投资者，就是专业的市场投资者也做不到这一点；唯有经过过滤与取舍，把握住成功概率最大的机会进行交易，才能做到一击必中、出手必赢。

假设一名市场投资者参与到了卫士通这只股票的交易中，当面对图 8-3 所示的局面时，他是否能知道其中的 35.54 元是一个波段的高点呢？不管他是否知道，但至少我们知道，因为波浪理论告诉我们，当一个上升推动浪走完了 5 个波浪时，后面跟随的一定是 3 个子浪的调整，这就是波浪细分、拆解的意义，它让我们知道何时该买、何时该卖。

8.2.1 推动浪细分拆解

推动浪的细分拆解其实很简单，就是将一个正常的波浪分解成 5 个子浪。只要我们牢记这个原则，当细微走势完成 5 个子浪后，我们就可以按照波浪理论的原则先行退出，躲避接下来的调整浪。

我们把图 8-2 和图 8-3 整合一下，就能看出这种效果。图 8-4 所示是整合后的效果图，即波浪细分拆解图。

很明显，图 8-4 中，单独看向右上方倾斜的箭头就是一个波段，但这种波段的内部构造其实是由上升的 5 浪推动而成的。这就给我们一个启示，如果我们发现市场上有一个交易品种走完了上升 5 浪，则预示着它在上一级别的波浪中走完了一个上升子浪。

TIPS：不是只有向上的浪才叫推动浪，当上升 5 浪走完，价格步入调整阶段时，向下的波浪也叫推动浪，它也是由 5 个波浪组成的。

图 8-5 所示是上证指数（999999）2019 年 3 月至 6 月的日线图。

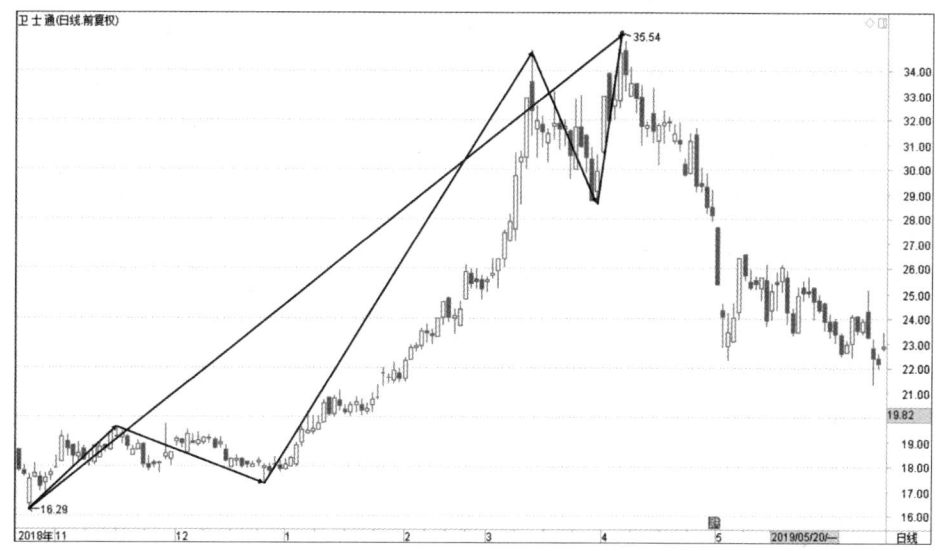

图 8-4 波浪细分拆解图

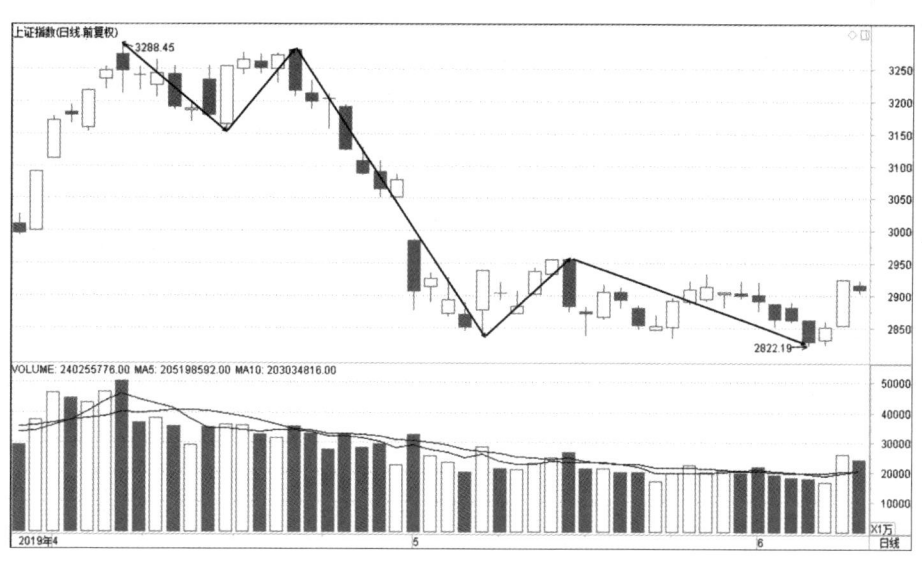

图 8-5 上证指数日线图

从图 8-5 中可以看到，上证指数在向下调整的过程中也走出了 5 浪的结构，表明这波下跌也是一个主动做空的推动浪。

价格都是以波浪的形式变动的，有涨就有跌，一个上升子浪走完，紧随而至的必然是调整浪。期货市场还好说，我们可以做空获利，但股票市场不可以做空，为了保住既有的利润，暂时的退出就是必然的选择，而退出的点就是一个良好的卖点。

8.2.2 调整浪细分拆解

相较于推动浪的直接，调整浪的细分拆解就显得复杂了一些。究其原因，是因为调整浪的形态分类较多。

市场当中有个词，叫"千人千浪"，就是说1 000个人可以数出1 000种浪形。为什么会有这么大的差异？主要原因就是调整浪结构的复杂性，而投资者在波浪理论上所犯的错误也基本出现在对调整浪的计数上。

经统计，调整浪的形态可以分为以下5种。
- 锯齿形。
- 平台型。
- 三角形。
- 楔形。
- 重三型。

这只是大概的分类，每一种调整浪的形态还可以进行进一步细分。例如，锯齿形可以细分为简单锯齿、双重锯齿、三重锯齿等，平台型可以分为标准平台、扩张平台、强势平台等。我们选取其中较为经典、市场中也较为常见的调整浪形态进行讲解。

TIPS：请大家记住一句话，那就是调整浪绝不会以5浪形式出现，这是区分调整浪与推动浪最关键的一点。

我们看第一种调整浪：锯齿形调整浪。

图8-6所示是卫士通（002268）2019年4月至6月的日线图，也是图8-2中整体波浪形态的右半部分，其中向右下方倾斜的直线就是周线图8-3中同等时间段的调整浪。

我们将其细分就会发现，调整浪是以锯齿状的3浪形态完成的，这是基本的调整浪。

TIPS：调整浪属于3浪结构，在市场中，锯齿形的3浪结构调整是典型且常见的；在多头市场中，它可以充当回档的向下调整的力量；在空头市场中，它可以充当向上的反弹修正的力量。

我们看第二种调整浪：平台型调整浪。

严格说起来，平台型调整浪不应算作调整浪，毕竟它只是一个巩固形态。究其原因，是因为市场当中上涨的力量太强，价格刚一下跌，后市看好市场的投资者就进场买入，以至于价格很难进行深幅的调整，而只能在一个区间内震荡。

图 8-7 所示是天润曲轴（002283）2018 年 10 月至 2019 年 4 月的日线图。

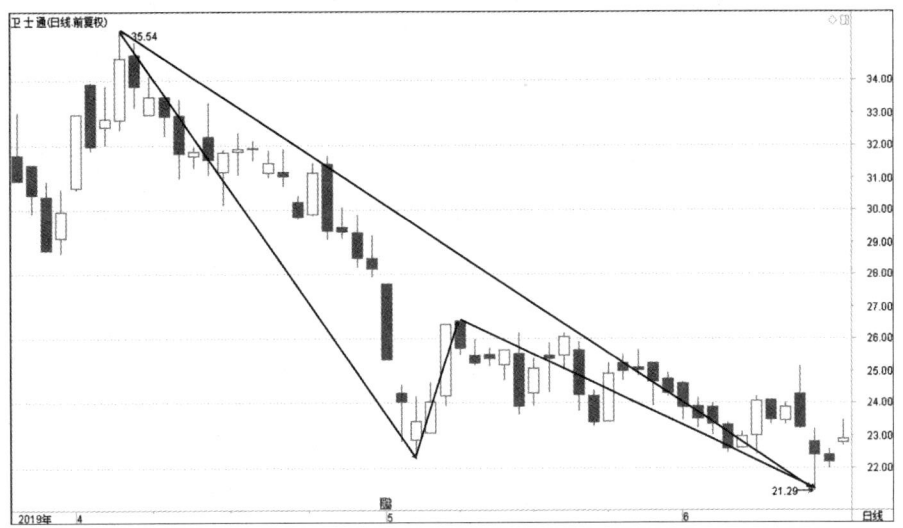

图 8-6 卫士通日线图

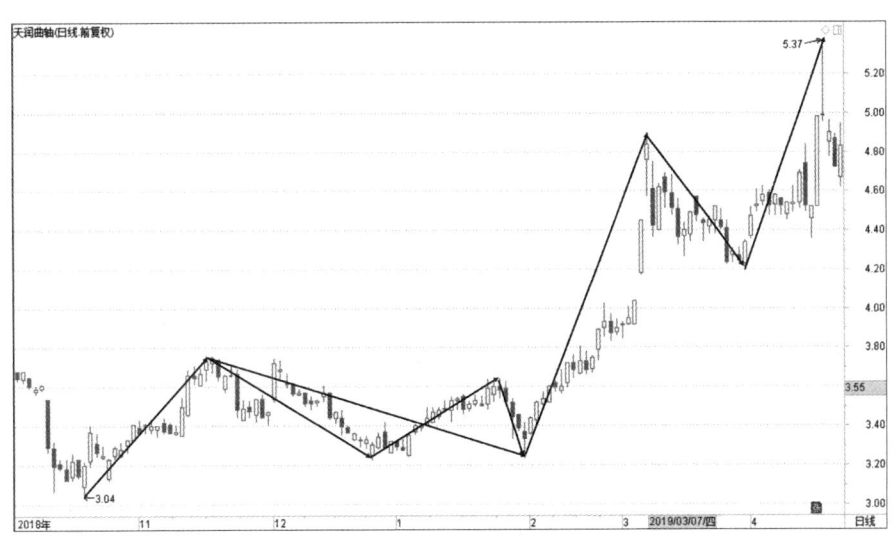

图 8-7 天润曲轴日线图

在图 8-7 中，该股走出了一个明显的 5 浪上升结构，其中细分拆解后的 2 浪就是一个非常清晰的平台型调整浪。平台型调整浪的种类很多，相对于常规的平台型调整浪,其余类型的平台型调整浪不易把握,因此我们放弃它们,只保留这一种。

第三种调整浪:三角形调整浪。

三角形调整浪出现的概率也很大,在实战中,它与平台型调整浪出现的频率差不多。但三角形调整浪有一个特点是平台型调整浪所不具备的,那就是三角形调整浪往往出现在上升5浪当中的第四浪。

TIPS:请读者一定要重视这一点,因为它对判断整个上升浪是否结束有着至关重要的作用。

图8-8所示是奇正藏药(002287)2018年9月至2019年4月的日线图。

图 8-8 奇正藏药日线图

从图8-8中我们可以看到,该股的第四浪就是一个三角形调整浪,在对行情进行整固后才拉出大阳线,开始第五浪也就是最后一浪的征程。

有一点需要说明,由于每份期货合约都有交易时间上的限制,图中显示出的形态有时会显得较为局促,不能像在股票市场中那样有充裕的时间演变,所以有时候波浪会以某种变体的方式存在,这是需要大家注意的地方。

常用的调整浪我们就选择了这3种,只要大家记住它们的基本形态,就可以利用它们进行交易了。

8.3 波浪定律与原则

波浪理论的基础很简单，更何况我们在这里摒弃了波浪理论中的大部分内容，只是精心选择了对我们实战交易有帮助的一部分。尽管如此，波浪理论中的一些定律和原则我们还是要遵守的，因为这些定律和原则对我们正确辨识波浪形态非常有帮助，也是我们进行交易的基础。试想一下，如果我们一方面想利用波浪的特点进行交易，一方面又不能精准地划分波浪，那这样的交易又怎么会有良好的结果呢？

8.3.1 波浪定律

波浪理论很庞大，艾略特从形态、幅度、时间、空间等各个方面对波浪进行了归纳与总结，它可以说是包罗万象，否则它也不可能成为与道氏理论和江恩理论齐名的投资理论。但就是这样一个庞大的体系，其定律却只有两条。下面让我们看看这两条定律的内容。

● 第三浪往往是最大的波浪，但因第五浪有时会走延长浪，故第三浪绝不是最短的一浪。

● 除非发生在倾斜三角形的变异形态中，否则第四浪回调的低点不应该与第 1 浪的高点重叠。

我们先看第一条，之所以会说第五浪有时会走延长浪，是因为期货市场中经常发生这样的事。要知道，波浪理论针对的不仅仅是股票市场，而是整个金融市场，所以各种因素都要考虑到。在实战中，我们只需牢记第三浪绝不是最短的一浪。

再看第二条，一般情况下股票市场中一定要坚守这一条，但期货市场中却未必，这也是由市场的不同属性所决定的。期货市场由于可以双向交易，所以只要一方占优，就通常会将利润最大化，行情容易走极端，这就会使整体的结构有时候并不完美。因此，期货投资者不必拘泥于这一点，只要整体结构符合波浪定律就可以了。

图 8-9 所示是卫士通（002268）2018 年 10 月至 2019 年 7 月的日线图。

图 8-9 中有一条水平横线，是从 1 浪的顶引出来的，我们看到 4 浪回调的底距离 1 浪的顶还有一段距离，说明符合定律的第二条，即 4 浪的底与 1 浪的顶没有重叠。

仔细观察上涨波段，可以发现 3 浪是最长的，符合了定律的第一条，即 3 浪绝不是最短的波浪。由于两条定律都符合，我们由此断定，该股的这一段走势确实是以波浪的方式呈现的。

TIPS：不是每一段行情都会走波浪形，但走波浪形的投资品种一定要符合这两条定律，这是我们在实战中要牢记的。

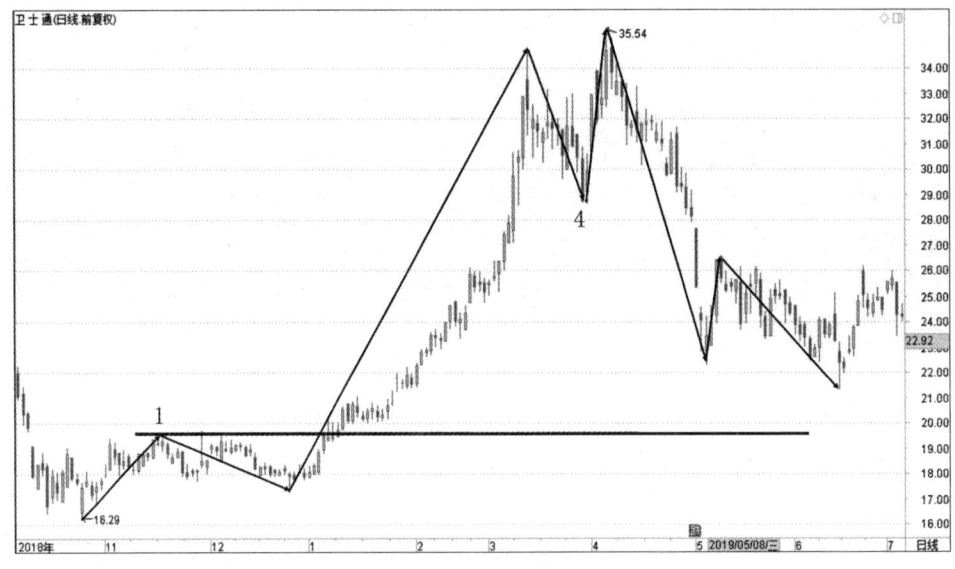

图 8-9　卫士通日线图

8.3.2　交替原则

交替原则是专门针对调整浪的，内容也非常简单，即调整浪中的第二浪和第四浪的形态一定是交替进行的，其中必有一个是简单的形态，另一个则是复杂的形态。

举个例子，假如一只股票的走势是上升 5 浪的结构，如果 2 浪是较为简单的锯齿形调整浪，那么 4 浪就有可能是复杂的三角形调整浪；反之，如果 2 浪是复杂一点的三角形调整浪或者是平台型调整浪，则 4 浪就有可能是较为简单的锯齿形调整浪。

TIPS：所谓原则，就是在正常情况下应该如此，但并不是绝对的，它只是给我们提供了一种思考的模式，是实战中的一个较优选项。

如图 8-10 所示，我们仍用卫士通（002268）2018 年 10 月至 2019 年 7 月的日线图进行说明。

从图 8-10 中我们看到，2 浪的调整是复杂的平台型调整，根据波浪理论的交替原则，则 4 浪的调整是以震荡下跌的简单形式完成的。

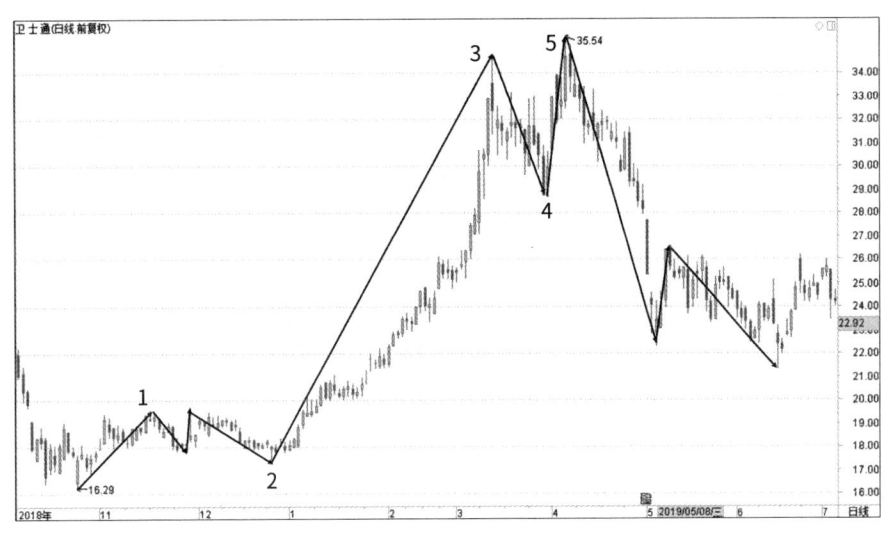

图 8-10 卫士通日线图

8.4 用 KDJ 指标捕捉波浪买点

波浪理论中一个完整的循环共有 8 个浪，这当中有 4 个浪是上涨的，即 1 浪、3 浪、5 浪和反弹的 B 浪。如果再将这 4 个浪细分可以发现，3 浪与 5 浪的前面是调整浪串联的；1 浪是新的循环的开始，它的前面一定是上一个波浪循环当中最后的 C 浪，是一个 5 浪推动的结构；B 浪则是串联在下跌 A 浪和 C 浪之间的反弹浪，前面也是一个主跌的推动浪。我们把思路理清，波浪的买点其实就呈现出来了。

总结一下，波浪的买点只有两类，即多头市场在向下的调整浪结束后买进，空头市场在向下的推动浪结束后买进。

TIPS：KDJ 指标在短期、中期趋势中有独特的作用，将其与波浪理论结合，会有意想不到的收获。

8.4.1 向下的调整浪结束后买进

调整浪有两个作用，一个是修正前面过快的涨势，另一个是巩固原有的成果。作为个人投资者，调整浪有什么样的作用对我们来说不是特别重要，在实战中只要记住调整浪一定是 3 浪结构就不会迷失方向。

我们需要的调整浪有 3 种，一是锯齿形结构，二是平台型结构，三是三角形结构。

图 8-11 所示是卫士通（002268）2018 年 10 月至 12 月的日线图。

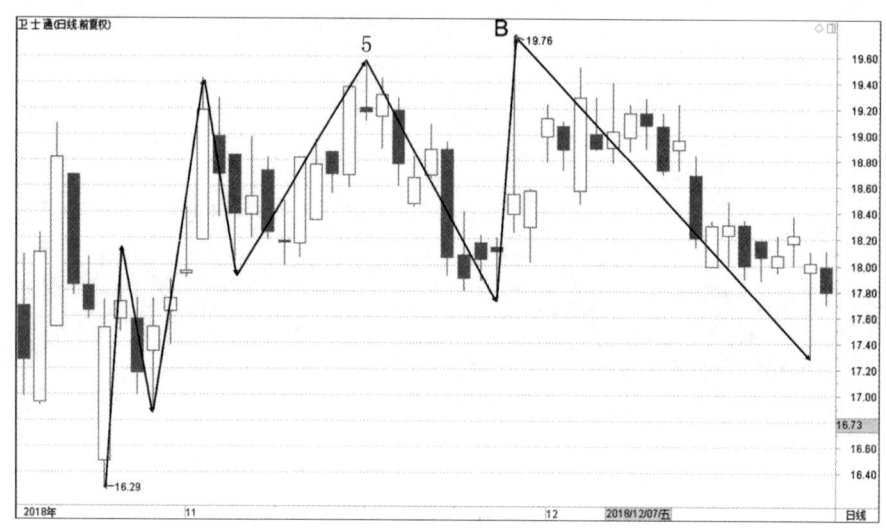

图 8-11 卫士通日线图

为了方便读者观察，我们在图 8-11 上用箭头将波浪结构画了出来。很明显，左侧的行情是一个上升的 5 浪结构，也就是一个推动浪。既然是向上的推动浪，说明不是 1 浪就是 3 浪，后面跟随的一定是一个 3 浪结构的调整浪。只要我们等待机会，在调整浪结束的时候进场，就可以安全地进入一个上升波段，获取合理的利润。图中 B 浪的高点高于 5 浪的高点是不是错误的？并不是。波浪理论规定，如果是强势的 B 浪反弹，B 浪的高点可以高于 5 浪的高点。

这样的策略有没有效果呢？让我们看看后续的图。

图 8-12 所示是卫士通日线后续的走势图。

我们已经在图 8-12 中用箭头将平台型调整浪画了出来，既然前面是一个推动浪，我们在目前至少可以将其看作一个调整浪，并且在调整浪结束的时候买进。

我们可以看到在图 8-12 中方框框定的地方，KDJ 指标已经发生金叉，并且金叉发生在 20 线这一低位，表明后市股价有较大的概率会上涨。

我们看到价格随后展开了上攻，证明我们的策略是有效的。

后面的走势的确如我们所料，就算我们无法把握后面的行情，但在调整浪结束后反弹的这一波行情中我们还是能够获得利润的。

我们再看一个期货市场的实例。图 8-13 所示是千方科技（002373）2018 年 10 月至 2019 年 4 月的日线图。

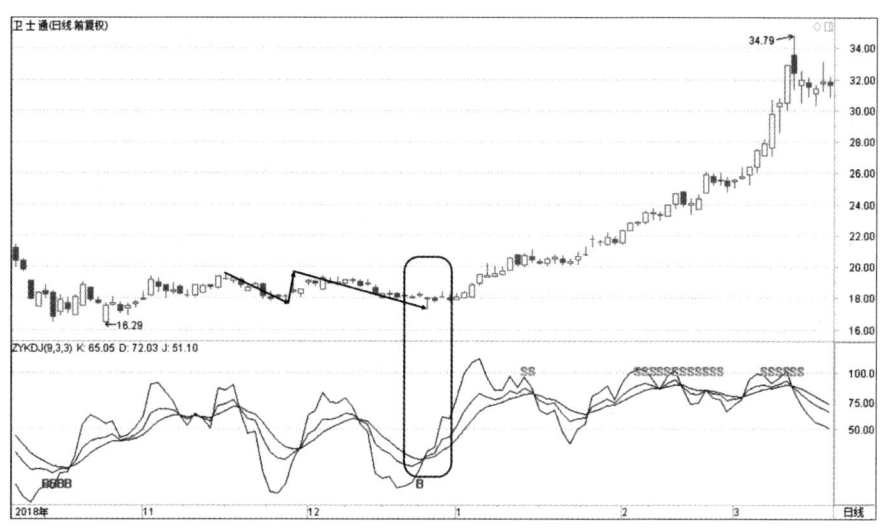

图 8-12 卫士通日线后续走势图

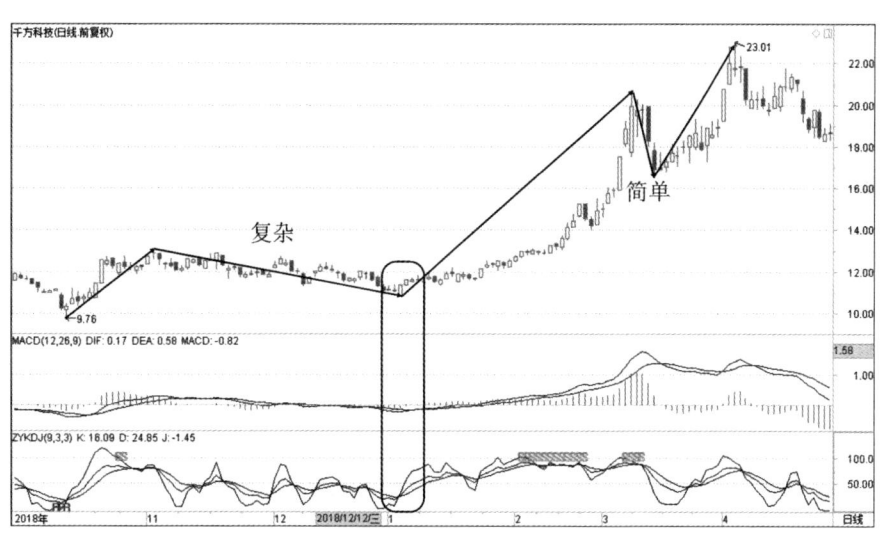

图 8-13 千方科技日线图

在图 8-13 中，我们把 MACD 指标与 KDJ 指标放在一起，用双指标系统作为技术参考来考量波浪系统的买点。

千方科技的整体运行结构我们已经用箭头在图上标注了出来，很明显，这是一个上升 5 浪结构。我们重点看 2 浪的调整，它形成了一个较复杂的平台型结构，符合我们的投资模式，因此我们可以依据 KDJ 指标所发出的信号在调整浪结束的时候进场交易。在图 8-13 中方框框定的地方，也就是调整浪结束的当天，我们看到 KDJ 指标在 20 线附近发生了金叉。调整结束的第三天，双指标系统中的 MACD 指标也发生了金叉，验证了 KDJ 指标的有效性。遇到类似的这种情况，在实战中我们应该果断地买进。

向下的调整浪只能是 2 浪或者是 4 浪，不管是哪一个，后面至少还有一个波段的利润等着我们去获取，这就是我们进场的理由。

还有一点需要注意，图 8-13 中的 4 浪结构相对简单，这也符合波浪理论中的交替原则：既然 2 浪是复杂的平台型结构，则 4 浪必定是一个简单的结构。

最后我们看一个三角形调整浪的实例。图 8-14 所示是易联众（300096）2018 年 9 月至 2019 年 4 月的日线图。

图 8-14 易联众日线图

该股的运行轨迹我们在图 8-14 中已经用箭头标注了，是一个非常清晰的上升 5 浪结构。大家要注意的是，当价格运行到第四浪的时候，我们看到多头选择的是一个三角形的结构，并且是市场上常见的收敛三角形结构。相比扩张型的三角形以及直角三角形等结构，收敛型三角形结构更为简单，所以它是我们首选的结构。

TIPS：按照我们的策略，当调整浪结束时，就是我们进场交易的时机。

在图 8-14 中方框框定的位置，KDJ 指标所发出的金叉信号提示我们交易机会已经来临，而且这还是一个发生在 50 线的金叉，说明多头主力的买卖方式十分标准。感兴趣的读者可以打开软件自行查看，图 8-14 中无论是 K 线的涨幅还是成交量的增加，都符合量增价涨的要求，对 KDJ 指标所发出的金叉信号的有效性进行了充分的验证。

我们看到股价随后继续上涨，直到完成最后的推动 5 浪才告一段落。图 8-14 的例子中，3 浪的长度是最长的，涨幅也是最大的。按照波浪理论的原则，当出现一个明显加长的波幅时，另外两个浪的长度应该相近，本例也符合这一点。

调整浪结束后的买进时机我们就介绍到这里，对于 3 种精心选择的调整浪我们都通过实例为大家进行了讲解，并且还间接复习了其他章节的内容，相信对大家的实战运用会有一个良好的帮助。

8.4.2 向下的推动浪结束后买进

推动浪是一个 5 浪的结构，如果在向上的推动浪结束后买进，后面显然是一个 3 浪的向下调整形态，这不是我们想要的。排除这种局面，剩下只有一种可能，那就是在向下的推动浪结束后买进，以构造一个 3 浪结构的反弹。

既然是反弹，就又是一个 3 浪结构，那么我们对它向上的高度通常不要抱太大的希望，尽管有时候 B 浪也会创出新高。

TIPS：反弹 B 浪的作用就是修正过快的下跌走势，缓和市场的节奏，给多头最后一个离场的机会。

图 8-15 所示是万达信息（300168）2019 年 3 月至 8 月的日线图。

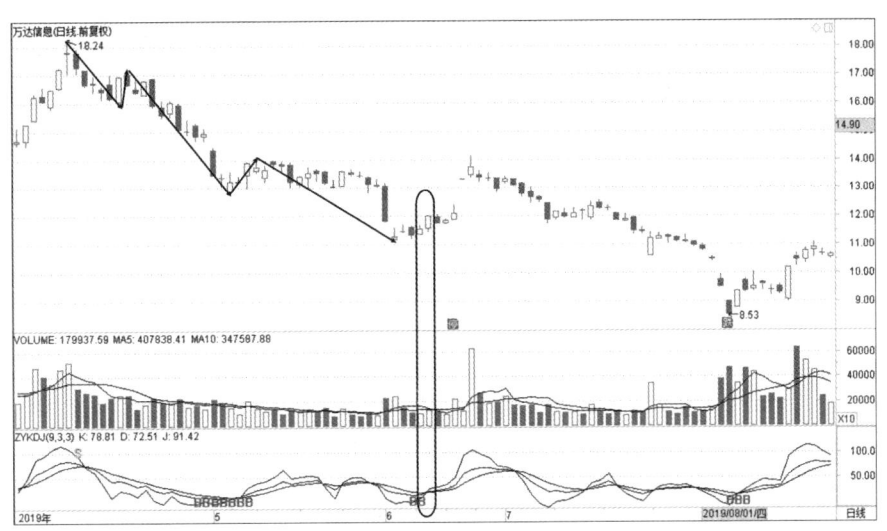

图 8-15 万达信息日线图

图 8-15 的左侧，我们用箭头将价格的运行轨迹进行了标注，很明显，这是一个 5 浪的下跌结构，是一个主导价格下跌的推动浪。在波浪理论中，向下的推动浪只有两个，一个是 A 浪，另一个就是 C 浪。如何在实战中区分它们呢？主要就是看其后面的波浪的结构。假如是 A 浪，后面的 B 浪必然是 3 浪结构；假如是 C 浪，后面是

新的循环的开始，一定是 5 浪结构。在实战中，我们先从小的做起，即假设是 B 浪反弹，然后再运用 4 浪的底和 1 浪的顶不重叠的定律来验证后面的走势。

我们看图 8-15 的左侧，5 浪的下跌完全符合波浪理论，按照我们的策略，就应该在推动浪结束时进场买进。在图 8-15 中方框框定的位置我们看到，KDJ 指标发生了金叉，与此同时，量价关系构成了我们所需要的量增价涨的模式，验证了金叉的有效性，表明我们买进的点位也应该在这里。后续价格如我们所预料的那样展开上涨走势，并且是以两个波段即 3 浪的结构展开的，到了这里，我们要懂得适可而止的道理，做到落袋为安。即使后面还有行情，也不过是最后的 5 浪，我们完全可以等到价格回落后再进场。

后续的行情不用多说，价格在后面又继续下跌并创出新低，表明我们的判断是正确的，前面的行情是一个 A 浪的下跌走势。

期货市场中这样的例子也不少，我们选取了一个实例让大家学习一下。图 8-16 所示是上海国际能源交易中心原油指数期货合约 2019 年 9 月至 10 月的 60 分钟图。

图 8-16 原油指数期货合约 60 分钟图

我们看到图 8-16 中左半部分的走势是一个标准的推动浪的行情，呈现的是一个 5 浪的结构，这符合我们买入的模式。当期货合约价格完成 5 浪下跌后，此时 KDJ 指标也开始低位钝化，并且在方框中框定的位置即 50 线附近发生了金叉，预示着后市有较大的概率会走强。

由于期货市场中成交量使用得少，所以我们在图 8-16 中改用 KDJ 指标和 MACD 指标这一双指标系统进行观察。我们看到当 KDJ 指标形成金叉的时候，MACD 指标并没有同步形成金叉。在本书第 5 章介绍双指标系统的时候，我们曾经讲过双指标系统的第一买点就是指标共振，但我们不强求两个指标同一时间发生金叉，只要保证间隔在 5 个交易日的时间周期之内都是可以的。

我们看到图 8-16 中方框最右侧的 K 线，也就是 KDJ 指标发生金叉后的第三天，MACD 指标完成了金叉共振，符合我们的买点策略，期货合约价格展开了大规模的上攻。相较于种类繁多的调整浪，推动浪的结构显得简单一点，这算是它的优点；但正因为多了一个波浪，推动浪等待的时间比调整浪也长了一些，这是它的缺点。在实战中如何选择，只有靠投资者自己权衡。

8.5 用 KDJ 指标捕捉波浪卖点

找到一个合适的卖点永远是一个大问题。由于期货市场可以双向开单，进行对冲交易，所以寻找卖点的压力相对而言小一些。但在股票市场中，一旦开单方向与行情相反，投资者会立刻陷入亏损状态当中，给自身造成极大的压力。

完整的波浪循环共有 8 个浪，其中 4 个浪是下跌的，即多头行情的 2 浪和 4 浪以及空头行情的 A 浪和 C 浪。如果仔细研究这 4 个浪就会发现，2 浪与 4 浪的下跌是因为前面有 1 浪和 3 浪的上涨；而 A 浪是 5 浪结构全部完成后的下跌，C 浪则是 B 浪反弹后的下跌。因此，我们顺着这样的思路寻找，波浪的卖点其实已经显示出来了。

我们总结一下，波浪的卖点也分两类，即多头市场向上的推动浪结束后卖出，空头市场向上的反弹浪结束后卖出。

8.5.1 向上的推动浪结束后卖出

实战中，波浪只是为我们提供了一个框架，具体的卖出时机的选择我们还是要依据 KDJ 指标来完成。

我们来看看具体的波浪卖点的选择。

图 8-17 所示是华夏银行（600015）2018 年 12 月至 2019 年 4 月的日线图。

在图 8-17 中，通过箭头的标注，该股运行的轨迹已经非常清楚，就是一个 5 浪结构的推动浪。像这种推动浪的卖点，有强大技术分析能力的投资者如果做得好，有很大概率可以抓住每一个波段。

TIPS：对我们而言，最好的策略就是在 5 浪结束后一次性卖出获利；至于如何寻找合适的卖出点，自然还要依据本书的主角——KDJ 指标。

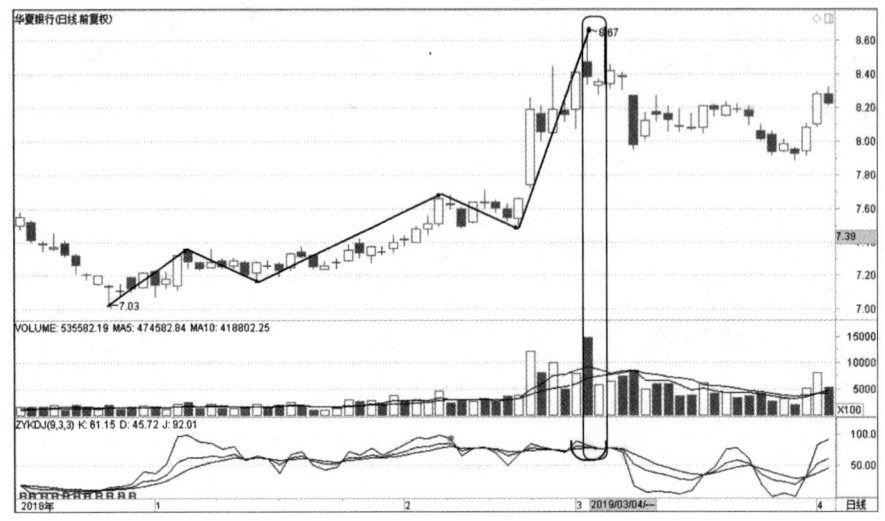

图 8-17 华夏银行日线图

我们看到在图 8-17 中方框框定的地方，KDJ 指标在 80 线这一高位发出了一个死叉信号，预示后市大概率会被看淡，即后市行情可能会不好。观察 K 线和成交量，可以发现这是一个标准的量缩价跌的量价关系，它验证了指标所发出的死叉信号的有效性。

除此之外，细心的读者或许已经发现，KDJ 指标在进入高位钝化状态后形成了一个双头形态，这都是潜在的行情看淡的信号。将这些信号叠加起来，我们就可以下定决心在这个位置先行退出，以等待后面的好时机。我们看到股价随后应声而落，证明我们的策略是可行的。

期货市场中的投资者对交易时机更为看重，我们看一个期货市场的实例。图 8-18 所示是郑州商品交易所菜粕 2101 期货合约 2019 年 1 月至 11 月的日线图。

图 8-18 的整体结构非常简洁，就算是接触波浪理论不久的投资者也能够一眼看出来，期货合约价格的总体走势就是一个标准的 5 浪结构，是一个向上的推动浪。当 5 浪结构运行完毕后，在图 8-18 中方框框定的地方，我们看到 K 线开始出现长上影线。与此同时，KDJ 指标也在 80 线稍低一点的地方发生了死叉。更重要的是，代表中期趋势的 MACD 指标在同一时刻与 KDJ 指标发生了共振，构成了双指标系统的第一卖点。将不同信号进行叠加后，我们有理由相信，期货合约价格在未来会有明显的下跌走势。

从图 8-18 中我们看到，期货合约价格随后开始下跌，但在我们成书时价格有反弹的迹象。相信读者此时已经掌握了这种技巧，在这种时候即使合约价格上涨，也不过是 B 浪的一个反弹而已，后面还有"杀伤力"更大的 C 浪。

这种模式简单易学并且容易上手，期货投资者可以先进行模拟操作，等完全掌握后可以轻仓尝试。

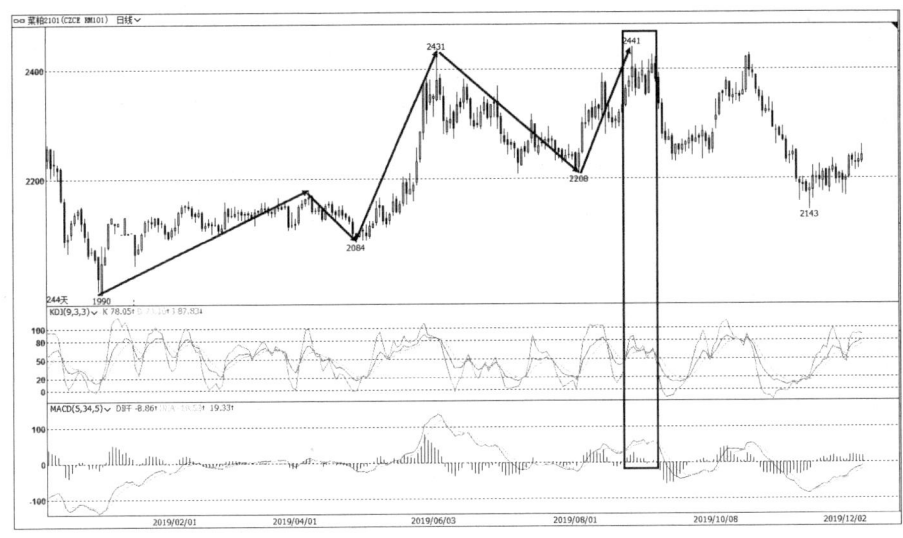

图 8-18 菜粕 2101 期货合约日线图

8.5.2 向上的反弹浪结束后卖出

有一部分亏损的投资者或者被套的投资者，在止损出局或深套其中时可能会抱怨这个市场太无情、太残酷，实际上可能是他们没有读懂市场的信号。

TIPS：市场其实并不冷酷，它总是会给投资者机会，提醒他们认清风险，这个机会就是反弹的 B 浪。

初次下跌时由于市场上多头的气氛还比较浓厚，因此 A 浪的下跌空间一般都不会很大，这也是大部分投资者可以接受暂时亏损的原因。只是当市场展开 B 浪反弹走势时，许多投资者会把 B 浪看成新的涨升波段的开始，从而紧握手中的筹码而不愿离场，这才是造成投资者大幅度亏损的主要原因。鉴于此，投资者有必要认真进行总结，好好领会反弹浪结束后的卖出机会。

图 8-19 所示是中原高速（600020）2019 年 3 月至 8 月的日线图。

在图 8-19 中，箭头所标注出来的走势就是针对高点之前的推动浪而进行的 A、B、C 浪的调整，其中 B 浪的反弹力度并不大。

市场给了投资者从反弹中退出的机会，如果投资者不珍惜，那么就只能接受错失卖点的结果。在图 8-19 中方框框定的地方，我们看到 KDJ 指标在 80 线附近发生了死叉，下跌的价格和增加的成交量表明这是一个量增价跌的量价组合，验证了指标所发出的死叉信号的有效性，随后我们看到市场采取了一种较为强势的方式展开下跌，这也符合 C 浪的特性。

实战中，B 浪的反弹其实很好判断，如果投资者能辨认出前期推动浪的 5 浪结构，后期的反弹大概率会是 B 浪。所以，只要投资者多一点警觉，少一点贪婪，在高点离场还是不难办到的。

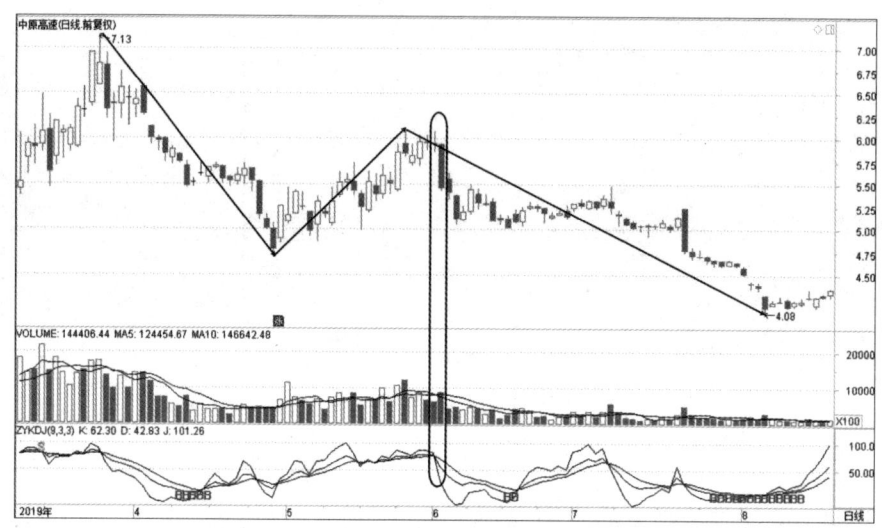

图 8-19 中原高速日线图

本章的最后，我们通过一个经典的实例再跟大家讲解一下波浪理论。

图 8-20 所示是中山公用（000685）2018 年 10 月至 2019 年 8 月的日线图。

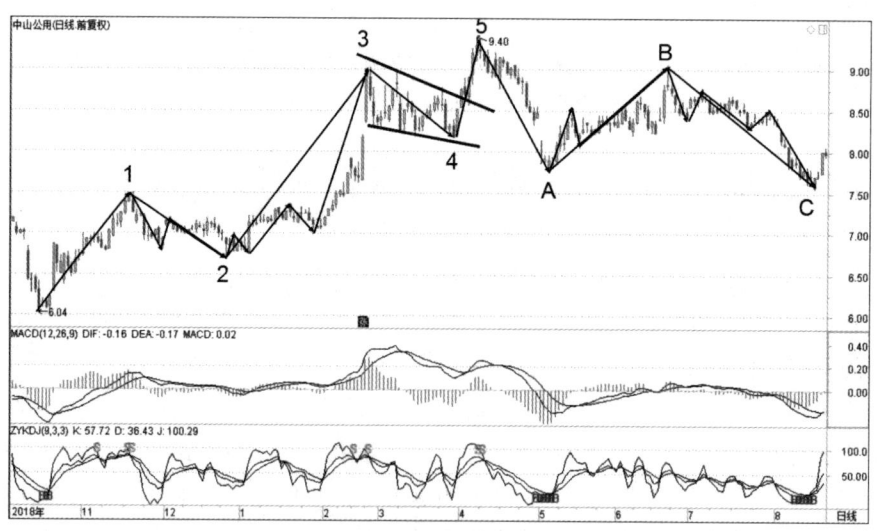

图 8-20 中山公用日线图

图 8-20 几乎涵盖了波浪理论的"精华",用市场中的一句话说就是"走势终完美",下面让我们为读者一一解读。

(1)交替原则。2 浪锯齿形的调整与 4 浪相对复杂的调整形态体现了波浪理论中的交替原则。

(2)两条定律。第一条,3 浪即使不是最长的,也不会是最短的。图 8-20 在大 3 浪中出现了延长浪形态,大 3 浪中的 5 浪幅度最大,但大 3 浪中的 3 浪并不是最短的。第二条,除非发生倾斜三角形的变异形态,否则第四浪回调的低点不应该与第一浪的高点重叠。

我们看到,图 8-20 中的 3 浪绝不是最短的一浪,3 浪又可以细分成 5 个子浪,说明 3 浪走的是延长浪形态,这也完全符合我们前面提到的内容,即股票市场上 3 浪很容易走出延长浪形态。此外,调整浪中 4 浪的底与上升浪中 1 浪的顶不允许完全重叠,但期货市场可以有小小的差异。图 8-20 中的行情走势也完全符合这一条。

(3)向上的调整浪是 3 浪结构,说明就是一个反弹的 B 浪,我们应该在指标发出信号时离场。

(4)C 浪是下跌最为猛烈的一浪,图 8-20 中居然又可以细分出 5 个子浪,可见空头做空的力度是多么强。

如果投资者对波浪理论有足够的了解,能够正确划分出前面的 5 浪结构,那么对于此处的反弹 B 浪就一定能够准确预判,并且在诸多信号叠加的情况下从容离场。可以说,这样的卖点是相当清晰的。

TIPS:波浪理论博大精深,但从实战的角度出发,我们只需提取其中精华的部分为我们所用就够了。

本章的买点和卖点都不复杂,读者所需要的就是熟练区分推动浪和调整浪的结构。做到这一点并不难,只需多看图、多画图即可。

第9章

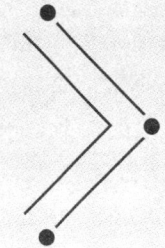

KDJ 指标与时间周期

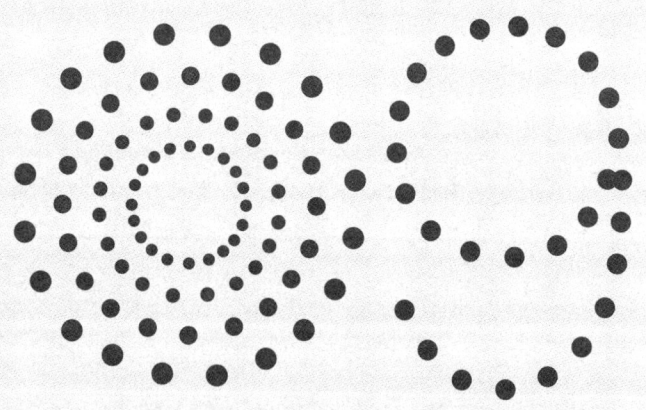

之前，我们主要介绍了 KDJ 指标的构造、功能以及其他技术体系如何对指标信号进行验证，其中包括 KDJ 指标如何与它们进行技术上的融合与衔接，从而决定何时进场交易、何时离场观望等。这些都只是单一层面的问题，只要大家对相关技术有所了解，理解起来并不是很难。本章我们将向大家介绍 KDJ 指标自身多层次的问题，即不同时间周期下 KDJ 指标自身的变化，相信这对于大家在不同时间周期下熟练运用 KDJ 指标是有很大帮助的。

9.1 时间周期

江恩理论的创始人威廉·江恩曾经说过，所有的预测都建立在数字之上，只要给他足够的资料和时间，他可以预测一切事物。

我们不能给出数字，但可以给出时间。价格图上有两条轴线，垂直的纵向轴表示价格的空间，水平的横向轴表示价格的时间。由此可见，在价格的二维世界里，时间是一个多么重要的角色。

TIPS：在金融市场里，时间已经被升华，亦被很多人研究，他们把时间对价格的影响称作周期理论。

周期理论有 5 条最重要的基本原理。

● 谐波原理。

● 叠加原理。

● 同步原理。

● 比例原理。

● 错位原理。

关于时间周期的内容不是本书的重点，我们不进行详细论述，只列举几个实例，让大家了解一下时间周期在实战中的应用。

我们先来看周期理论中的谐波原理。

谐波原理很简单，是指周期长度之间存在等长或倍数的关系。

图 9-1 所示是锦龙股份（000712）2019 年 4 月至 5 月的日线图。

从波浪的角度理解，很明显，锦龙股份在这里走的是一个 5 浪结构的下跌推动浪。大家仔细观察一下就会发现，尽管是下跌 5 浪结构，但下跌 1 浪和下跌 5 浪的时间周期其实是相等的，都是 6 个交易日，二者是一个等长的谐波关系。这再次证明了波浪理论中关于波浪长度的论述，即在波浪运行中若有一个波明显延长，则其余的两个波长度大体相等。同时也表明，即使是波浪理论，价格在运行过程中也是遵循时间周期理论的,道理很简单,同波浪理论一样,时间周期理论也是自然法则。

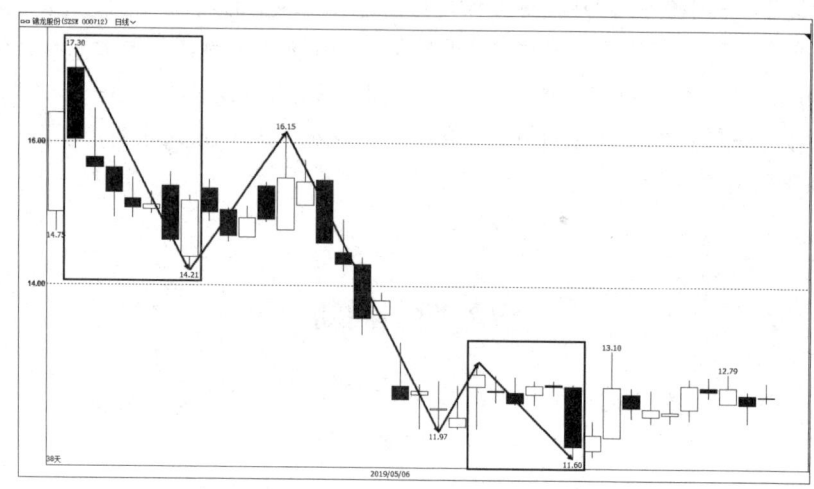

图 9-1 锦龙股份日线图

图 9-1 是谐波原理的一个实例。下面我们再通过一幅图,看看周期理论里的叠加原理是怎么样的。

对叠加原理的描述是：所有价格变化均为一切有效周期简单相加的结果。

图 9-2 所示是振华科技（000733）2018 年 12 月至 2019 年 9 月的周线图。

图 9-2 中有两个方框,各自代表着一段周线行情。我们看这两段行情,几乎就是一模一样的,并且时间周期也完全相同,给人的感觉就是将第一段行情取出来放到了第二段行情发生的地方。这就是有效周期的简单相加,属于叠加原理。

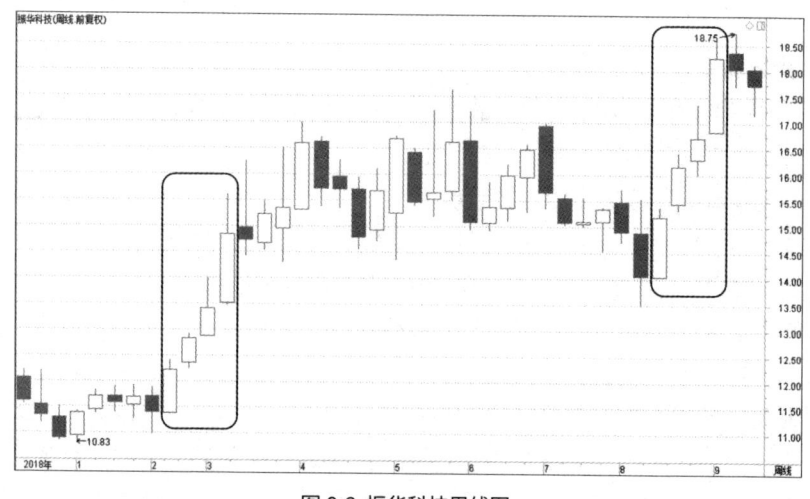

图 9-2 振华科技周线图

了解了时间周期中的这些基础知识，我们在实战中就可以具体地应用了。

9.2 指标共振

就 KDJ 指标而言，不同的时间周期下，指标亦会有不同的表现。指标共振利用的是时间周期里的同步原理，即不同的周期在同一时刻发生同一种现象。

我们举个简单的例子以便于大家理解。以日线和周线来说，每周有 5 天交易时间，也就是说 5 个日线的交易结果才能构成 1 个周线的交易结果，二者之间是 5 倍的周期关系。依此类推，如果大家知道不同时间周期的构成，就会知道月线和周线是 4 倍的周期关系，月线和日线是 20 倍的周期关系，日线和 60 分钟线是 4 倍的周期关系。

不同的时间周期代表的含义也不尽相同，例如道氏理论曾把月线为代表的大级别行情称作波浪，把周线为代表的中级行情称作潮汐，而把日线为代表的短线行情称作涟漪。理论上讲，各个级别由于时间周期不同，尽管是同一个指标，彼此间形成共振的机会依然少之又少。但也正因机会难得，一旦指标形成共振，产生的效果往往比单周期的效果要好得多。

9.2.1 周线与月线的共振

相对而言，指标共振往往是在两个相邻的时间周期之间发生的次数较多。从概率上讲，这是因为两个相邻的时间周期之间容易发生时间周期上的同步原理、谐波原理和比例原理，而不相邻的时间周期发生共振的概率就会小许多。金融市场中没有绝对的事，到现在为止，没有一个人敢保证一定会看对某段行情，大家追求的其实都是大概率事件。既然如此，我们只需去寻找那些大概率、确定性高的事就可以了，没有必要去追寻那些看起来很缥缈的小概率的事件。

下面，我们通过连续图解的方式为大家讲解不同周期下的指标共振。图 9-3 所示是深科技（000021）2017 年 10 月至 2019 年 9 月的月线图。

图 9-3 中方框框定的位置有两条月线，其中右侧的那一条是该股 2018 年 12 月的 K 线。仔细观察 KDJ 指标，对应 12 月 K 线的 KDJ 指标线在 20 线处高度黏合，但是否形成了金叉我们用肉眼很难判断。但如果用软件上的十字光标查看对应的数值，其实还是可以确认的，即指标在这一刻形成了细微金叉。

我们看看当时周线图上 KDJ 指标的表现。图 9-4 所示是深科技当时的周线图。

在图 9-4 中，我特意锁定了当时的时间，大家留意下面的时间对话框，很容易看到是 "2019/01/18/ 五"，而月线图 9-3 上指标在 2018 年 12 月刚刚形成金叉，与周线图上指标形成金叉的时间只相差 3 周，在周线图中仅体现为 3 条 K 线，几乎就是同步共振。

我们知道周线代表价格中期的行情,而月线代表价格长期的行情,在中长期的时间周期下发生指标共振的现象,说明该股中长期的走势大概率是一路向好。我们看到,该股在指标共振后开启主升浪模式,借助"混改"的题材刺激,股价翻了1倍有余。

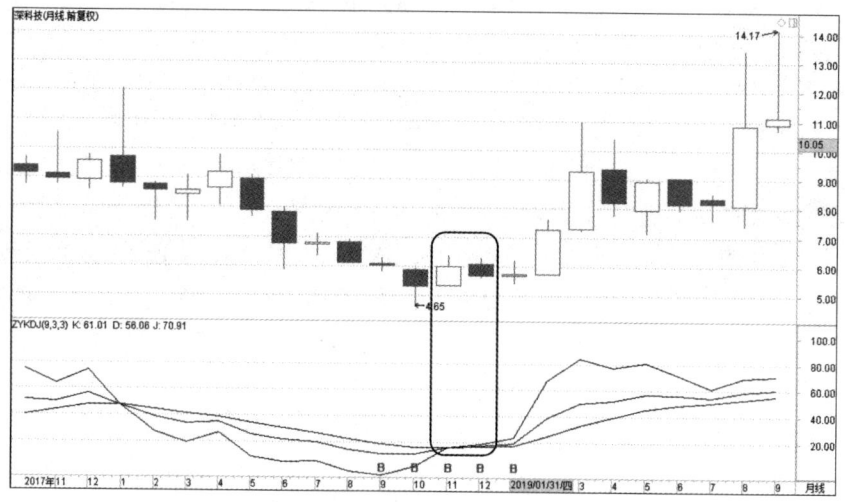

图 9-3 深科技月线图

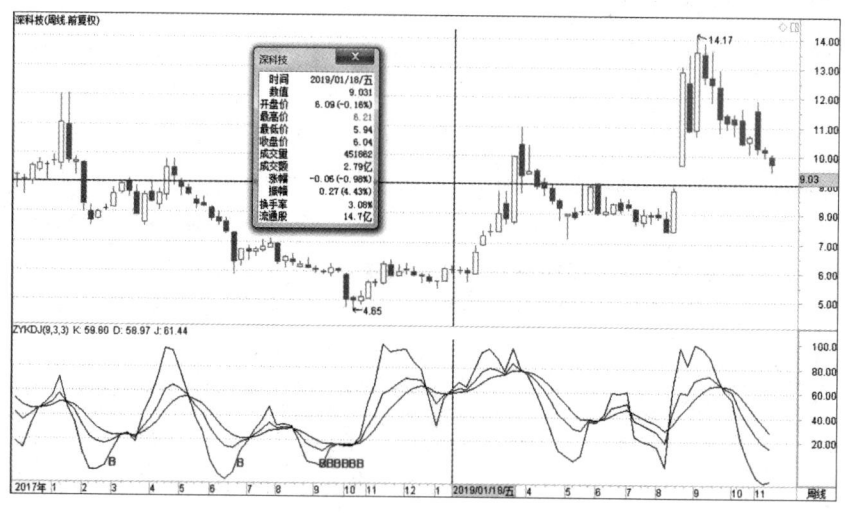

图 9-4 深科技周线图

TIPS:期货市场上的合约都是有交割日期的,有的合约可以有接近一年的存续期,而有的合约往往只有几个月的存续期,因此期货市场上几乎不可能发生月线 KDJ 指标与周线 KDJ 指标共振的事情。

我们再看一个股票市场的实例。图 9-5 所示是中兴通讯（000063）2017 年 9 月至 2019 年 11 月的月线图。图 9-5 中股价震荡上扬，KDJ 指标在 20 线以上位置形成了金叉，时间是 2018 年 12 月。

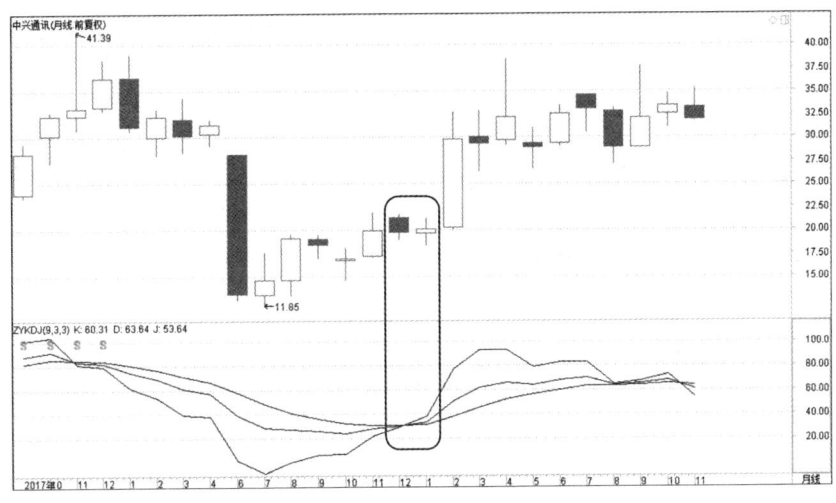

图 9-5 中兴通讯月线图

我们看看当时的周线图情况。图 9-6 所示是中兴通讯（000063）2018 年 6 月至 2019 年 9 月的周线图。

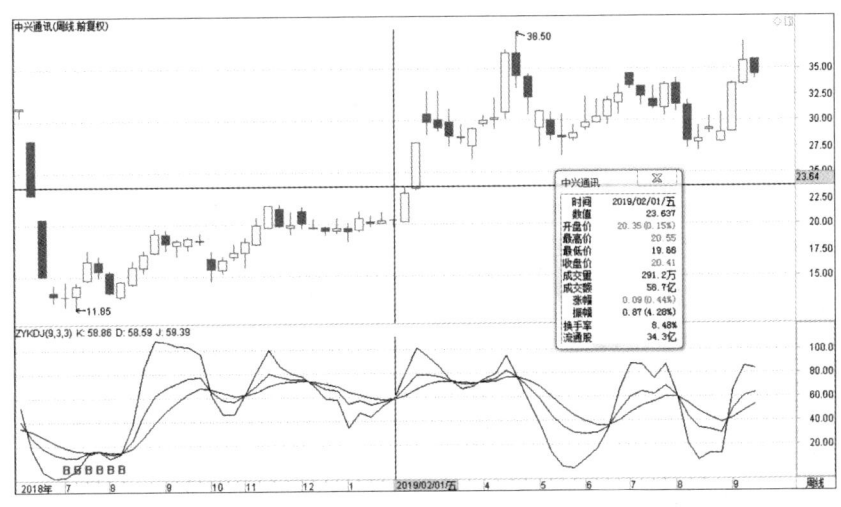

图 9-6 中兴通讯周线图

图 9-6 中，2019 年 2 月 1 日的那一周，我们看到周线 KDJ 指标的金叉信号非常明显，并且与月线 KDJ 指标形成了金叉共振。股价由形成金叉当周的收盘价 20.41 元开始，

最高涨至 38.50 元。

TIPS：指标共振的作用和效果比单一时间周期下指标金叉的作用要好，尤其是在月线指标金叉的情况下，毕竟它反映的是较大级别的走势。

在实战中这种情况会发生，但相对次数较少，还是以周线图和日线图指标共振的现象居多，这两种也是我们操作时经常用到的时间周期。

9.2.2 日线与周线的共振

周线代表了价格的中期趋势，这也是 KDJ 指标创始人乔治·莱恩博士所推崇的一个时间周期，他甚至说 KDJ 指标只有在周线图上应用才能取得最佳效果。这是因为 KDJ 指标选定的时间周期参数是 9，如果放在日线图上速度相对快了一点，如果放在月线图上又稍显漫长，所以周线图是较为合适的选择。

我们在实战中固然要看重周线 KDJ 指标的信号，但也要兼顾日线的快速反应与变化。当然，如果二者能够形成共振，信号的效果会更好。

图 9-7 所示是中国长城（000066）2018 年 12 月至 2019 年 11 月的周线图。

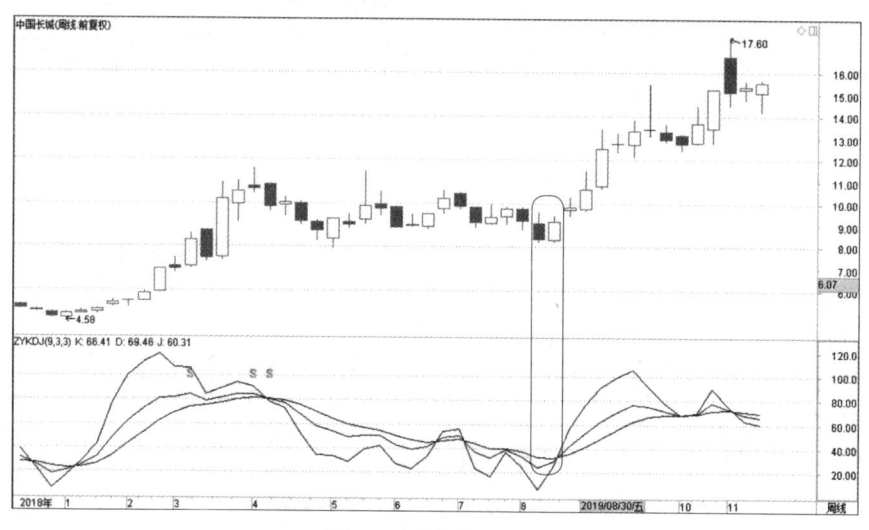

图 9-7 中国长城周线图

我们看到图 9-7 中方框框定的部分，K 线形成了向上覆盖形态，方框右侧形成了一条周阳线，KDJ 指标发出了金叉信号，时间是 2019 年 8 月 16 日。

我们再看一看日线图当时是怎么表现的。图 9-8 所示是中国长城（000066）2019 年 5 月至 11 月的日线图。

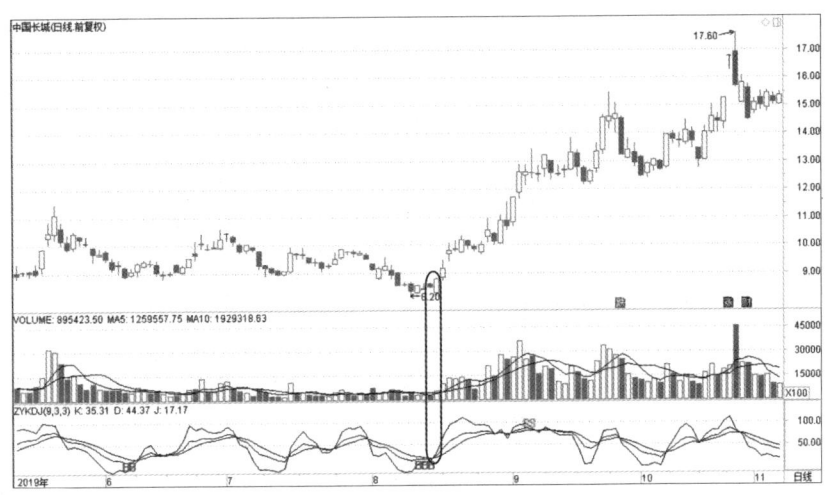

图 9-8 中国长城日线图

在图 9-8 中我们特意添加了成交量指标,为的就是在操作中得到其他技术指标的支持与验证。如果用十字光标进行查看,方框中右侧 K 线的日期是 2019 年 8 月 15 日,与图 9-7 中指标信号发生在同一周,因此属于指标的共振。我们看到在指标发生金叉的同时,其量价组合也是一个标准的量增价涨模式,对指标金叉的有效性进行了验证。有一个细节需要大家注意,即指标发生金叉的地方是低位的 20 线,这或许预示着该股未来有一定的上升空间。

我们再看一个实例。图 9-9 所示是深圳机场(000089)2019 年 2 月至 10 月的周线图。

在图 9-9 中方框的位置,该股的周线 KDJ 指标发出了一个非常清晰的金叉信号。我们再看看该股的日线图上是怎样的情况。

图 9-10 所示是深圳机场(000089)2019 年 4 月至 8 月的日线图。

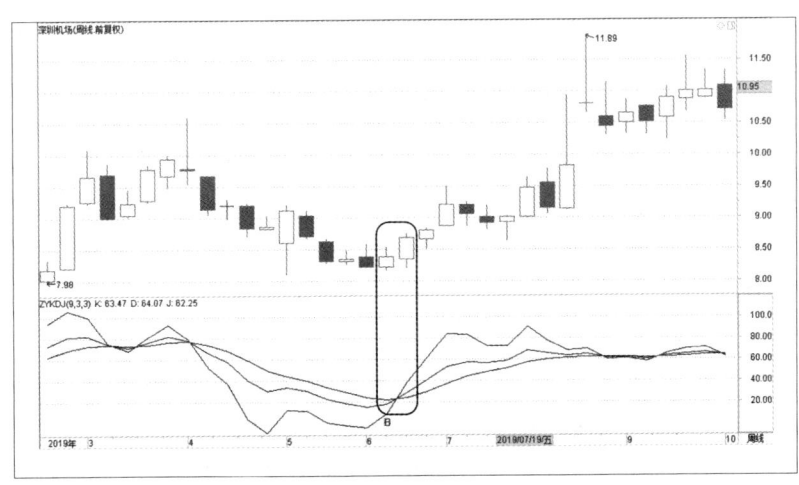

图 9-9 深圳机场周线图

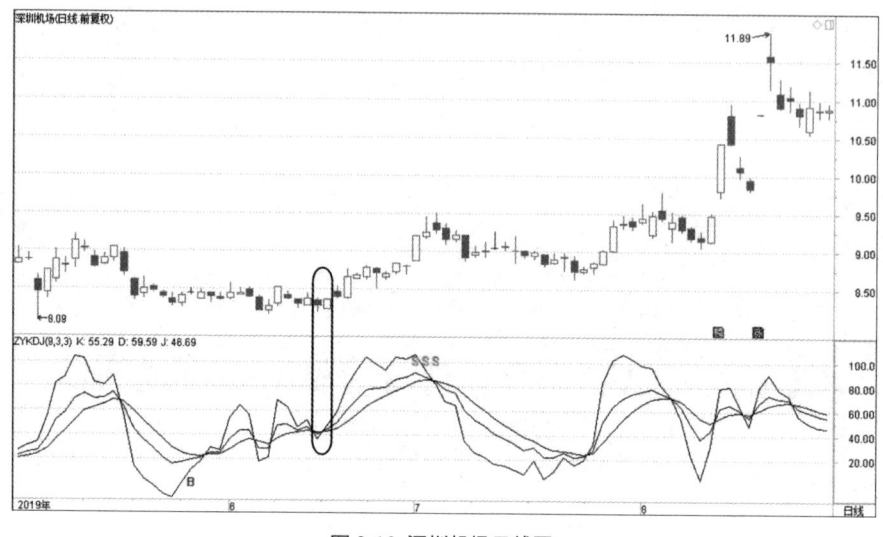

图 9-10 深圳机场日线图

图 9-10 中，方框中右侧的那条 K 线时间是 2019 年 6 月 18 日，与图 9-9 中的信号发生在同一周，从而使 KDJ 指标形成了不同时间周期下的共振现象。

相对而言，由于周线与日线这两种时间周期跨度相近，又是市场中的主流交易周期，因此二者间形成共振现象的概率比周线结合月线形成共振的概率要大得多。

TIPS：从实战的角度讲，与其苦等那种一年难得遇上一次的大共振，不如去关注这些相对容易把握的小级别共振的中级行情，所得的利润累积起来应该不低于大级别共振产生的利润。

9.2.3 30 分钟与 60 分钟的共振

国内 A 股市场的投资理念正在发生根本性的变化，过去那种短线、超短线甚至是 T+0 的操作手法已经不完全适用于当前的市场。从实战的角度来看，我们已经不建议投资者再去应用那些风险很大的操作模式了。但有一部分股民，其多年养成的投资习惯一时间还难以彻底改变，还在应用这种短线交易，加上部分媒体的误导，因此这种短线交易还有一定的市场认同度。

再说期货市场，由于期货市场有它自己的特性，短线交易在这里反而盛行，当中有很大一部分投资者还在坚持无论是否获利，当天一定要平仓。所以，下面我们通过不同市场的实例来谈谈利用日内分钟图交易中的指标共振。

图 9-11 所示是大连商品交易所聚丙烯 2101 期货合约 2019 年 10 月 25 日至 11 月

5日的60分钟图。

图9-11 聚丙烯2101期货合约60分钟图

在图9-11中，KDJ指标在20线这一低位发生了金叉，这样的机会该如何把握呢？我们看30分钟图。

图9-12所示是大连商品交易所聚丙烯2101期货合约2019年10月29日至11月6日的30分钟图。

图9-12 聚丙烯2101期货合约30分钟图

图 9-12 中，KDJ 指标同样在 20 线这一低位发生金叉，与 60 分钟图的指标信号形成了共振，是一个比较好的进场时机。

我们再看一个股票市场的实例。图 9-13 所示是 TCL 集团（000100）2019 年 10 月 11 日至 11 月 7 日的 60 分钟图，需要说明的是，TCL 集团自 2020 年 2 月 7 日起更名为 TCL 科技。

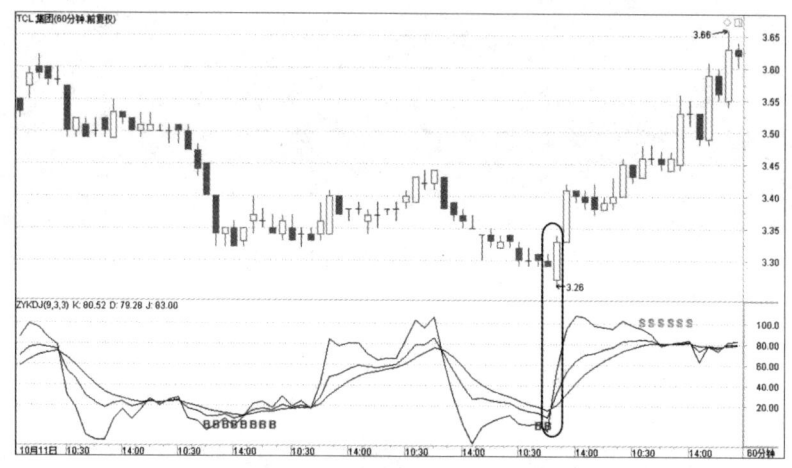

图 9-13 TCL 集团 60 分钟图

我们看到图 9-13 中方框框定的位置是一组经典的覆盖线 K 线组合，它刚好验证了副图中 KDJ 指标在 20 线发出的金叉信号。尽管是 60 分钟图，但至少也有几天的时间价格会上涨。

我们看看图 9-14 框选处的 30 分钟图是如何运行的。图 9-14 所示是 TCL 集团（000100）2019 年 10 月 24 日至 11 月 11 日的 30 分钟图。

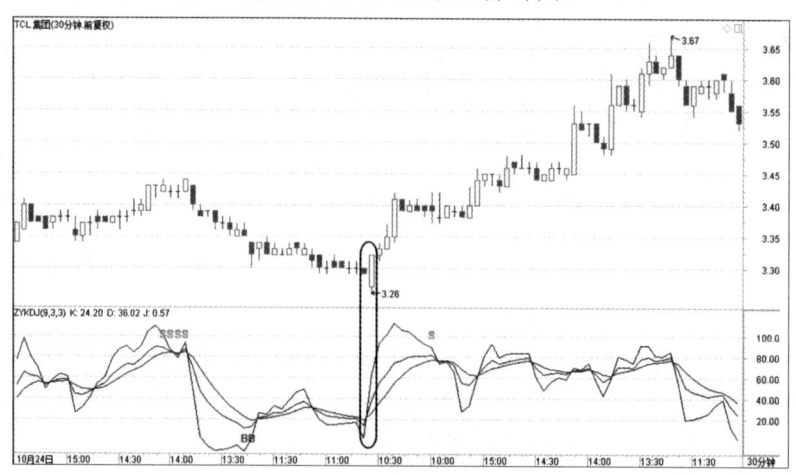

图 9-14 TCL 集团 30 分钟图

图 9-14 中方框处是一个覆盖线 K 线组合，验证了与它同步的 KDJ 指标低位金叉信号。我们有充分的理由相信，这个共振买点是一个可信度非常高的进场信号。

需要重点说明的是，日线可以与周线、月线相互组合，观察它们是否形成指标共振现象。60 分钟图也可以与 30 分钟、15 分钟图相互组合，看 KDJ 指标是否发生了共振现象。但是，60 分钟及以下的时间周期绝不可以与日线及以上的时间周期进行组合，因为二者不是一个级别的。简单地讲，60 分钟及以下时间周期的图其实是对日线图的细分与拆解，就像波浪一样，不同级别的波浪是不能够相互验证的。

9.3 指标错位

相比在特定时刻的指标共振，KDJ 指标错位的现象反而是一种常态化的表现，毕竟在不同的时间周期下，指标也有着各自不同的运行轨迹。或许有的读者会认为，一旦错过指标共振，不同时间周期下的指标就丧失了技术意义，其实这是一种错误的观念。

TIPS：毫不夸张地说，本章的重点其实不在指标共振上面，实战中常用的投资技巧反而隐藏在指标的错位当中。

要想理解其中的奥妙，我们需要把 KDJ 指标的构造与时间周期联系起来进行分析。在本书的第 1 章我们为大家介绍过，KDJ 指标的核心是 RSV 值，指标线中最重要的 K 曲线是在 RSV 值的基础上选择了"9"这个时间周期参数。把 KDJ 指标放在周线当中，就意味着 KDJ 指标的核心周期是 9 周。1 周有 5 个交易日，9 周就是 45 个交易日，这个时间周期如果放在日线这个级别，很明显就是一轮中级行情所需要的时间了。日线 KDJ 指标的参数也是 9，意味着核心周期是 9 个交易日，按照 KDJ 指标的计算方法，收盘价越接近最高价，KDJ 指标的值就会越高，但即便如此，它的周期也不超过 9 个交易日。根据波浪理论的解释，一个完整的推动浪是以 5 浪形式展开的，按指标周期计算，就算 KDJ 指标能展开 5 浪的上攻，所需要的时间也不过是 27 个交易日而已。45 个交易日扣除 27 个交易日的上涨，还剩下 18 个交易日。那这 18 个交易日做什么呢？当然是进行 2 浪与 4 浪的调整了。

9.3.1 错位买点

根据我们设定的 KDJ 指标并结合波浪理论的买入模式，我们应该在上升趋势保持完好的状态下，在调整浪结束后进场交易。周线 KDJ 指标还在上行，自然就预示着中期趋势还没有改变，这个时候如果日线图上价格出现调整，KDJ 指标出现低点，那么我们自然需要密切关注，因为这种局面可以看成是中线向好下的短期回档。一旦日线 KDJ 指标调整结束并再出现金叉，就意味着价格再次启动的机会来临，我们刚好可以在低位买进。

一张图胜过千百言，我们举几个实例，让大家通过看图来快速理解这种交易模式。

图 9-15 所示是华数传媒（000156）2018 年 12 月至 2019 年 3 月的周线图。

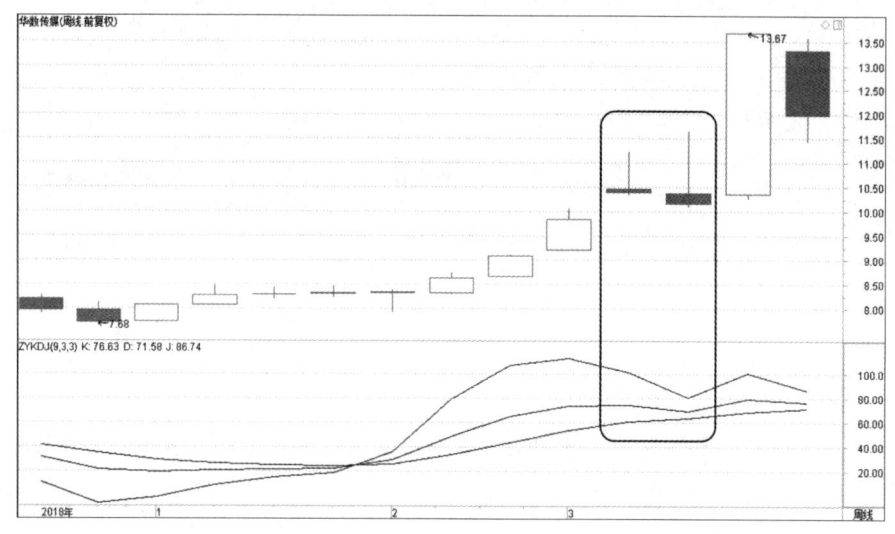

图 9-15 华数传媒周线图

从图 9-15 中我们可以看到，方框框定的位置出现了两条阴线的调整，但我们观察 KDJ 指标可以发现，指标形态并没有被破坏，而是依然保持完整，这就预示了该股中期向好的走势没有发生变化。有了这样的结论，我们要做的就是利用这个过程，在中期趋势还没有走弱前，寻找日线图上 KDJ 指标调整结束后的进场时机。

至于这种策略是否可行，我们看下一张图。图 9-16 所示是华数传媒（000156）2019 年 1 月至 4 月的日线图，我们看与图 9-15 的时间周期框选处对应的部分时间段的日线图。

图 9-16 中方框的左侧两周就是周线图 9-15 上方框框定的位置，我们看到价格回落的时候明显受到了支撑，多头利用这里的支撑和调整到位的指标进行了表态，KDJ 指标也在这里发出了金叉信号。有周线向好的指标做背景，有如此多不同种类的信号进行验证，我们有理由相信这个日线金叉信号是真实有效的，这就是我们需要的进场信号。倘若此时进场，成本价大概在 11.26 元附近，价格后来涨到 13.67 元，获利空间在 22% 左右，还算满意。

下面我们看一个期货市场的实例。图 9-17 所示是大连商品交易所铁矿指数期货合约 2019 年 8 月至 9 月的日线图。

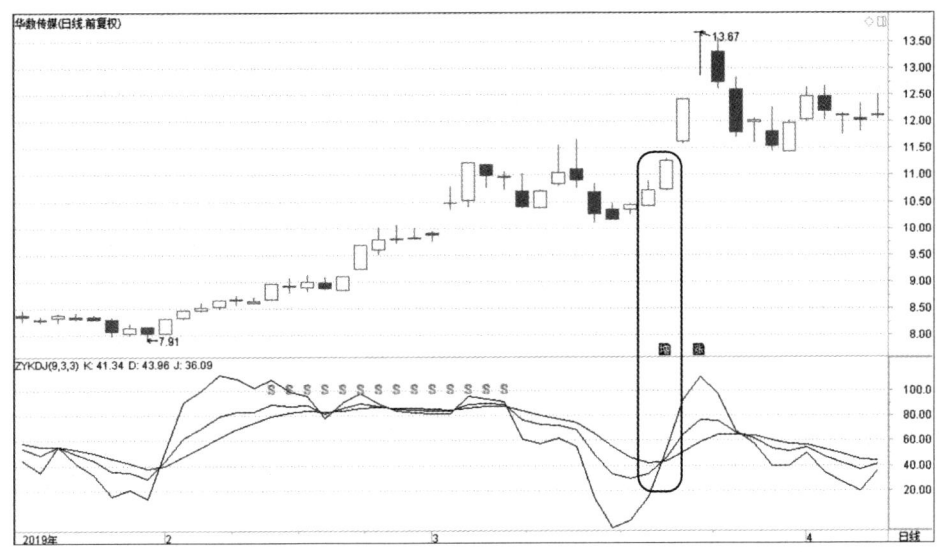

图 9-16 华数传媒日线图

我们看到图 9-17 中方框左侧的 KDJ 指标已经形成了金叉，只是空头不甘心失败，一直在抵抗，使得期货合约价格并没有上涨多少，形成了横盘整理态势，KDJ 指标也在 50 线附近徘徊。我们看到 KDJ 指标虽然并未大幅扬升，但也没有遭到破坏。最主要的是，代表中期趋势的 MACD 指标开始翻红，这预示该期货合约的中期趋势大概率还是向好的。

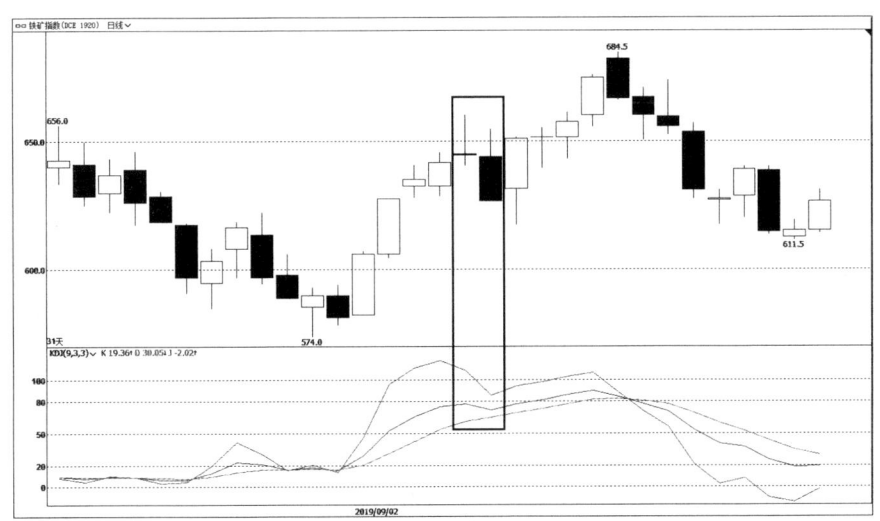

图 9-17 铁矿指数期货合约日线图

既然后市有向好的可能，我们要做的就是在下一级图，即 60 分钟图中寻找最合适的进场机会。

图 9-18 所示是铁矿指数期货合约 2019 年 8 月 27 日至 9 月 16 日的 60 分钟图。

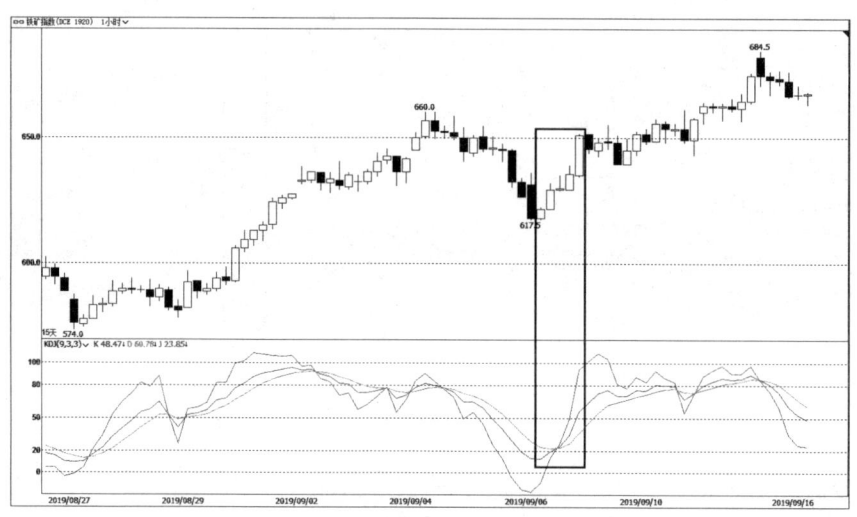

图 9-18 铁矿指数期货合约 60 分钟图

TIPS：错位买点这种模式在市场上随处可见，大家只要留心，熟练掌握后几乎随时都可以操作，当然，操作前的风险评估还是一定要做的。

9.3.2 错位放空

前面我们总结的都是如何捕捉进场机会，因为股票市场中不可以做空，我们当然以规避风险为主。但在可以做空的期货市场，我们可以将指标反过来运用，利用上一级指标趋势向下的态势，可以在下一级指标上寻找进场做空的机会。

我们看一个实例。图 9-19 所示是上海期货交易所燃油 2101 期货合约 2018 年 9 月至 2019 年 1 月的日线图。

图 9-19 中用方框锁定的那几条反弹 K 线是我们关注的重点，副图中的 KDJ 指标和 MACD 指标都处在下行趋势中，其中 MACD 指标的快速指标线线（圈注中下方的线）正好下穿零轴，预示后市已经在空头的掌控中。这一切都表明，此时进场做空可以获取到后面行情下跌的利润。

接着我们通过 60 分钟图寻找合适的进场时机。图 9-20 所示是燃油 2101 期货合约 2018 年 11 月 12 日至 11 月 26 日的 60 分钟图。

从图 9-20 中我们可以看到，期货合约价格自高点滑落，在跌到方框框定的区域内时展开了反弹，KDJ 指标也在 20 线形成金叉以呼应，期货合约价格上涨。但我们通过对日线图 9-19 的分析已经得出结论，即该期货合约日线级别的中期趋势大概率是向下的，那么此时的反弹正好可以给我们一个合适的入场做空的时机。具体什么时间进场呢？就是等到反弹结束、KDJ 指标再度发生死叉的时候。

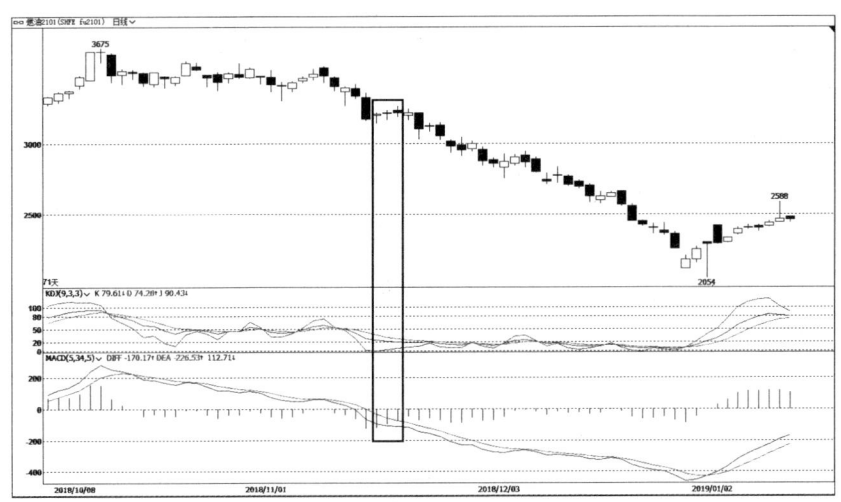

图 9-19 燃油 2101 期货合约日线图

我们看到 KDJ 指标发生死叉的时候，MACD 指标通常要在过一段时间后才给出零轴下发生死叉的信号，算是延迟的"双指标体系"的共振卖点。本书的第 5 章中，我们对 MACD 指标在零轴下发生死叉的现象进行过描述。零轴下方本就是空头掌控区域，如今再发生死叉，预示期货合约价格后市会更加疲弱。事实的确如我们分析的那样，期货合约价格在后面果然开始下跌。

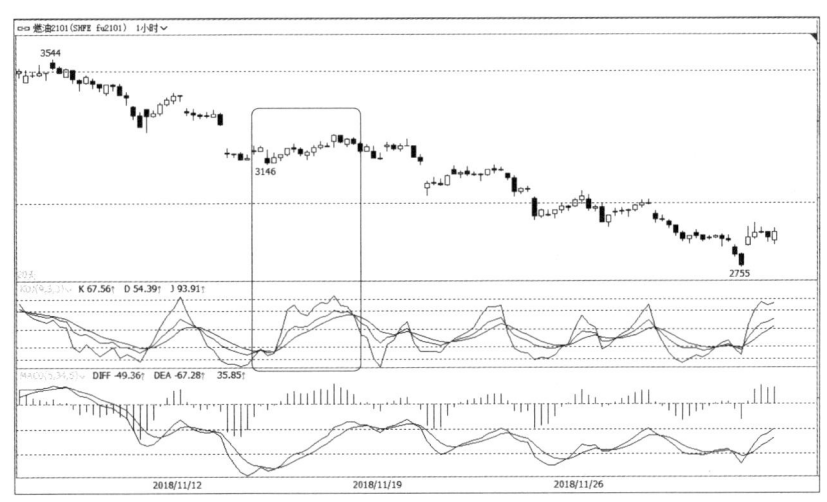

图 9-20 燃油 2101 期货合约 60 分钟图

TIPS：证券市场上投资者最苦恼的就是手中的股票惨遭套牢，放弃心有不甘，不放弃又担心越陷越深，这时大家可以利用指标错位技术做一些回转交易，降低套牢股票的成本，说不定还可以回本。

图 9-21 所示是振德医疗（603301）2019 年 7 月至 8 月的日线图。

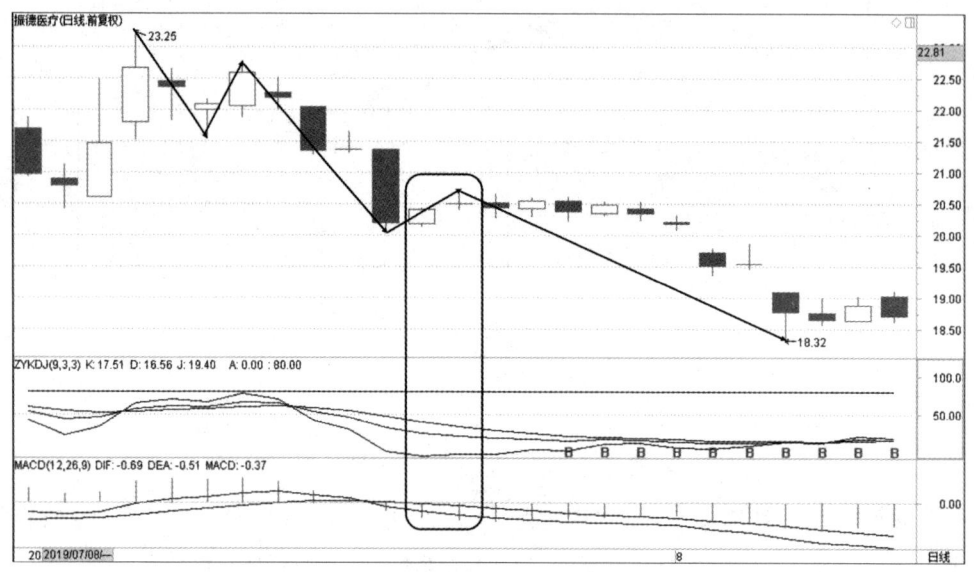

图 9-21 振德医疗日线图

图 9-21 中方框框定的 K 线是我们关注的重点。假设一名投资者持有了振德医疗这只股票并且已经深套其中，他应该如何交易才能降低成本、减少损失呢？我们观察 KDJ 指标和 MACD 指标，发现双指标系统提示我们该股目前处在下跌态势当中，中期趋势不乐观。尽管中期趋势不乐观，但根据波浪理论，即使是下跌 5 浪的主推动浪，其间也包含有 2 浪和 4 浪的小反弹。因此，只要我们不贪利，利用反弹时机做一些回转交易还是可以有所收获的。

我们看下一张图，看看如何进行回转交易。图 9-22 所示是振德医疗（603301）对应图 9-21 中 2019 年 7 月 9 日至 2019 年 8 月 8 日的 60 分钟图。

如果投资者熟悉波浪理论，那么就能够很好地理解这种局面了。方法一，在 2 浪反弹的高点抛出手中的一部分筹码，等到 3 浪底的时候再买回，这样手中的筹码就不至于丢失，然后利用方框框定部分的 4 浪反弹高点再卖出，等到 5 浪底买回筹码，这样筹码数量就没有减少，但成本一定会下降。如果投资者觉得这样太烦琐，自己没有把握，那就采用方法二，即在 3 浪底补仓，然后利用 4 浪反弹来卖出补仓的筹码，这样也能降低持仓的成本。

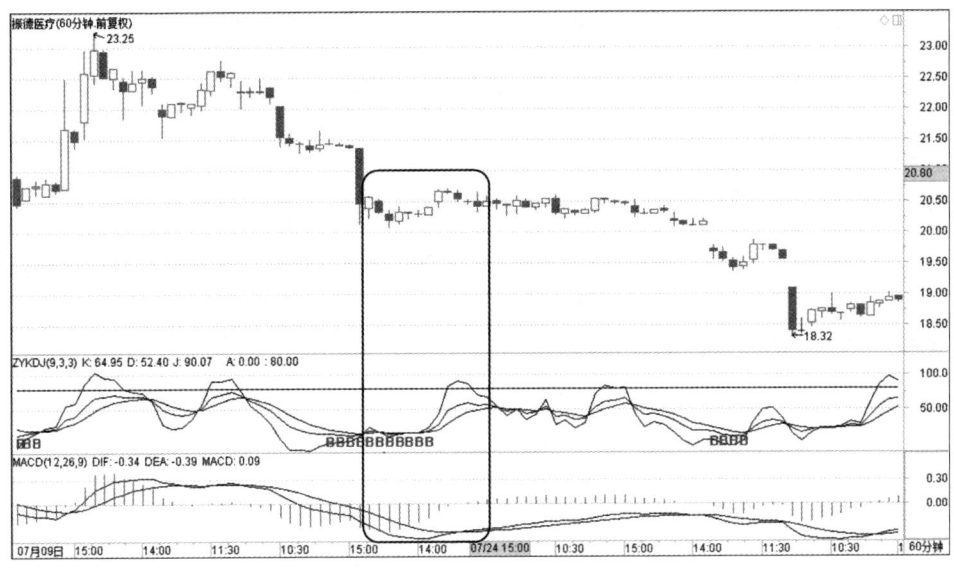

图 9-22 振德医疗 60 分钟图

需要说明的是，不管采用哪一种方法，一定要记住，这是在下跌趋势中进行的回转交易，一是持有时间不能过长，二是不要奢望会有多高的利润。

从技术上看，图 9-22 中 KDJ 指标反弹无力，连 80 线都没有上去，MACD 指标也在距离零轴很远的地方形成金叉，一切都表明这不过就是一个弱势反弹，后面下跌的第五浪一定会有价格新低出现。

TIPS：与指标共振不同，指标错位这种技巧没有时间周期级别上的限制，因此在实战中会显得更加灵活。

之所以没有周期的限制，是因为指标错位这种模式下，指标不需要等待其他时间周期对自己所在时间周期发出的信号进行确认，两个时间周期下的指标还是运行在各自的轨迹之中，不像指标共振，非得等到发生同一种现象才行。

当然，指标共振的信号获取的利润较大，尤其是诸如月线这类大级别的共振信号，利润会更高，这一点是指标错位模式所不具备的。但指标错位的好处在于，它随时随地都可以发生，没有任何限制，这是它的独特优势。

不管怎样，将 KDJ 指标与时间周期相结合，会让 KDJ 指标的使用更有层次感，也赋予了 KDJ 指标更多新的功能与变化。希望大家能充分理解本章的内容，让 KDJ 指标的使用由单一时间周期下的二维平面上升为多个时间周期下的三维立体。

第 10 章

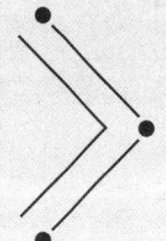

选股与实战

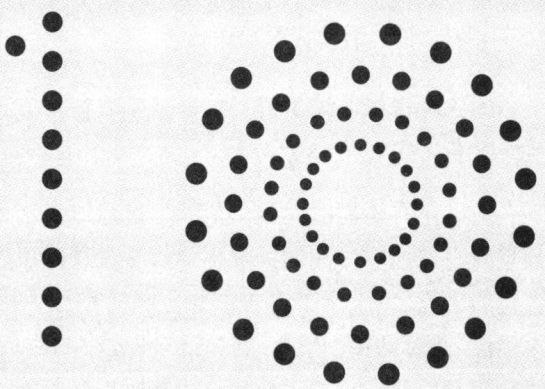

第 10 章 选股与实战

本书的第 1 至第 3 章，我们为读者全方位地介绍了 KDJ 指标的构成、应用以及指标形态。第 4 章到第 8 章，我们又引入了 K 线、MACD 指标、均线、成交量以及波浪理论，让它们分别与 KDJ 指标融合，从不同的角度为大家阐述双重指标下的技术应用。第 9 章我们引入了时间周期理论，通过共振和错位两种方式，为读者讲解了不同时间周期下 KDJ 指标的使用技巧。可以这样讲，如果读者能完全领会前面的内容，那么不管是单独使用还是与其他技术指标综合运用，KDJ 指标现在都能成为你手中制胜的操作利器，而现在你所欠缺的就是深厚的"功力"了。

本章，我们将向你介绍怎样使用 KDJ 指标进行选股，如此一来，KDJ 指标的全部技术环节将一线贯通。此外，笔者还精选了实战案例，并且通过连续图解的方式为你详细阐述技术要点，希望能够帮助你在短时间内提升投资水平，助你早日洞察股市行情。

10.1 KDJ 指标选股

选股是一项很重要的工作。期货市场还好说，因为期货合约就只有那些交易品种，变化的就是期货合约的交割日期。但股票不同，沪深两市的上市公司相加目前已达 3000 多家，并且未来还会继续增加，投资者如果不会选股，那么就算有再好的体力和再多的精力，到最后也会不堪重负。

TIPS：学会选股可以帮我们减少很多工作量，确保我们以最好的状态投入实盘操作当中，这样可以起到事半功倍的效果；此外，长时间地跟踪观察某些股票，投资者也会熟悉该股的运行规律，了解主力的投资手法，这些都可以为投资者正确地判断形势提供良好的帮助。

如今的科技非常发达，已经进入大数据的时代，有许多工作都可以在网络上进行。特别是现在新入市的投资者，其选股的策略与方法也逐渐网络化。

10.1.1 网络选股

网络选股的最大特点就是便捷。目前网络上有许多财经类网站，它们都在自己的网站中为投资者提供了免费的选股器，上面罗列了各种类型的选股条件，大家只需自己设定某些条件，网站就会为你自动筛选出符合你所设定条件的股票，非常方便且快捷。

当然，这样的选择只是初选。有时候，投资者设定的条件太宽泛，网站就会为你选出一大堆股票；有时候，投资者设定的条件太苛刻，就没有几只股票能被选出来，这些都是常有的事。不管是哪一种情况，这都是网站的初选，大家还需要将其设定为自选股，再利用其他条件进一步筛选或者是人工进行筛选才行。

每个人都是独立的个体，选择的方法也可能不一样。下面笔者展示一下自己的方法，希望起到抛砖引玉的作用。

在众多财经网站中，i问财财经搜索网（简称"问财"）以简洁的页面设计、快捷的数据资源和简便易行的操作受到了投资者欢迎。

图10-1所示就是"问财"的主页。

图10-1 "问财"主页

对这个网站感兴趣的读者不妨将其添加到收藏夹里，便于今后的使用。这个网站是开放的，无须注册便可以使用。由于网站的内容与本书无关，我们这里不过多介绍，只谈与选股有关的使用技巧。"问财"的功能很强大，数据更新也很及时，所以大家可以放心使用。如图10-1所示，网站主页有一个搜索栏，上面有几个菜单选项，大家选股时首先选择"股票"这个子项，然后在搜索栏中输入你设定的选股条件。如果选股条件有好几个，那么不同的条件中间就需要用分隔号隔开，以便于网站辨识你的命令。

TIPS：利用KDJ指标选股，首先要明确你的选股条件。

在本书的第1章，我们向大家介绍了KDJ指标中的J曲线，由于它是以放大到2倍的形式来反映K曲线与D曲线的差值，因此可以不受指标中的0线和100线的限制。也正是由于这一特性，我们发现了J曲线上穿0线时可以确认底部的作用。

选股仅是第一步，距离实战买入还有一个确认的过程，但这不妨碍我们将它列入选股条件。条件确认后，我们需要考虑的就是趋势的层级问题。一般来说，一只长期趋势向好的股票会反复表现，也会给我们带来许多的操作机会，因此在时间周期上，我们首选大级别的月线行情，这样可以确保我们选出的股票是月线级别的底部。将二者综合，我们的第一个选股条件就出来了，即"月线KDJ指标的J曲线上穿0线"。

在搜索栏中输入第一个选股条件，下面就会罗列出选股结果。如果我们选择正确，

这固然说明处在底部的股票很多，但我们总不能全部购买，所以初选的结果我们不能全部接受，还需要细化条件，进行二次选择。

TIPS：搜索时读者可以看到"添加条件"4个字，我们只需要在里面继续输入选股条件，则网站会在初选的基础上自动为我们进行二次筛选以满足我们的需求，这就是该网站功能强大的地方。

倘若读者觉得第一次设定的选股条件不好，你还可以重新修改选股条件，网站会为你重新筛选。

我们如何选择进一步细化的条件呢？如果我们的第一步是正确的，那就说明这些股票都处在大级别的底部，我们想要参与，自然要选择已经有所表现的而不能选择还在底部沉睡的，这个时候周线级别的中期趋势自然就成了新的关键点。

KDJ指标在周线图中发生金叉，预示股票中期趋势向好。当然，金叉的位置非常关键：如果指标是在50线发生金叉，说明行情已经走过一段；如果金叉发生在80线，说明行情未来大概率会调整。这都不是我们愿意看到的，我们要选择的股票是在月线级别刚形成底部的状态下，中期趋势刚刚启动的股票，自然，20线位置的金叉是最让我们期待的。我们由此得出第二个选股条件，即周线KDJ指标在20线位置发生金叉。

若结果显示为没有符合条件的股票，我们就只能放宽条件，将第二次添加的条件中的"20"改为"50"。由于两个选股条件之间是用分隔符号分隔开的，网站默认的条件其实有3个，即分别按照我们的设定对符合两个选股条件的股票进行选择，再根据两个条件进行综合选择，这样大家就理解符合最终选股条件的是哪一只股票了。

如果二次筛选的结果中目标股依然很多，那么我们后续还要添加相应的选股条件继续筛选。

这里顺便提一下，该网站的功能非常强大，如果继续添加选股条件，那么既可以添加同一个指标进行选择，也可以添加诸如MACD等指标进行复合指标筛选，更可以添加一些基本面的指标进行辅助选择，如市盈率、市净率、净资产收益率等。

得到最终的选股结果后的工作就是将其纳入自己的自选股列表里面，认真分析与观察：如果这确实是一只好股票并且有比较好的交易时机，那么我们当然可以进场交易；如果觉得这只股票不错但还需要等待一段时间，那么持续跟踪即可；如果觉得选股的结果不是很理想，那么就放弃这一次的选择，推倒重来。

网站的选股都是即时性的，读者觉得今日的选股不理想，也可以换其他日期进行选择，随着行情的变化，或许你心仪的股票就会出现。

10.1.2 系统选股

相比方便快捷的网络选股，另一种常见的选股方式就是利用证券分析软件进行系统选股，这也是很多投资者的选择。

系统选股的最大优势就是直观，劣势是步骤相对烦琐，另外系统对于一些设定条件不是很支持。尽管各大券商为了满足投资者的需求，时常推出新的软件版本以使软件系统升级换代，但不可否认的是，这种更新速度依然受制于系统本身，因而显得非常缓慢。

我们这里还是把系统选股的方法向大家介绍一下。

TIPS：系统选股的第一步，就是要下载数据。

为什么要下载数据，网络连接难道还不可以吗？我们说证券分析软件与实时网站不同，网络连接对它而言只是一个数据传输的过程，在这个过程中，由于受到各种各样的影响，有时候有些数据会出错，进而影响到选股的正确性。尽管这种概率相对较小，但不是不可能发生，所以读者如果想在连接网络的状态下自动选股，系统一般都会发出提示，提示你"选股在下载的本地数据中进行，请确保数据完整"。

如何进行数据的下载呢？笔者就以自己使用的证券分析软件为例向大家进行说明。

图 10-2 所示是笔者截取的数据下载示意图。

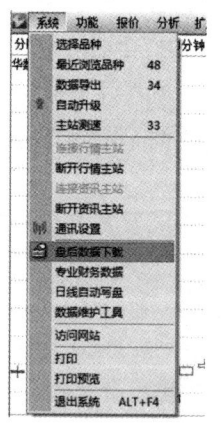

图 10-2 数据下载示意图

目前市场上的证券分析软件有很多，如"通达信""同花顺"等，笔者目前使用的是"通达信"软件。其实各款软件的设计都差不多，反映到盘后数据下载中几乎都是一样的。

图 10-2 中软件最上方的左侧有几个菜单，大家用鼠标左键单击"系统"，然后

从下一级菜单中选择"盘后数据下载"。这样选择后会弹出一个对话框,大家输入想要下载的时间段就可以了。如果你从来没有下载过数据,建议你选择 5 年这个时间段,这一时间段基本可以满足选股需求;如果你担心这样的时间段还不够准确,那就选择 10 年。

如果我们的选股条件还是按照网络选股的条件进行,那么读者下载完数据后依然不能进行选股,这是因为证券分析软件系统自带的 KDJ 指标中并没有 0 线的设置。要想解决这样的问题,我们需要像第 1 章中那样,对系统自带的 KDJ 指标进行函数上的设置,如此就可以实现我们的目的。

图 10-3 所示是我们设置 0 线后的 KDJ 指标源码图。

相比第 1 章的指标源码,图 10-3 没有什么特殊的改动,就是在"20,50,80;"上面一行增添了一句函数,让 KDJ 指标多了一个 0 线设置。请大家放心,为了不影响其他功能,我们将 0 线用空线条表示,只是为了选股使用,不会体现在指标上。

准备工作结束后,我们就可以利用证券分析软件系统进行选股了。我们将选股步骤罗列一下:单击软件最上方的"功能"一项,在出现的菜单中选择"选股器",最后选择"综合选股"。

图 10-4 所示是选股顺序示意图。

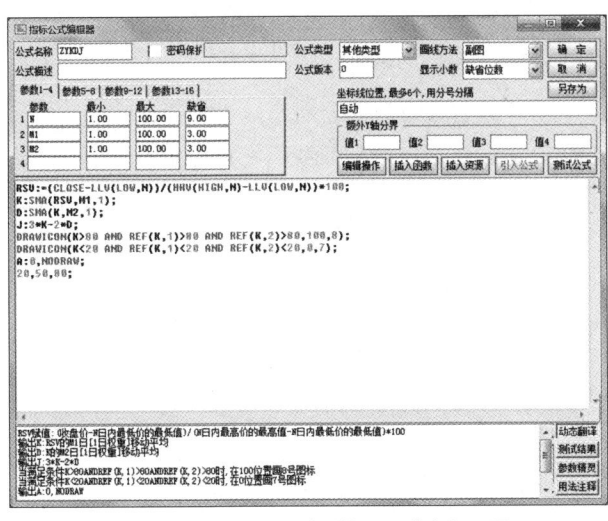

图 10-3 设置 0 线后的 KDJ 指标源码图

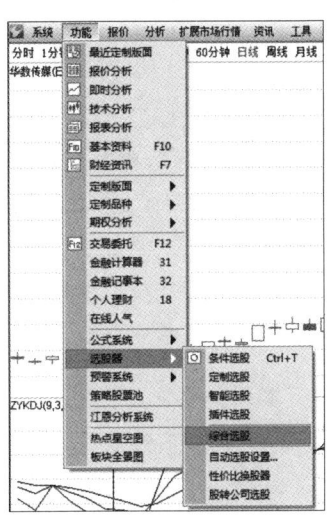

图 10-4 选股顺序示意图

对非常熟悉软件操作的投资者而言,这样的操作并不难;如果对软件不熟悉也没关系,这些功能选项只需多使用几次就能熟能生巧。

按照上面的步骤打开选股对话框后,我们就可以进行具体的选股了,步骤也非常简单:打开"综合选股"对话框,单击左上方4个选项中的"条件组",用鼠标单击选择第一行"技术指标",在下拉子菜单中选择"其他类型",然后找到并单击我们设置的"ZYKDJ"指标,剩下的步骤只需按照对话框中的提示完成就可以了。

图10-5所示就是"综合选股"对话框。

图10-5 "综合选股"对话框

在找到我们自己设置的指标后,在"条件设置"下分别选择"J""上穿""A",这里的"J"就是KDJ指标中的J曲线,而字母"A"就是我们在指标中设置的0线。单击"加入条件"选项,让我们的选股条件进入"组合选股条件列表"。时间周期方面我们选择"月线",这样整体的选股条件就与网络选股一样,即月线KDJ指标的J曲线上穿0线。重复一遍这样的操作,我们还可以将周线KDJ指标金叉这个条件添加进去,最后单击"执行选股",系统就会为我们自动选择出符合条件的股票。

TIPS:系统自动选股后,如果有符合条件的股票,那么最后会出现选股的结果并且标示有"临时条件股"字样。

图10-6所示是系统自动选股后最终的部分结果的示意图。系统选出了83只股票,但篇幅有限,仅节选前26只示意。

如果读者担心这样不准确,那么可以先选择月线中J曲线上穿A,也就是0线的股票,让系统先选择一次,然后将选择出的结果设置成自己的自选股。设置完成后,再设定周线选股条件,这样一来选股范围就以初选出的自选股为限,这样优中选优的结果应该比一次筛选要准确一点。

请大家牢记，不管使用哪一种选股方法，KDJ 指标在这一过程中充当的只是一个工具，最终的决策权还在投资者本人。

图 10-6 选股最终的部分结果示意图

10.2 实战操作

工欲善其事，必先利其器。倘若工具已齐备，那么剩下的就是如何使用的问题了。KDJ 指标作为市场上的三大经典指标之一，每天都有无数的投资者在使用它，但即使是这样，使用它的一些投资者仍然难逃金融市场"一盈二平七亏"的结局。究其原因，恐怕还在于使用方法不当和运用时机不对。

本书是一本专门讲解 KDJ 指标的技术书籍，而实战是一门更高深的学问，有的人可以做到无师自通，有的人读罢百书而不通一法，这固然有个体的差异，但也说明从理论到实践，其间还有很长的一段路要走。

为了让读者能够快速领会、运用本书的内容，并将涉及的技术环节有机联系在一起，我们在最后为大家奉上两个实战案例，全面展示 KDJ 指标在各个环节的应用技巧，希望能引领大家拓展思路，早日将本书内容应用到实战中并且收获利润。

10.2.1 实战案例一　老凤祥

我关注老凤祥是在 2018 年 12 月初，因为当时黄金涨价，而很多人认为老凤祥常年的经营逻辑就是看黄金价格是否上涨。我为了反驳这一观点，对老凤祥进行了分析。

老凤祥的主营业务：生产经营金银制品、珠宝、钻石与相关产品及设备，工艺美术品、旅游工艺品与相关产品及原料，文教用品，等等。

老凤祥原名第一铅笔，但现在铅笔业务对于它已经可有可无。2017年，其金银珠宝和首饰营收占总营收的99.18%，毛利率为7.31%。

有人认为，老凤祥既然主营金银珠宝业务，那它的股价定和金、银的价格走势呈正相关，即同涨同跌。这种说法正确吗？我们来看一下相关的走势图。图10-7为老凤祥（600612）1992年8月至2019年11月的后复权月线图，图10-8所示为伦敦金现1999年1月至2019年1月的月线图。

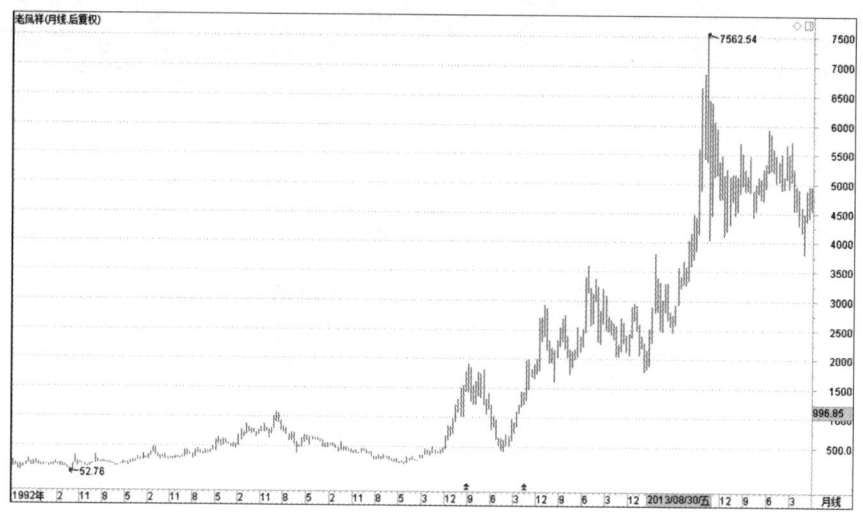

图10-7 老凤祥后复权月线图

图10-8 伦敦金现月线图

乍看之下，这种论断的逻辑好像是正确的。其实不然，仔细看图 10-7 和图 10-8，在 2011 年年末，老凤祥与黄金几乎同时达到顶点，并且同步下跌了一段。之后老凤祥再创新高，几乎又涨了 1 倍，而黄金却一直下跌，几乎下跌了 50%，并且陷于震荡。这种情况下，我们能直接给出老凤祥与黄金价格呈正相关的逻辑判断吗？显然不能。

问题出在哪里？出在阅读理解。老凤祥的年报中写道，老凤祥集科工贸于一体，产供销于一身，形成从源头采购到设计、生产、销售的较为完整的产业链和规模化生产制造能力，拥有黄金、珠宝首饰专业加工基地，并且涉足博物馆、典当行、拍卖行等配套领域。

注意老凤祥年报中的"产供销于一身"中的"产"是什么意思，是老凤祥自己有金矿的意思吗？仅从这一句很难判断。再往下看，"从源头采购……"，这里的源头不是产金，而是购金，那就可以判断，老凤祥根本没有自己的金矿。既然没有矿，而是采购的，那么我们应该怎样给老凤祥定位呢？定位很重要，我们在讲茅台的时候，很多人把茅台单纯地看成是白酒行业，其实这种定位是不对的，或者说是不准确的。茅台是白酒中的奢侈品，你不能单从饮用偏好、口味等实用方面来定位它。一些人喝茅台不单是因为它好喝，更主要的是要告诉别人，自己的品味和经济实力。

那老凤祥的定位是什么？是加工商、零售商。其产业链为源头采购、设计、生产、销售，也就是从货源处拿到首饰半成品，通过金匠的设计加工后再出售。老凤祥依靠什么获利？是加工费、品牌附加费。但依然有人会认为，金价上涨，首饰售价相应上涨；金价下跌，首饰售价相应下跌。首饰售价与直接成本价挂钩，同期浮动、同比浮动，所以老凤祥的业务与金价没有什么内在关系。

我们可以把老凤祥比作一家超市，方便面的进货价上涨，超市就会亏损吗？不会，因为超市出售的方便面也会跟着提价，其利润差是不变的。老凤祥的业务也是如此。所以，对于老凤祥的切入点并不在于金价，而在于它自身的加工商、零售商的定位与企业的战略是否相符。零售商靠走量取胜，品牌附加值是一个因素，从老凤祥低到 7% 左右的毛利率，便可知它的定位一定是零售商。图 10-9 所示为老凤祥的杜邦分析数据。

销售净利率：几乎未变。这也验证了上文分析的利润率与直接成本同期浮动、同比浮动的情况，更加说明了老凤祥的业务并不受金价的影响。

总资产周转率：整体在 2.5～3.5 倍震荡，没有大的变化，而如此之高的周转率也验证了老凤祥零售商的定位。

权益乘数：杠杆逐年下降，2017 年降为 2 倍，可推算出资产负债率为 50%。

	2017	2016	2015	2014	2013	2012
净利润	11.36	10.57	11.17	9.40	8.90	6.11
营业收入	398.10	349.64	357.12	328.35	329.85	255.53
总资产	134.24	140.56	115.60	115.72	93.37	88.85
净资产	67.14	60.24	54.27	46.29	38.68	31.77
销售净利率	2.85%	3.02%	3.13%	2.86%	2.70%	2.39%
总资产周转率	296.56%	248.75%	308.93%	283.75%	353.27%	287.60%
权益乘数	2.00	2.33	2.13	2.50	2.41	2.80
净资产收益率	16.92%	17.55%	20.58%	20.31%	23.01%	19.23%

图 10-9 老凤祥杜邦分析数据

净资产收益率：逐年走低。原因在于总资产增加的速度过快，并且受杠杆下降的影响。即便走低，但其净利润的绝对数值也很高了。

零售业基本都是现金交易，所以老凤祥的现金情况不成问题，2012 年至 2017 年，其自由现金流均值为 9.76 亿元，现金盈利保障倍数均值为 1.12 倍。老凤祥这种以加工金银珠宝为主营业务的公司并不需要太多的固定资产投入，而是更注重手艺匠人的培养。所以，它历年"购建固定资产现金流出"一项并没有多少，也就是资本支出很少，相对的，其折旧也很少。更有意思的是，这种工匠人才必须依附于某个品牌之下，才能显示出更大的价值。假设一位老金匠有着超凡的手艺，但挑着担子走街串巷，他会有多少生意呢？反过来说，老凤祥并不怕人才流失，反而会有很多的人才涌入企业。

黄金市场的透明度，使得任何一家以出售黄金为主营业务的公司都不可以垄断价格，因为销售大户与采购大户都是上海黄金交易所。虽然长期来看老凤祥的业务并不受金价走势的影响，但是金价短期的暴涨暴跌行情也会使其受到影响，所以只有在期货市场中进行对冲，才能保证金价在短期内也不会受到影响。

老凤祥最大的客户为东莞市金叶珠宝有限公司，具有下游议价能力。又因为有黄金期货市场的存在，并且业务不受直接成本影响，所以老凤祥天然就具有上游议价能力。中国文化中人们对于金银的喜爱就不必赘述了。据数据显示，金银首饰的主要销售对象为结婚、生子的人们。而婚娶、生儿育女又是我国传统观念中的头等大事。未来 10 年还会有金银珠宝首饰业务的存在吗？可能它百年后仍会存在。

基于以上分析，我认为老凤祥股价的增长与公司的经营并不是靠着一时的消息刺激，而是内增式增长，所以只要在技术上给出信号，老凤祥的股价就会上涨。

图 10-10 所示为老凤祥（600612）2017 年 5 月至 2019 年 11 月的周线图。在第一个方框标注的位置，老凤祥在 2018 年 8 月时的 KDJ 指标给出了低位金叉信号。由于我是在 2018 年 12 月初才开始关注老凤祥的，所以已经错过了老凤祥最好的买进点位。

在第二个方框位置的时间为 2018 年 9 月底至 12 月初，我们能看到老凤祥股价在上涨过后，于第二个方框中形成了平台震荡，并且 KDJ 指标在震荡结束期给出了金叉信号，此时能不能买进呢？

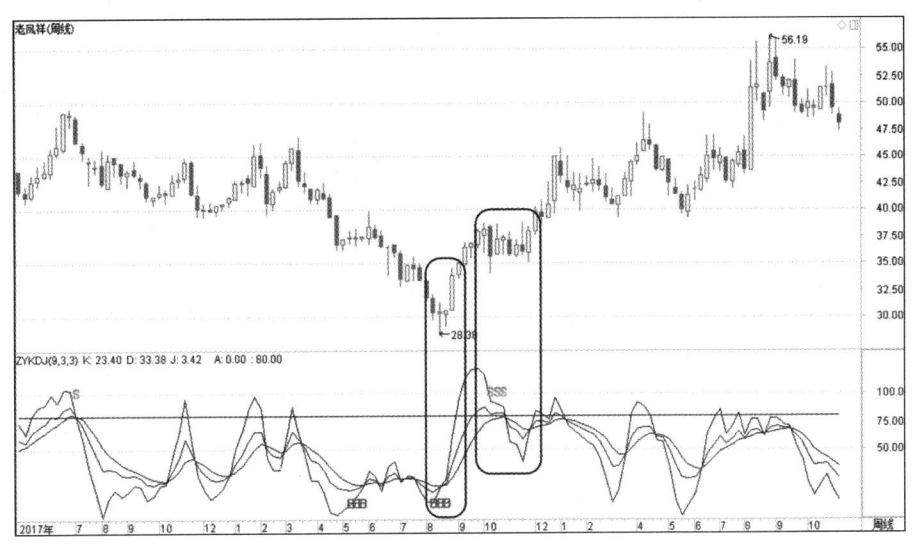

图 10-10 老凤祥周线图

我们就要先看一眼月线图，如果月线图在周线震荡时没有走坏的话，则可以买进。图 10-11 所示为老凤祥（600612）2018 年 1 月至 2019 年 11 月的月线图。在与周线对应的位置，老凤祥的月线 KDJ 指标还处于多头排列的状态中，并没有走坏。所以，在周线图中 KDJ 指标给出金叉信号之时，即是投资者买进之时。

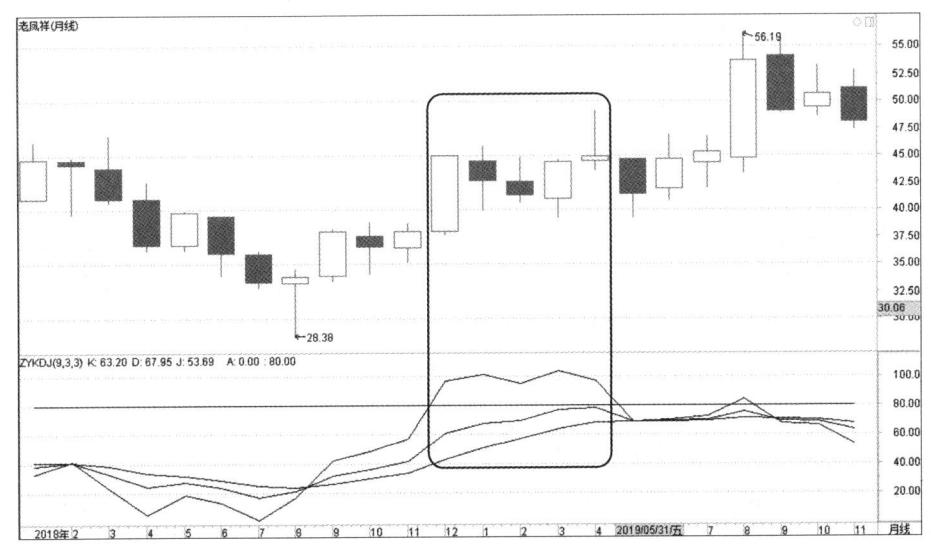

图 10-11 老凤祥月线图

再回头来看老凤祥的周线走势图，如果它是上涨推进浪的话，则一定会出现 5 浪结构，所以我们在 2018 年 12 月初买进之后，经过了上涨、回调、再上涨的过程。因为预先判定了会出现 5 浪结构，所以投资者可以一直放心持有，直到老凤祥股价上涨至 49.15 元时，时间已经到了 2019 年 4 月。

图 10-12 所示为老凤祥（600612）后续走势周线图 1，当老凤祥达到 49.15 元后，KDJ 指标并没有跟随股价上涨，而是相对于前期出现了顶背离的情况。当 KDJ 指标给出死叉信号时，确认背离成立，图 10-12 中箭头标示的 K 线处，就是平仓点。

图 10-12 老凤祥后续走势周线图 1

如果你足够细心，就会发现 KDJ 指标在此处已经是第二次发生顶背离现象了，为什么在第一次背离时我们没有平仓呢？因为月线给出了买进信号，并且周线进行了验证。大级别时间周期给出的信号通常情况下准确率较高，所以我们事先判断这是上涨推进 5 浪。而图 10-12 中 KDJ 指标发生第一次顶背离时，老凤祥的股价只走到了 3 浪，还没有完成完整的 5 浪结构，所以我们有信心判定第一次顶背离会失败。但发生第二次顶背离时，5 浪结构已经完成，双重验证下，我们认为第二次顶背离成功的概率更大，所以在第二次顶背离处平仓。

继续看老凤祥的后续走势周线图 2，如图 10-13 所示。在周线级别的调整结束后，KDJ 指标再次给出了金叉信号，表示可以继续买进。行情在后市走势中并不顺利，上下震荡，但在第二个方框中并不顺利的上涨道路上，KDJ 指标并没有给出死叉信号，所以虽然道路坎坷，但也还可以持续持有。

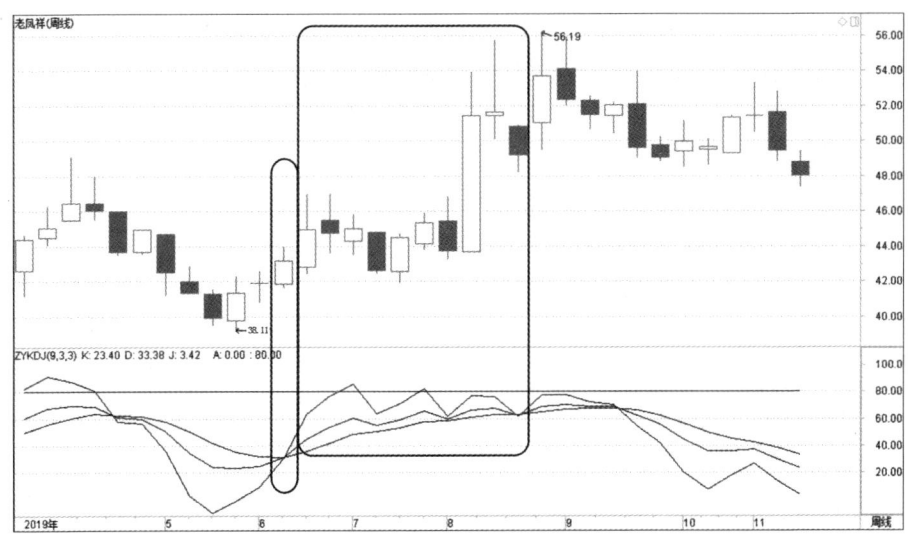

图 10-13 老凤祥后续走势周线图 2

在周线 KDJ 指标没有走坏的情况下，投资者可以一直持有股票，但也可以在日线中灵活操作——KDJ 指标达到高位便可卖出，KDJ 指标达到低位便可买入。注意，这一切的操作皆需要在周线 KDJ 指标并未走坏的前提下进行。

图 10-14 所示为老凤祥与图 10-13 方框处大致对应的日线走势图。每当 KDJ 指标中的 J 曲线从 100 线以上回落的时候，都可以作为短线卖点；每当 KDJ 指标中的 J 曲线从 0 线以下上涨的时候，都可以作为短线买点。

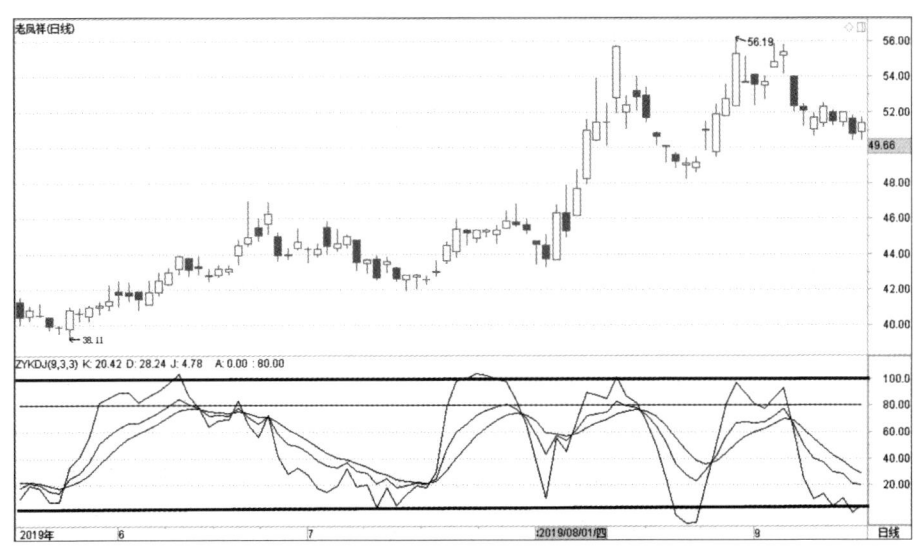

图 10-14 老凤祥对应的日线走势图

所以，只要有基本面作为支撑，并且明确地知道这是一只好股票，股票背后是一家好公司，投资者就可以利用技术反复进行操作。

10.2.2 实战案例二　三一重工

我是在2018年6月开始关注三一重工的，因为当时有人说中国的工程机械很难走出国门，所以无法做大，工程机械企业并没有多大的价值。但我恰好看到了一组数据，即三一重工最近几年的境外营业收入占比由几年前的5%左右，增长至现在的30%以上。为了反驳他的这种观点，我开始对三一重工进行分析。

不论是从净利润总量还是从净资产收益率来看，三一重工都比其他工程机械公司更具优势。那么，为什么三一重工成了行业的龙头呢？它的护城河在哪里？刺激经济增长的三驾马车：消费、出口和投资。

我国是世界储蓄第一大国，并且我国的传统文化观念并不鼓励超前消费，所以消费在刺激经济上的作用还有待提升。2018年以来，我国对外贸易预期不佳，所以较好的一条出路就是投资。我国向来重视基建，而基建又无法绕开工程机械。邱国鹭先生曾说："2010年买工程机械时，我心里想着，机械替代人工、保障房、城镇化、产业升级、产业转移、产能扩张、中西部大开发、进口替代、国际化、走出去战略，哪一种对于工程机械都是利好，这就是东方不亮西方亮的安全边际。"

2018年，国务院办公厅印发的《关于保持基础设施领域补短板力度的指导意见》（以下简称《指导意见》）中，明确了脱贫攻坚、铁路、公路和水运、机场、水利、能源、农业农村、生态环保、社会民生等九大领域补短板的重点任务。此次《指导意见》再次强调，要保持基础设施领域补短板力度。

基建任何时候都不可或缺，繁荣时需要它为经济增长提供基础，萧条时可用它来提振、刺激经济。

在各种固定资产投资中，工程机械的需求在房地产行业中占比最高，其次是公路铁路、水利水电、煤炭矿山。

我们再看一次2018年国务院办公厅印发的《指导意见》，它明确了脱贫攻坚、铁路、公路和水运、机场、水利、能源、农业农村、生态环保、社会民生等九大领域补短板的重点任务。其中铁路、公路、机场、水利、能源几项，都是工程机械的需求大户。下游市场的需求量增大，将会使工程机械在保有量之上，再增加新的增量。在所有工程机械的需求量中，挖掘机又是重中之重。

工程机械下游的房地产行业,拿地对投资的领先期在一线城市约为12个月，在二、三、四线城市约为9个月。2019年1月的统计数据显示，全国的房地产投资较1年前开始回升。2018年上半年，各线城市的土地成交量高速增长，支撑当前各线城市的投资均处于阶段性高位。

工程机械下游的铁路、公路、水运、水利。《2019年国务院政府工作报告》称："完成铁路投资8 000亿元、公路水运投资1.8万亿元，再开工一批重大水利工程，加快川藏铁路规划建设，加大城际交通、物流、市政、灾害防治、民用和通用航空等基础设施投资力度，加强新一代信息基础设施建设。今年中央预算内投资安排5 776亿元，比去年增加400亿元。"

工程机械下游的采矿行业。国家统计局最新发布的数据显示，2019年1～4月，规模以上工业增加值同比增长6.2%。其中，采矿业增加值同比增长2.4%，增速较1~3月扩大0.2百分点。

从以上工程机械的三大下游来看，均体现了增速抬高、需求增大的特点。另外，挖掘机、装载机等主流机械产品的使用年限为10年左右，上一轮工程机械的销售高峰是2008年至2011年。因此，2018年至2021年工程机械将陆续进入淘汰期，2019年1月的第一周即淘汰挖掘机50多万台，可想而知全年的数据有多么庞大。

2018年，生态环境部发布《非道路移动机械污染防治技术政策》，要求以压燃式发动机为动力的非道路移动机械在2020年达到国家第四阶段排放控制水平。现行的工程机械国家第三阶段排放标准是自2016年4月1日开始实施的，工程机械销售量自2016年开始反弹就有环保政策驱动的因素，而自2020年起实施国家第四阶段排放标准，将带来更大规模的工程机械更新换代需求。所以在工程机械产业上，每年的基建投资总额都在增加，行业上下游需求稳健，加之重型机械更新周期已到，环保法规规定的截止日期迫在眉睫。这些条件都有可能促使工程机械进入新的增量空间。

邱国鹭先生在《投资中最简单的事》一书中讲道："差异化的第五个标志是服务网络。工程机械在全世界每个国家都只有1~3家，都是赢家通吃，很重要的一点就在于服务网络。比如如果一辆泵车坏了，工地停工一天就要浪费几十万的成本，所以必须要在几小时之内修好，修不好的话就要赶快拉一台新的来换。这种情况下服务网络就很重要，规模效应就很明显，龙头企业在服务布点上的优势就让后来者很难赶超。"

三一重工的核心竞争力之一便是服务网络，它成为业界标杆的服务是"旧机损坏免费换新"，并且该服务标准是在公司挖掘机、起重机推出的早期便已制定好了。三一重工在全球拥有700多个服务中心，7 000多名技术人员，可以实现365天、24小时服务，并且在2小时内到达现场，1天之内排除故障，完全解决了顾客的后顾之忧。服务网络便是三一重工的护城河，仅此一条就可成就三一重工在行业中的龙头地位。

不仅如此，三一重工拥有由2个国家级企业技术中心、3个国家级博士后科研工作站、3个院士专家工作站等组成的强大研发体系。截至2018年6月，公司累计申请专利 7 609 项,授权专利 6 253 项,申请及授权数居国内行业第一。公司产品线绝大部分为自主研发,相较于成效快的收购模式,自主研发模式对产品核心技术的掌控程度更深,并且能根据市场需求变化快速开发新产品,从而迅速抢占市场。

三一重工 86 米臂架式混凝土泵车,刷新了三一重工 72 米世界最长臂架式泵车的世界纪录。三一重工 86 米泵车实现了关键零部件 100% 自制,共申请国家专利 180 余项。

三一重工拥有世界最长臂架泵车、"全球第一吊" 3 600 吨级履带起重机、亚洲首台千吨级全地面起重机等。

三一重工成功研制出世界第一台全液压平地机、世界第一台三级配混凝土输送泵、世界第一台无泡沥青砂浆车、亚洲首台 1 000 吨级全路面起重机、中国首台混合动力挖掘机、全球首款移动成套设备 A8 砂浆大师。

至 2018 年,三一重工近 7 年自由现金流之和为 166.54 亿元,平均每年 23.79 亿元。至 2018 年,三一重工近 7 年平均净利润 20.05 亿元,自由现金流高于净利润。自由现金流高于净利润,说明三一重工已经度过了高度资产投入的时期,转入收割现金的阶段。每年的平均资本支出为 13.13 亿元,平均折旧 15.18 亿元。折旧高于资本支出,再次说明企业"基建"阶段已经过去。

资产配置的大项分别为货币资金、应收账款、存货与固定资产。三一重工为重资产类企业,固定资产在总资产中占比的平均值为 20% 左右,在同行业中已经非常低了,所以容易出问题的地方是存货与应收账款。其中应收账款虽然绝对值略高,但并未出现持续走高的迹象。2014 年三一重工的应收账款近 200 亿元,2018 年应收账款为 201.33 亿元,几乎未有增长,所以应收账款并不存在资产配置的问题。

再看存货,其存货量由 2014 年的 72.69 亿元,上涨至 2018 年上半年的 115.95 亿元。时值工程机械企业的更新周期,并且在满足了国内市场的情况下出口量不断扩大,加之"一带一路"建设持续深化,国内下游市场需求强劲,存货跌价的可能性非常低。

基于以上分析,我认为三一重工是一家优质企业,如果技术上有上涨的信号,它的基本面足以对股价进行支撑。

我从 2018 年 6 月开始关注其技术指标,但这些指标在 2018 年 12 月才给出买进信号。图 10-15 所示为三一重工(600031)2017 年 11 月至 2019 年 1 月的周线图,虽然在 2018 年 6 月至 11 月期间,有过 KDJ 指标在 20 线附近形成金叉,但都没有成交量增量来配合。直到 2018 年 11 月月末,KDJ 指标所形成的金叉与成交量增量才同时出现,所以前期的 KDJ 指标所形成的低位金叉都是伪买点,2018 年 11 月的 KDJ 指标所形成的低位金叉才是真买点。事后也证明了双重验证的重要性,图 10-16

所示为三一重工（600031）的周线后续走势图。

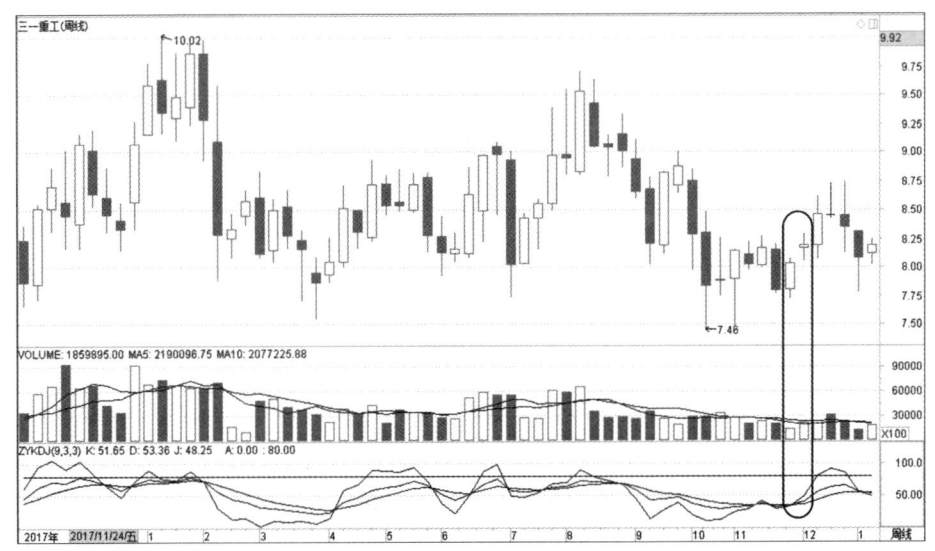

图 10-15 三一重工周线图

如果我们将视野放得更宽再来看月线图，就会发现三一重工在前期上涨中只走出了第一波上涨推进浪，而此次买进的位置为 2 浪调整结束的位置，如图 10-17 所示。

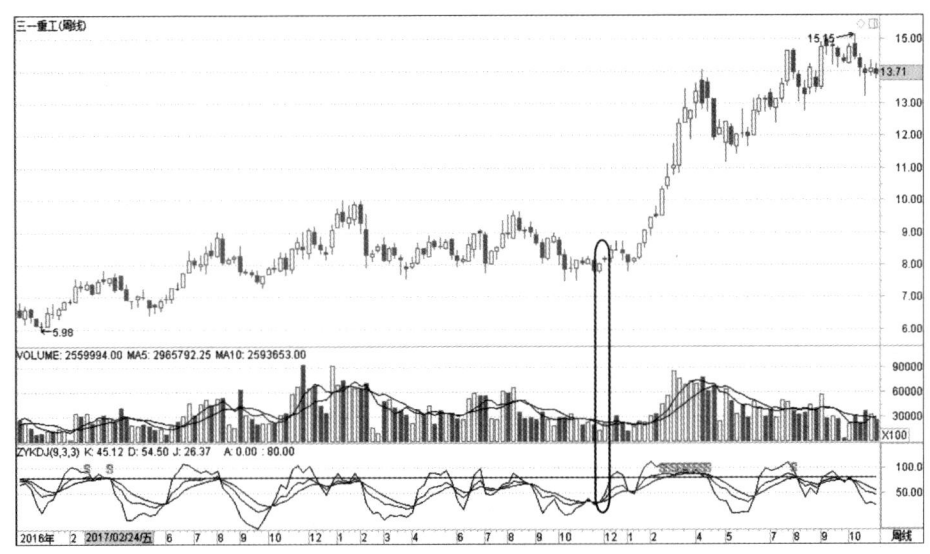

图 10-16 三一重工周线后续走势图

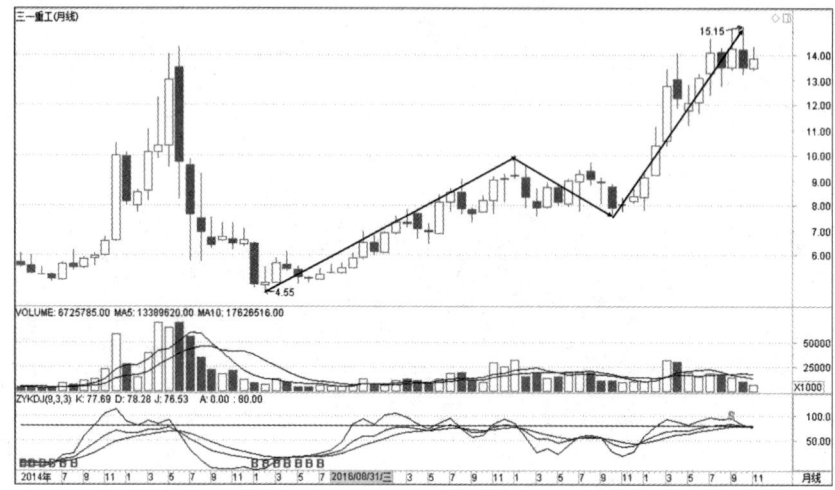

图 10-17 三一重工月线图

股票的 3 浪推进上涨中，容易出现涨幅高、角度陡、速度快的走势，所以只要它还处于 3 浪之中，之间不论出现任何窄幅调整，都可以作为短线交易的入场点。

再回头看图 10-16，每次 KDJ 指标从高位下跌时，都是以月线级别为基础的小规模调整；每次 KDJ 指标从低位上涨时，都是以月线级别为基础的阶段性买点。

从月线来看，我们尚不能看清三一重工月线级别的第三浪是否结束，所以以月线级别持有股票的话，暂时还未出现平仓点。虽然最近几个月的走势迟滞，但月线 KDJ 指标还未出现死叉，如果想从较小周期进行一些短线交易，则可根据周线 KDJ 指标所形成的交叉来判断阶段性买卖点。

三一重工的技术分析比较简单，因为恰好处于长周期 3 浪中，在 3 浪中股价除了快速上涨外基本没有别的动作。

我们在本书接近结尾的部分，进行了基本面的补充。市场中有 3 000 多只股票，可能在同一时间会有很多股票都给出买进信号，那如何进行更有效的筛选呢？答案是利用基本面。

我喜欢在期货市场中单纯使用技术分析方法而在股票市场中使用价值投资方法，就是因为股票的数量太多，同时给出信号时很难抉择。我们去读欧奈尔的《笑傲股市》时会发现，欧奈尔为股票技术分析提供了一个非常好的过滤器，那就是欧奈尔的 CAN SLIM 选股法。

欧奈尔的 CAN SLIM 选股法共分为 7 步，具体如下。

（1）C：可观的或者加速增长的当季每股收益和每股销售收入。

（2）A：年度收益增长率。

（3）N：新公司、新产品、新管理层、股价创新高。

（4）S：供给与需求。

（5）L：领军股或拖油瓶。

（6）I：机构认同。

（7）M：判断市场走势。

我在持有三一重工股票的 2019 年 6 月末，整理了对于三一重工的 CAN SLIM 筛选情况，发现三一重工一直符合条件，筛选过程如下。

（1）C：可观的或者加速增长的当季每股收益和每股销售收入，如表 10-1 所示。

表 10-1　三一重工 2018 年 3 季度至 2019 年 1 季度收益与收入增长数据

	2018 年第三季度	2018 年第四季度	2019 年第一季度
每股收益	0.332 元	0.158 元	0.037 8 元
同比增长率	22.33%	317.99%	110.99%
营业收入	9.6 亿元	7.4 亿元	8.25 亿元
同比增长率	35.21%	44.89%	75.14%

（2）A：年度收益增长率。

2016 年至 2018 年每股收益的年复合增长率为 444.19%。

2016 年至 2018 年营业收入的年复合增长率为 54.85%。

（3）N：新公司、新产品、新管理层、股价创新高。

2018 年三一重工推出 H 系列 "矿立方" 挖掘机，在矿山环境下的使用寿命超过 2.5 万小时，具备美系挖掘机坚固、耐久、出力大的优点，再次成为行业标杆。2018 年下半年以来，H 系列挖掘机已明显抢占了对手的海外市场份额。

（4）S：供给与需求。

2019 年总股本为 83.75 亿元，流通股本为 83.38 亿元。

2011 年后股本再未扩张，已历时 8 年。

（5）L：领军股或拖油瓶。

至 2019 年 6 月末，三一重工的 120 日 RPS 值为 89.61，250 日 RPS 值为 94.72；徐工机械的 120 日 RPS 值为 80.19，250 日 RPS 值为 70.52；柳工的 120 日 RPS 值为 26.38，250 日 RPS 值为 42.02。

三一重工不但股价相对强度（RPS）高，并且每股收益、年度收益、净资产收益率（ROE）都领先于徐工机械和柳工。

（6）I：机构认同。

三一重工的基金资金流入量大于流出量。

（7）M：判断市场走势。

大盘在 2019 年 1 月见阶段性底部，出现了 2019 年年初的小级别牛市行情，后市上涨概率较大。

当然，欧奈尔的 CAN SLIM 选股法并不是本书所要讲述的主要内容，感兴趣的朋友可以找到欧奈尔的《笑傲股市》一书来读一下，里面的条件规定得很明确，只要按图索骥即可。

两个实战案例的分析结束了，这里面有成功，有失败，有心得，有教训，但不管结果如何，笔者还是希望通过对这两个实战案例的详尽分析，尽可能地向读者展现 KDJ 指标的单独应用以及与其他技术体系结合使用的实践效果，分析的主要目的还是想让大家树立信心，尽早提高自己的实战能力。

10.3 KDJ 指标的内在逻辑

本书的最后，我们需要对 KDJ 指标进行一些补充。

KDJ 指标在某些方面确实并不比其他指标优秀，但是其他指标也并不见得比 KDJ 指标好。每种指标都有自身的优越性。

KDJ 指标怎么来的？这是 KDJ 指标的计算公式。

RSV:=(CLOSE–LLV(LOW,N))/(HHV(HIGH,N)–LLV(LOW,N))*100;

K:SMA(RSV,M1,1);

D:SMA(K,M2,1);"

J:3*K–2*D

通常的用法是，当 KDJ 指标在 20 线或 25 线以下发出金叉信号时，则买进；当 KDJ 指标在 75 线或 80 线以上发出死叉信号时，则卖出。这种用法不能说是错误的，只能说它非常片面。片面地使用这种用法的人，应该并不知道 KDJ 指标的底层逻辑是什么。

先看 KDJ 指标的计算公式：第一行，先计算了 RSV 值；第二行，通过 RSV 值计算 K 值；第三行，通过 K 值计算 D 值；第四行，通过 K 值与 D 值计算 J 值。这个逻辑弄清了，我们再一行一行地解说。

RSV 只是一个名称，你叫它什么都可以。公式中，LLV( ) 为 N 日内的最低值，HHV( ) 为 N 日内最高价的最高值，CLOSE 为收盘价。

那么第一行的公式翻译过来就是：

RSV=（当日收盘价－N 日内最低价的最低值）÷（N 日内最高价的最高值－N 日内最低价的最低值）×100

通常 N 的参数为 9，所以公式转化如下：

RSV=（当日收盘价－9 日内最低价的最低值）÷（9 日内最高价的最高值－9 日内最低价的最低值）×100

先看 RSV 的分母，即 9 日内最高价的最高值与 9 日内最低价的最低值的差。为方便阅读,以下将"9日内最高价的最高值""9日内最低价的最低值"简称为"9日内的最高价""9日内的最低价",如图10-18所示。

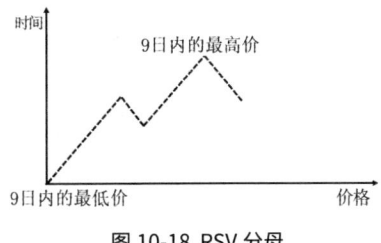

图 10-18 RSV 分母

再看 RSV 的分子,即当日收盘价与 9 日内的最低价的差,如图 10-19 所示。

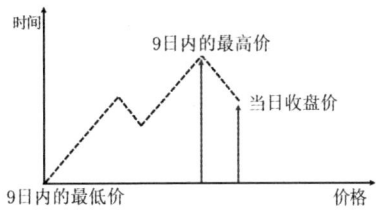

图 10-19 RSV 分子

在图 10-19 的两个箭头中,短的为 RSV 的分子,长的为 RSV 的分母,二者相除,代表什么意思呢?

代表着在 9 日内的最高价与最低价的差值所形成的最大空间内,现在的收盘价位于最大空间的什么位置。这个比值越高,说明当日收盘价相较于 9 日内最高与最低价之间的差的位置越高;反之,则越低。

那么 KDJ 指标的第一步只是确定了现在的相对位置而已,它给方向了吗?并没有。所以仅仅只用 RSV 值还是有弊端的,因为价格处于最高处时,RSV 分子与分母相等,比值为 100,如图 10-20 所示。

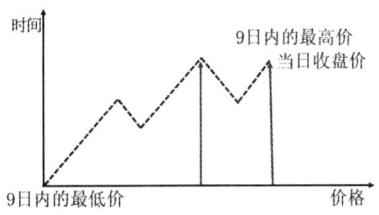

图 10-20 RSV 分子与分母相等

如果连续破高，那么 RSV 的分子与分母持续为同一条线，二者比值会持续为 100，如图 10-21 所示。

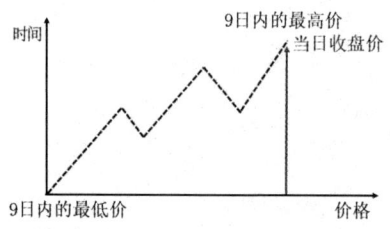

图 10-21 RSV 值持续为 100

如果价格变动剧烈，它可能由最高突然变为最低，那么 RSV 值就会变为 0。这是因为当日收盘价与 9 日内的最低价相等，分子为 0，比值为 0，如图 10-22 所示。

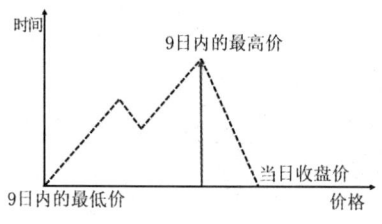

图 10-22 RSV 值为 0

你可能会说这种情况可能发生吗？这可是 9 日内的走势啊，可能会突然在最高与最低之间变动吗？日线确实有可能，如果是窄幅震荡，突然上破一下，再下破一下，就是 100 变成 0 或者 0 变成 100 了。再说你也不可能只在日线中使用，你在 5 分钟、15 分钟、60 分钟图中还会用到 KDJ 指标，小级别走势图的 RSV 值变化无常，因此这种概率就变得更大了。为了调和时常会走极端的 RSV 值，公式的第二行做了调整，也就是对于 3 日内的 RSV 值进行了平滑处理。它的公式前面是 SMA，不看 S，就看 MA，MA 是什么？移动平均，也就是把 3 日的 RSV 值按照移动平均线那样计算，得出的结果也就是 KDJ 指标中的 K 值。

那么 K 值代表的就是 3 日的平均收盘价在 9 日内最高价与最低价的差值所形成的空间中的相对位置。但是 K 值还是有点灵敏，能不能再慢一点？第三行就是对 K 值再进行平滑处理，即是将 3 日的 RSV 的平均值再进行 3 日的平均，所以 KDJ 指标的时间周期参数通常为（9，3，3），计算出的结果为 D 值。

D 值表示再次进行 3 日平均的 3 日平均收盘价，在 9 日内最高价与最低价的差值所形成的空间中的相对位置。公式的第四行为 J 值，J 值反映的是 K 值与 D 值之间放大1倍的差值,再加上当日K值。KDJ指标的最基本原理表述完了,它指示方向了吗?并没有。那么为什么KDJ指标形成金叉就要买,KDJ指标形成死叉就要卖呢?完全没道理是吗?所以,单纯地这么使用KDJ指标是错误的。即便不是错误的,也是非常片面的。

如果KDJ指标的值很低,低于25甚至更低,就说明此时再次进行3日平均的3日平均收盘价,占9日内价格最高价与最低价的差值的25%以下,如图10-23所示。

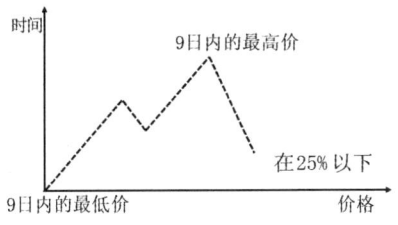

图 10-23 在 25% 以下

这种时候通常K曲线低于D曲线,当价格开始上涨,3日平均的收盘价高于再次进行3日平均的3日平均收盘价,也就是近期涨得快一点时,K曲线就会高于D曲线了。换一种说法就是见底了,要买进了。

那么有这样一种情况,如图10-24所示。注意图10-24方框中的KDJ指标。当KDJ指标在20线以下形成金叉后,价格并没有上涨,而是震荡了一段时间后下跌,上涨,再下跌。所以为什么要说金叉就一定代表价格上涨呢?这显然是不科学的。

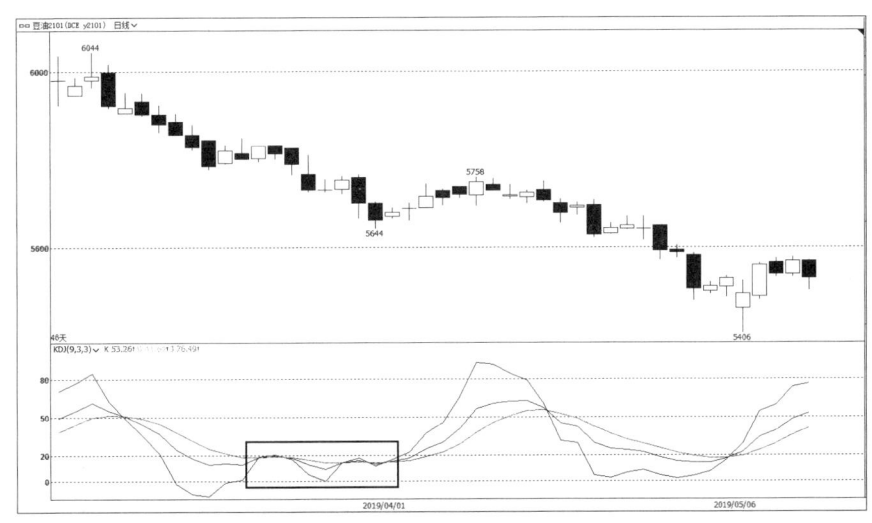

图 10-24 KDJ 指标处于 20 线以下

同理，高位形成死叉的时候，并不代表价格下跌，如图 10-25 所示。

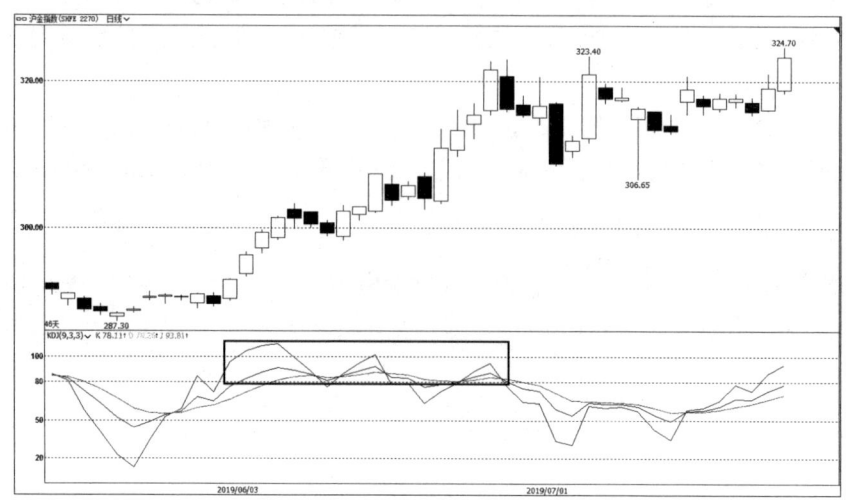

图 10-25 KDJ 指标处于 80 线以上

所以，KDJ 指标不指示方向，别用它来判别方向。那么 KDJ 指标有什么用呢？它的用处是助攻。如果你能确定此时是上涨趋势，就会知道价格上涨后总会回调。回调到哪里算是合适的呢？3 日的平均收益价占 9 日最高价与最低价的差值的 25% 以下够不够？只能说差不多够了。

图 10-26 中 KDJ 指标给出了回调结束的确认，为了能看得更清晰，我们已经把 J 曲线去掉了，这就是上涨—回调（助攻）—上涨的过程。

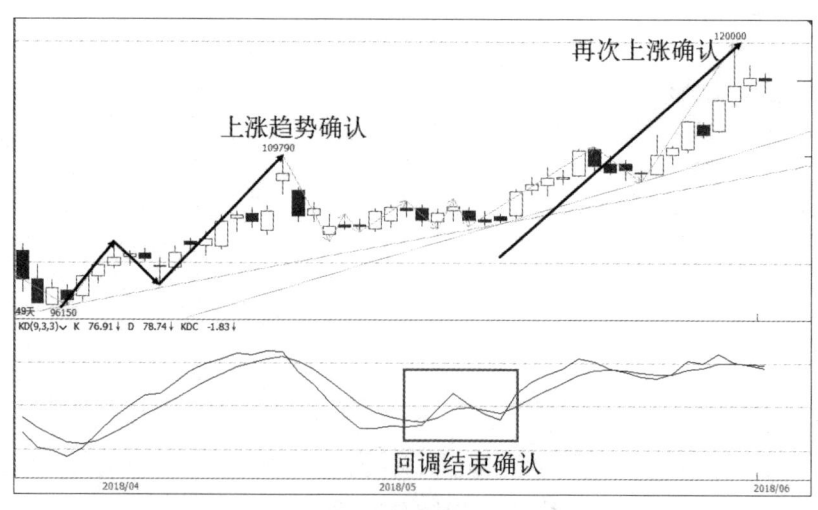

图 10-26 KDJ 指标给出回调结束的确认

同样，图 10-27 表示的是下跌趋势中 KDJ 指标给出的反弹结束的确认。

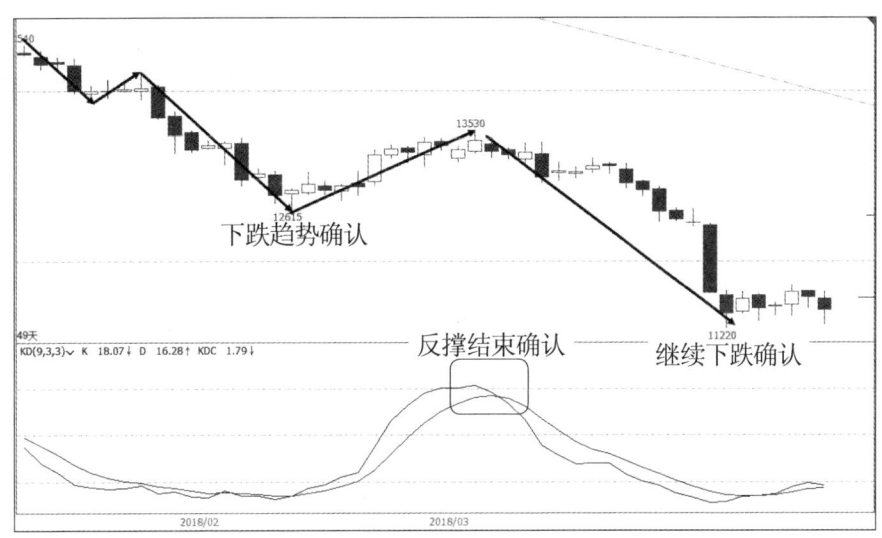

图 10-27 KDJ 指标给出反弹结束的确认

所以，KDJ 指标最好不要单独使用，它并不是趋势类指标，而是摆动类指标。再看 MACD 指标，它是趋势类指标，但很多软件错误地把它放在了摆动类指标的分类中，这显然是没弄明白一点——MACD 指标脱胎于双均线系统，而均线不是摆动类指标。MACD 指标虽然是趋势类指标，但它只能告诉你现在是上涨方向还是下跌方向。用它来找方向可以，但用它来找具体的回调低点、反弹高点并不行。

那么 KDJ 指标能不能变成一个趋势类指标呢？勉强也可以。

再看 KDJ 指标的公式，如果近期内持续破高，RSV 值就是持续的 100，那么对 RSV 值进行平滑处理的 K 值也会持续上涨。既然是破高，那么 3 日平均收盘价应该位于 9 日内的最高与最低价的差值所形成的空间的 80% 以上，此时 KDJ 指标进入了超买区域。这要分成两种情况来看。情况一：如果前期确认为下跌趋势，那么此处为反弹走势，进入超买区域肯定表示价格即将下跌。情况二：如果前期确认为上涨趋势，那么此处为快速上涨走势，超买之后还是超买阶段。如果是情况二，此时的 KDJ 指标就变成了趋势类指标了。更有一些人说，KDJ 指标钝化了，不好用了，但根据公式，连续破高的行情中，RSV 值更大，K 曲线当然要高，不然怎么叫钝化呢？这正是持续拿多单的好时候。

所以，KDJ 指标有一种用法称为 "KD 斧"，它专门找超买的时候买，找超卖的时候卖，因为这种时候大概率进入了快速市的趋势当中。以上就是 KDJ 指标的底层逻辑以及我们应当在什么时候用它的相关内容。想使用它，得先了解它。刀用于劈砍，剑用于直刺，该用什么的时候就用什么。

无论何种技术体系，如果你能在使用它的过程中获取利润，都会对增强自信心有很大的帮助。今后，你只需不断地应用这种成功的模式，并且认真地加以总结与研究，就一定会取得最后的成功。